JOHN AMAECHI OBE

巨人の約束

リーダーシップに必要な14の教え

ジョン・アメイチ
福井久美子 訳

THE
PROMISES
OF GIANTS

HOW YOU CAN
FILL THE
LEADERSHIP
VOID

TOYOKAN BOOKS

序文

アラステア・モリソン
ピンセント・メイソンズ法律事務所（ロンドン）

いろいろな意味でわたしはこの本の序文を書くには不適切で、ふさわしい能力を持ち合わせていません。ジョンとは何年も一緒に仕事をする機会に恵まれましたが、彼はわたしを親しい友人や同僚の一人とは思っていないでしょう。わたしは組織心理学者ではないし、チームスポーツも得意ではありません。50代後半の白人男性で、少しずんぐりして髪がふさふさした異性愛者です。

わたしたちは似ても似つかないのです。

もっとも、だからこそジョンはわたしに序文を書いてくれと頼んだのかもしれません。目的志向型の大手プロフェッショナルサービス企業の戦略責任者であるわたしは、ジョンがうちの組織や、世界中の各企業でどう仕事し、どんな影響を与えているかを観察する特権を享受しています。

ジョンの仕事ぶりもこの本も、実に際立っています。

この本を時間をかけて読み、内容をじっくり考えていただきたい。ジョンとその母親のすばらしさに気づくだけでなく、自分自身のこと、選択したこと、自分の存在感と影響力、友人や家族や組織に対する自分の影響力について、じっくりと考えるようになるでしょう。

他の本が読みたくなっても、その誘惑に負けて『巨人の約束』をざっと読み飛ばしてはいけません。この本の声に耳を澄ませ、読みながら、自分自身に耳を傾けるのです。自分を評価し、時には自分と対決することもあるでしょう。そして巨人のコートを編み始めるでしょう。

宝石や金塊が徐々に見つかったら、それを巨人のコートに縫い付けましょう。宝石というのは、勝つこととは何か、勇敢さと弱さを見せることは双子であること、警戒心はバイアスと闘うのに欠かせない武器だ、といった教えです。金塊はビジネスライフに関するもので、普段あまり注意を払わない人について考えたり、変革の先頭に立つ人を社内で探したり、不満を持つ社員に対応するための緩和剤を見つけるのに役立つでしょう。

最終的に編みあげられた巨人のコートは、あなたの選択や約束、組織文化も交じった複雑な編み物になるでしょう。〈巨人の約束〉を果たせば、あなたは信念と謙虚さと誠実さをもって、そのコートを軽やかに着こなすでしょう。

目次

巨人

誰かに影響を与える存在。組織のリーダーだけとは限らない。
リーダーシップを発揮すべき立場の人は皆、巨人になり得る。

はじめに

この本の読者のなかには、わたしが10年間プロのバスケットボール選手としてプレーしていたことを、あいまいながらも知っている人もいるだろう。あるいは最初の書籍『Man in the Middle』（未邦訳）を読んだか、「（同性愛者だと）カミングアウト」して世間の注目を浴びてから、わたしを知った人もいるだろう。今もわたしは同性愛者であることを公表した最初のNBA選手として知られており、それは今後も変わらないだろう。同性愛者になるために努力したわけではないことを考えると、何とも不運な事実だ。

1995年にスポーツ界を引退して以来、わたしはさらに大きな目標を達成しようと懸命に努力した。そんなわけで改めて自己紹介すると、わたしの名前はジョン・アメイチ、プロフェッショナルなコンサルタント会社〈APSインテリジェンス〉の創業者だ。

同社は創業から20周年を迎えたところで、優秀なスタッフがそろい、クライアントのリストには各業界の大手企業を含むさまざまな企業が名を連ねる。企業の上層部向けの奥まったオフィスに案内されることもあれば、一般社員と働くこともあるが、いずれにせよ連携して協力し合いながら、今日企業が直面するもっともやっかいな問題を特定し、エビデンスに基づいた実践的なソリューションを適用して解決に導いている。

APSでの業務に加えて、わたしは〈英国心理学会〉の産業・組織心理学部門の会員、〈インスティテュート・オブ・サイエンス・テクノロジー〉の公認科学者およびサイエンス・カウンシルのメンバー、イースト・ロンドン大学心理学科の研究員、マンチェスター大学NHSファウンデーション・トラストの理事として、9エリアの病院およびコミュニティサービスを担当すると共に、〈英国心理学会〉で論文を発表している。さらに、慈善活動とスポーツへの貢献が認められて、大英帝国勲章（四等勲爵士：OBE）を授与された。

読者がこれほど詳しい情報を必要としていないことは承知している。ほとんどの人にとって、こうした肩書きや所属先はページに羅列されている単語に過ぎない。だが、わたしが最初に経歴を並べるようになったのは、人々が初めてわたしと会ったときにどんな印象を抱くかを知っているからだ。人々の目に最初に映るのは、子どもの頃から変わらないわたしの姿だ――思わず「おお」と感嘆しながらも恐怖で身構えたくなるような巨人なのである。

たとえわたしが観客の前で仰々しく紹介され、いろんな受賞歴を並べ立てたとしても、何人の集団であろうと、またどのような主旨の集まりであったとしても、誰もがみな困惑したような反応をする。

「ワオ。背が高いぞ。信じられないぐらい背が高い。こんな大男に会ったのは初めてかもしれない。身長何センチなのかな？」

残念ながら、それを知りたければインターネットで検索してほしい。見知らぬ人から無邪気に、身長や靴のサイズ、それだけ背が高いと天気をどう感じるのか？と尋ねられるたびに、わたしはインターネットで検索してくれと答える。

50歳前には、そのような質問に答える必要はないと思えるようになった。幼い頃に巨人のような身体でマンチェスターの街を歩きまわっていた頃よりも、精神的に立ち直りが早くなり、堂々とした態度を取れるようになった。当時は角を曲がるたびに、通りすがりの人たちが恐怖心やら、ショックやら、からかうような表情を浮かべたものだった。

だが、わたしは今も進化を続けている。仕事の場面では、今もこの巨体を見たときの相手の反応をほぐさなければと感じる。わたしの脳が入っているこの巨体は、相手の注意を散漫にさせてしまう。聴衆はわたしの姿を見て戸惑うだけでなく、ひとたびわたしがしゃべり出すと彼らの認知的不協和はさらに悪化する。イギリス人は、わたしがアメリカ英語で話すものと期待する。そしてアメリカ人は、イギリス人はエリザベス女王か歌手のハリー・スタイルズ［訳注：ワンダイレクションのメンバー］みたいな雰囲気なのだろうと期待する。かくして、わたしのすべてが彼らの期待を裏切ることとなる。

そのため、わたしはまず実績を紹介する。大抵の場合、わたしはサンドイッチマンのように履歴書を身につけ、過度なまでに着飾る。「OBE」という傲慢そうな称号を名前と併記して、人々に印象づけようとしている（もっとも、ジョンというのは本名ではない。本名を使うと逆効果になりそうなので使わないのだ——そのことについては後述しよう）。

わたしは咳払いするのと同じように、本能的に自分の資格を並べる。相手から誤った認識をされないよう、前もって防御的な手段を取っているのだ。目の前にいるのは巨大な元スポーツおたくで、かつてはウインド・スプリント［訳注：全力の80％程度で走ること］で全力疾走していたが、今では空港やホテルで食事する時間の方が長そうだと疑っている人たちを納得させるためだ。

人に対する印象を中和させるのは簡単ではない。言葉だけでは足りないこともある。バスケットボール界から引退した数年後に、ロンドン発ボストン行きの飛行機に乗ったときのこと。離陸する前に一人の客室乗務員が近づいてきて、どのチームでプレーしているのかと訊かれた。わたしのあごひげには白髪が交ざり、平均的なプロのアスリートよりもかなり太っていたにもかかわらず、相手は現在形でそう質問してきた。お世辞だったのだろうが、ちょっと間が抜けている。

「バスケットボールはやってません。今は心理学者です」

その答えに、客室乗務員の脳の働きが一瞬止まったように見えた。少なくとも不意を突かれたようだった。彼女はうなずくと、怪訝そうに眉間にしわを寄せ、「ふうむ」と大げさに言ったあと、仕事に戻った。「ご冗談でしょう。この飛行機は間もなく離陸しますから、この件についてはあとで話しましょう」と言いたげな様子だった。

そしてわたしの予想どおりの展開となった。飛行機が高度を上げて機体が安定すると、あの客室乗務員が同僚を連れて戻ってきた。あたかも謎が解けたかのような様子で「わかりました。ボストン・セルティックスでプレーされてますよね」と言った。

これは事実ではないし、事実だったことは一度もない。わたしのNBAのキャリアをご存知ない方のために言うと、1995~2005年にかけてわたしはリーグ戦で活躍し、イギリス版マイケル・ジョーダンとして広く知られるようになった。……と言いたいところだが、わたしのキャリアを知っている人、あるいはプレーを見ていた人に対しては、嘘をついたことを謝罪したい。だが、先ほどのわたしの嘘を鵜呑みにした人には、本当のことを言わないでほしい。

いずれにせよ、わたしは三つのチームでプレーしたが、そのなかにセルティックスはない。

「セルティックスではプレーしてませんよ。もう引退したんです。今は心理学者です」

この答えに納得がいかないのか、信じられないのか、二人はばつが悪そうに笑みを浮かべて、不安そうにうなずいた。わたしの頭には白髪が生えて身体には余分な脂肪もついていたが、それでも二人はプロのアスリートの方がイメージしやすかったようだ。わたしが真剣な表情で「心理学者です」と率直に言ったにもかかわらず、心理学者としてイメージするのは容易ではなかったのだ。

最終的に、二人はわたしが現役の選手ではないことを受け入れた。とはいえ、心理学者という部分を納得してもらえたかはわからない。もしかしたら心理学が趣味の元アスリートと認識したかもしれない。そう考えるのはもっともなことだし、ほほ笑ましいとすら思える。いずれにせよ心理学者というイメージではなかったのだろう。

このエピソードを紹介したのは、不平をもらすためでも、わたしの試練を嘆くためでもない。わたしは変化に富んだ充実した人生を送ってきた。だが思い返せば、毎日巨人として生きてきた。そしてその記憶は消えないだろう。時が経過しても、わたしのなかで巨人であるというインパクトは残るだろう。

この事実は、わたしのあらゆる意思決定に影響している。人々がわたしを見る目にも、わたしが人々と接するときにも影響を与えるのだ。

人間は決して巨人に慣れたりはしない。わたしたちはいつも、見慣れない行動に新しさを感じて興味を抱き、心を奪われる。想像できると思うが、夜になると街の人々は、黒い肌をした巨人を見て恐怖心を抱く。通行人は道を渡って反対側へ行き、親は慌てて子どもを引き寄せる。だが、その逆の管理された環境では、わたしの長身に引きつけられる人がいる。といっても、必ずしもわたしの注意を引きたいとか、会話をしたいわけではなく、むしろ一種の保護や安全を求めてのことだ。店内やカンファレンスでは、人々は特段の目的もなくわたしの周りに集まってうろうろする。まるで巨大な岩礁の岩陰に引き寄せられるかのように――トラブルが起きた場合の安全な避難場所として。

巨人であるわたしは、みんなとはまったく違う視点で世の中と接する。握手するときは、特別に相手に合わせる。その人の性別や年齢や身長に合わせるのではない。巨人にとっては、相手が「おお、これは力強くていい握手だな」と感じるか、「おお、あなたの力が強すぎてわたしの手がつぶれてしまったよ」と感じるかでは、こまかいが重要な違いがあるため、相手に合わせる習慣があるのだ。

スーパーマンと同様に、わたしはまるで世界が厚紙でできているかのように人々と接し、誤って引き裂かないよう気をつけている。誰かにトイレはどこかと訊かれても、うかつに振り返って指差すことはできない。仮にわたしの死角に誰かがいて、わたしの身体が当たったらその人は死んでしまうかもしれないからだ。ごく日常的な行動においても、巨人は広大なスペースを占領していることや、強い力を持っていることに注意しなければならない。巨人がすることはすべて誇張され、すべてのやり取りが意味を持つようになる。

この本の読者には、自分も巨人だと認識していただかなければならない。小さな巨人もいれば、大きい巨人もいるだろう。だが全員が、誰かにとっての巨人である、または巨人になる可能性を秘めている。

小柄な人には理解しにくいかもしれない。といっても、わたしからすればほとんどの人は小柄だが！背が高いわたしの視点からは、混み合った場所でみんながぶつかり合っているのが見える。その光景は高校の理科の授業を思い出させる。授業中に、煙の微粒子が互いに衝突したり、空気中に含まれる周囲の分子と衝突したりする様子（ブラウン運動）を顕微鏡で観察したものだった。人間も同じように見える。人間バージョンのブラウン運動だ。耳に小型のイヤホンをつけた小さな人々が、携帯電話でしゃべりながら互いの間をすり抜けていく。角を曲がったときにあやうくぶつかりそうになる。「おっと、失礼。ごめんなさい」。たまたま人とぶつかることはあっても、けがすることはない。最悪でもコーヒーをこぼす程度だ。

それというのも、ほとんどの人の身体は旅客機内の頭上にある荷物入れに格納できるぐらい小さいからだ。うっかり人の身体を傷つけるような危険性はほとんどない。自分の身体が広い空間を占領していることに気づくこともない。その結果、自分の影響力を過小評価しやすくなる。身体が小さいことにある種の慣れが生じ、人生のいくつかの場面で、わたしに匹敵するほどの巨人だということを忘れてしまう。

自分が巨人であることを——ほんの一瞬でも——忘れると、悲惨な結果になりかねない。二十数年前の大晦日、わたしは妹のミュリエルとその友達と一緒にマンチェスターで過ごした。最終的にマンチェスターの「ゲイ・タウン」の中心地、カナル・ストリートにあるナイトクラブに到着すると、ミュリエルたちはすぐにダンスフロアに向かった。わたしはいつものように、ポツンと一人でその場にとどまった。わたしは人目を気にせずに踊れないのだが、妹たちは二人とも自制することも、恥ずかしがることもない。堂々と優雅に振る舞い、うらやましくなるほど自由奔放に踊る。ミュリエルはその日の夜もダンスフロアで躍動した。すっかり夢中な様子だった。というか、クラブ全体が熱狂の渦と化していて、最高に楽しかった。

わたしにとって、その年は困難で孤独な一年だった。だがそこで突っ立っているうちに、すべてが溶けて消えていくのを感じた。不愉快な一年が終わって、その代わりにもっといい未来がやって来る。午前0時が近づくにつれて、群衆のボルテージは徐々に上がっていき、わたしは脱皮していくような気がした。自分が再生していくのを感じた。

最高に盛り上がり、今年も残すところあと数分というところで、DJが突然「キャン・ユー・フィール・イット」をかけ始めた。〈ジャクソン5〉の代表曲だ。他のどんな曲がかかったとしても、わたしがダンスフロアに向かうことはなかっただろう。かくしてこの曲のオープニングがクラブ全体に響き渡ったとき、わたしは思い切ってダンスフロアに向かった。

早く踊りたくてうずうずするほどだった――わたしが加わるのを見て、妹とその友人たちは喜び、音楽はますます盛り上がる。新たな可能性に満ちた新年への期待で、大勢の人々が楽しそうにはねたり踊ったりしている。

その輪に加わるとカタルシスを感じた。群衆のなかで我を忘れ、人目が気にならなくなる。あっという間に汗が噴き出てきて、不器用な巨人ながらもうまく踊った。少なくとも全力で踊った。やりかけたことはやり通せと言うではないか――今やダンスフロアはわたしのものだった。ミュリエル、どいてくれ！

踊り始めて間もなく、背後から妹がぐいとわたしを引っ張って肩を叩くのを感じた。顔からは笑みが消え、恐怖か怒りのような表情を浮かべている。妹は大声で何かを叫んでいたが、大音量の音楽にかき消されてよく聞き取れなかった。何度もわたしを叩いて引っ張り、やがてクラブの反対側を指差した。

踊るのをやめた人々が塊になっていた。近寄って見ると、そのなかに膝をついている男が一人いた。鼻の形が崩れ、本来あるべき位置から1センチほど左にずれて血が流れていた。ミュリエルがわたしをにらみつけて力強く指を差したため、あの男性の顔が変形したのはわたしのせいらしいとわかった。わたしは肘や前腕に血痕か殴った痕跡がないか探したが、何も見つからなかった。シミ一つない。気づかないうちにあんなダメージを負わせるなど不可能に思えるが、否定することもできなかった。あの男性の鼻を粉々に砕いてしまったのだ。

10！　9！　8！

ひどいことをしたのだと認識する間に、ＤＪが新年に向けてカウントダウンを始めた。何というタイミングだ！

7！　6！　5！

だが、謝ろうと人混みをかき分けて近づこうとすると、男性の友人たちに阻まれた。これ以上のトラブルはご免だったのだろう。彼らの服は血で濡れていた。わたしは悪気はなかったのだと主張し、手助けさせてほしいと頼んだが、彼らはわたしの気遣いにも手助けにも興味はなかった。友人を立たせると、できるだけ早くクラブから出ることを考えていた。

4！　3！　2！

わたしは彼らの頭越しに被害者に向かって叫んだ。「すみません。うっかり当たってしまって。悪気はなかったんです！」。男性の耳に届いたかどうかはわからない。だが、友人たちに助けられながら店から出て行くとき、彼は振り返り、わたしと目が合った。冷たくうつろな目。目が合ったのはほんの一秒ぐらいだったが、わたしの記憶には永遠に残った。どんなに後悔して反省しようが——あるいはどんなに後悔や反省が足りなかろうが——わたしの行動が彼の顔に与えた影響の前では、何の意味もなかった。

1！　ハッピー・ニュー・イヤー！

自分の力をごく当たり前だと思っているすべての親、先生、〝クラスの人気者〟、コーチ、マネージャーに、あの悲しげで無表情なまなざしの記憶を焼き付けることができたら。わたしのせいで、あの男性と友人たちは1998年の年明けから緊急治療室で過ごさなければならなかったのだろう。

わたしは自分が巨人であることを忘れてしまっていた。つい「羽目を外した」。罪を犯したわけではないが、わたしは他の人たちと同じように無頓着に「羽目を外す」ことはできないのだ。実際、何事も他の人たちと同じようにはできない。そして人との関わりに関して言うと、それはあなたにも言えることだ。

巨人は別のルールに従う。「羽を伸ばす」と言っても、その羽が巨人の背についている場合は、通用しない。巨人がやることや話すことは——巨人に関わることはすべて——大きくなり、綿密に調べられ、解釈され、相手を悩ませる。休憩室へと向かうときに何気なく会話を交わすたびに、電子メールに句読点をつけるたびに、ビデオ通話中に顔をゆがめるたびに。誰かをチラリと見ただけで、その人の一日を台なしにすることもできる。そしてあなたの地位が高くなるほど、その傾向が顕著になる。駆け出しの頃は誰も気にも留めなかった行動が、巨人になると重大な影響を及ぼすようになる。

巨人が発する言葉は音量が大きくてよく響き、人々を鼓舞することも、破壊することもできるほどの影響力を持つ。巨人の行動はどれも普通ではない。おまけに巨人だからと「大目に見られる」こともない。人の鼻を折っておきながら、ボケッとしてましたと言い逃れすることはできないのだ。

逆だったら良かったのにと思う。

のっぽな子どもだったわたしは、作家のルイス・キャロルことチャールズ・ラトウィッジ・ドジソンが『不思議の国のアリス』のなかで描いた、飲むと身体が小さくなる液体〈ドリンク・ミー〉と、食べると身体が大きくなるクッキー〈イート・ミー〉を空想したものだ。もっとも、わたしが空想したクッキーはこれだけにとどまらないが。このクッキーとこの液体があれば、身体が大きい方が都合のいいときはクッキーを食べて巨人になり、誰にも気づかれたくないときや、人目につかないところへ引っ込みたいときは液体を飲んで小人になれるのだ。

このように変身することはそんなに簡単ではないが、実に多くのリーダーたちが簡単にできると思い違いをしている。彼らはクッキーを食べて巨人化してから、良い知らせを伝えたり、称賛の言葉を浴びてスポットライトに浸ったりする。称賛の言葉を浴びられるのは、陰で支えてくれている人たちのおかげでもあるだろうに。ところが困難な状況に陥ったときや、群衆にまぎれて「羽を伸ばしたい」ときは、小人化する液体を飲もうとする。忙しすぎて個人的なやり取りにエネルギーなどを費やせないと感じたときも、この液体を飲む。リーダーたちは、永遠に供給されるこの液体とクッキーがあれば、権力者から一般人へと自由に変身することも元に戻ることもできるという、誤った幻想を抱いて仕事をしている。実際には、そんなことはできないのに。

都合のいいときだけ巨人になることはできない。それができればどんなにすばらしいか。というのも巨人でいる方が明らかに有利だからだ。ほとんどの人は、権力がありそうに見えるだけで最高の気分を味わえるだろう。こうした外見の人は給料が高くて立派な肩書きを持ち、資産も多い傾向があるって？ますます魅力的じゃないか。

だが、『スパイダーマン』のなかでベンおじさんが警告したように、「大いなる力には大いなる責任が伴う」。巨人が負う責任はどんなときも変わらない。朝出勤した瞬間から慎重に行動しなければならない。人間は、人生の重要な瞬間、すなわち人生でもっとも重要な出来事や出会いは、予測して準備できると考えがちだ。そのような瞬間が刻一刻と近づいてくるのがわかる。ずいぶん前からカレンダーに書き込まれているものもある。心の準備はできているし、その瞬間の重要性も認識している。いざその瞬間が来たら、堂々と対応してマニュアルどおりの反応ができるだろう――さあ、これですべてがうまくいくぞ。

くだらないたわごとだ。そううまくはいかない。長期的な人間関係のほとんどは計画的に構築されたものではないし、どの関係が最大の結果をもたらすかなど、めったにわからない。自分の人生とキャリアを振り返れば、そのとおりだと気づくだろう。インスピレーションを与えてあなたを育ててくれたメンターや上司を思い出してほしい。最初に思い浮かぶ彼らの姿は、営業ミーティング中の会話や、年に一度の勤務評定といった公の場での出来事でも、おなじみの状況でもないだろう。むしろ日常的な瞬間、または期せずして困難に見舞われたときに、どう接してくれたかではないだろうか。

〈巨人の約束〉のモットーは、どんなときも重要な瞬間と捉え、人生の重大な瞬間に向けて準備などできないと考えることだ。重要な瞬間がやって来る前から、それと察知することはめったにないからだ。この考え方を受け入れないまま巨人のように考え始めるなら、この本の続きは役に立たないだろう。なぜなら〈巨人の約束〉を守るには、自分が――肩書き、専門知識、経験、人脈などのおかげで――異常に力強い存在だと受け入れることが大前提だからだ。あなたは巨人なのである。そして巨人には、行動規範を守り業績目標を達成するだけでなく、それ以上のことが求められる。

巨人はいつも職場の雰囲気を決定づけるが、支配してはいけない。ほとんどの職場では、リーダーに選ばれた者が好むスタイルで、上司と直属の部下との関係や、その他の従業員との関係が決まる。だが〈巨人の約束〉モデルでは、リーダーはどんな対話の間も――計画的な対話であれ、自然発生的な対話であれ――自分のスタイルを調整して、その空間とその時点において、相手としっかり向き合わなければならない。

〈巨人の約束〉モデルを実践すれば、リーダーの庇護の下で従業員たちはさまざまな経験を積み、それを知識として身につけることができる。リーダーはきっと、従業員一人ひとりを、ありのままの人間として見るようになる。流れ作業で働く交換可能なロボットではなく、複雑な存在として。個人としての特徴を重視する。従業員の個性や特異性を認識し、それを守ることに全力を尽くす。多様性を確保するといった表面的な目標のためではなく、勝つための戦略としてだ。

従業員をありのままに受け入れれば、彼らは毎日出勤するやいなや、猜疑心の塊になることも、隠しごとがバレるのではないかと恐れることもなく、組織の目標達成のためにすべての能力を使って集中できるようになる。

だがそれは一方通行ではない。ここで提案するモデルは、楽でも簡単でもない。誠実で効果的なリーダーシップにはある種の対価が必要だ。リーダーとして、わたしたちは不変の約束をして、従業員が日々の経験から何かを学び続けられるような基準を定める。その対価として、従業員が仕事と同僚たちのために全力を尽くすものと期待する――すなわち、評価する点や批判すべき点があれば適切に意見を言い、建設的に異議を唱え、マネージャーに重要なフィードバックをくれ、能力を最大限に発揮してくれるものと期待する。従業員に対してこれらすべてを期待できるが、そのためにはまずはあなたが思いやりを持って、明確で一貫性のある方向性を定めなければならない。

リーダーシップとは、従業員に仕事の責任を果たさせるだけでなく、課題を与えて彼らが能力を伸ばして成長できるようサポートすると約束することだ。彼らがこうした責任や挑戦を全うしたかどうかは、結果だけで決まるわけではない。リーダーとして彼らの努力、過程、勤勉さ、さらには学び、適応する意欲や、真の仲間、やがては社風を健全に維持する仲間へと成長する意欲があるかも評価すると約束しよう。

タイトルから推察できるように、『巨人の約束』にはさまざまな約束が紹介されている。一緒に働く身近な人たちに果たす約束もあれば、職場全体のために果たしてほしい約束もある。とはいえ、まずは自分自身に果たすべき約束から紹介しよう。

どの約束も、あなただけに関わるものではない——前半の約束でさえも。確かに、どれもあなたに果たしてほしい約束だ。しかしリーダーシップとは、リーダーのニーズや願望を満たすためでも、リーダーにのしかかる外部の圧力をどうにかするためのものでもない。実際、リーダーシップとはリーダーだけに関わるものではない。リーダーシップとは、リーダーから激励されて昇進する従業員にも、ダンスフロアで血まみれになって放置されている従業員にも等しく関わるものである。

本書を通して、「リーダー」という言葉が使われている。だが、リーダーシップとは、管理職や組織の幹部といった人たちだけのものではない。あらゆる組織のどの階層の人もリーダーシップを実践できる。自ら努力と気力をつぎ込める人なら、誰でもリーダーシップを発揮できる。自分の影響力を最大限にして、周囲の世界を変えるために、自ら役割を果たそうとする人なら誰でもできる。リーダーシップの約束は、それ自体は深遠なものでも、理解しにくいものでもないからだ。キャパシティを超えることをやる必要はない。しかし、もし巨人がこれらの約束を守れば、かなりのインパクトを与えるだろう。と同時に、約束を守れなければ破壊的なダメージを負うことになる。

幼かった頃、母がアフリカのことわざを教えてくれた。「斧と木が出会ったら、斧だけがそのときのことを忘れてしまう」。この本を読んで、巨人としての新しい人生を受け入れるときは、この言葉を覚えておくと役に立つだろう。自分は巨大な斧か小さい斧か、どちらだろうかと議論しても構わないが、それは時間の無駄だ——小さな斧でも木を切り倒せるという事実から目をそらしてはいけない。結局のところ、人はみな自分のバイアスに警戒しながら思いやりを持って行動する責任があるのだ。

約束その1

自分自身を客観的に分析する

あなたが最後に道に迷ったのはいつだろうか？　道を見失って「ここはどこだ？　目的地まで行くにはどうすればいいのか？」と途方に暮れたときのことだ。車を路肩に停めて、ダッシュボードから地図を取り出し、現在地を確認したことは？　あるいは、見慣れない町を歩きまわって、場所を確認しようと道路標識を見上げたら、見慣れない標識に知らない通りの名前があったことは？　いわゆる物理的に道に迷ったのはいつだろうか。

ずいぶん前のことではないだろうか――本の地図を使った経験がある年代の人は、かなり前のことだと感じるだろう。今そんな状況になったら、うつむいてスマホの画面に目が釘付けになるだろう。スマホが充電されている限り、道に迷うことはない。スマホはいつでも道を教えてくれる。

地図アプリが重宝されるのは、目的地がどこであれ、そこへたどり着くための効率的な最短ルートを教えてくれるからだ。だが、地図アプリの真のすごさは、ごく当然のことと思われている能力にある

——わざわざインプットしなくても、地球上の自分がいる場所を正確に教えてくれる能力だ。わたしは、今どこにいるのか？　紙の地図を見れば、目的地までの道筋がすべてわかる。だが出発地点がわからなければ、紙の地図は役に立たない。この先の道を進むには、現在の居場所を知ることが重要だ。

同様に、個人としてのポテンシャルやリーダーとしてのポテンシャルを発揮するときも、自分自身を客観的かつ詳しく知ることが重要な第一歩となる。自分自身や出発地点を正確に知らなければ成長はできないし、それを教えてくれるアプリもない。インフルエンサー、貢献者、同僚、家族の一員、友人、またはリーダーとしてベストな自分になるための道筋を見つけるには、たゆまぬ努力と絶え間のない内省が必要だ。たとえ現在の慣れ親しんだ状況を居心地が良いと感じていても、その状況はあっという間に変わりかねないからだ。政治状況、文化、経済の情勢は、万人に影響するペースで変化している。朝起きたら仕事と職場が劇的に変わっているか、消えているといったことが、誰にでも起こりうるのだ。そのような事態が起きたとき、自分をよく理解していなければ、どう前進すればいいかわからなくなるだろう。

わたしに初めて内省の力を教えてくれたのは、母のウェンディ・アメイチだ。母は今もわたしの人生に多大な影響を与えている。母は、三人の子を育てるシングルマザーと、イングランド北部にある地域診療所のホームドクターという二つのフルタイムの仕事をこなしながら、言葉と行動の両方で〈巨人の約束〉を体現した。母が教えてくれた教訓は、今も予期せぬ方法でわたしの心に響いている——困ったときに、知恵と善意が詰まったイースターエッグが、ひょいと意識のなかに現れるみたいに。プロのバスケットボール選手になるための計画を立てるときも、心理学関係の仕事に就くための土台を築くときも、わたしは母に助けられた。

わたしがバスケットボールを始めたのは1987年だった。当時16歳だったわたしは、地元の小さな中等学校の体育館でバスケットボールを練習しながら、大急ぎで基本的なスキルを習得し、ルールを学んだ。長身の黒人少年がスポーツ、特にバスケットボールを好きになるなど、ありがちだと思うかもしれないが、わたしは違う。冴えないおたくで（今もだが）、スポーツを知らず、興味もなかった。バスケットボールを知ったのは遅く、しかも偶然だったが、身体的に有利だったこともあり、自分のポテンシャルを認識するまでにさして時間はかからなかった。

バスケットボールそれ自体は好きではなかった。事実、一度も好きになったことがないし、今もそうだ。だが体育館で数週間ほど練習するうちに、このスポーツを通して感じることが気に入った。たとえば仲間がわたしを絶賛しながらハグしてくれたり、「きみならできる」と信じてもらえたり、チームに入ってほしいと望まれたり。それまではわたしの身長は負担でしかなく、長身のせいで孤立し、恥ずかしいとさえ思っていた。ところが、突然その身長が強みになったのだ。身長のおかげで、わたしを特別で、偉大な選手になる可能性があると信じてくれる人たちとつながることができた。身長のおかげで、わたしを見て笑う人ではなく、わたしと一緒に笑ってくれる人と出会い、わたしのパフォーマンスが向上するよう後押しし、失敗してもサポートしてくれる人たちと出会えた。こんな経験は初めてだった。最初はそこに魅力を感じた。

NBAのことを知ったのは練習初日のことだった。そのときはNBAが何の略語かわからなかったが——ナショナル・バスケットボール・アソシエーションの略だ——、その場所でなら普段とはまったく違った目で見てもらえることはわかった。ＮＢＡに入ればバスケットボールで生計を立てられることとも重要だったが、当時のわたしは、そこへたどり着けばリッチになれることよりも、お金をもらってチームに所属できることに魅力を感じた――チョールトンの体育館で感じたような帰属意識だ。もちろん、幸せな生涯にも魅力を感じたが――実際に80年代のアメリカでは、テレビをつけると幸せとヒーローの話ばかり放送されていた。おまけに、通行人が無関心に通り過ぎる光景ではなく、群衆が喝采を送ってくれる光景も魅力に感じた。もっとも、見知らぬ人たちがわたしの名前のついたシャツを着て応援してくれる様子はイメージできなかったが。一日のほとんどを透明人間になりたいと思いながら過ごしてきた身としては、幸せと居場所が得られるなら、ちょっと有名になるぐらいなら我慢しようと思えた。とはいえ、目的地はバスケットボールではなかった。それは一度も忘れたことがなかった。バスケットボールは、まだ子どもだったわたしにとっての夢――経済的な安定と心理学者としてのキャリア――を実現するための代替ルートでしかなかった。

わたしが早くから心理学や人間の考え方や行動に並々ならぬ関心を抱いていたことを母は知っていた。だが、急速にバスケットボールに興味を抱き、想像の翼を広げていることは知らなかった。わたしが体育館に通っているのは知っていたが、そんな年頃ねと気軽に受け止めただろうし、率直に言うと、孤独で大柄な息子がようやく運動して、友達の話をするようになったと安堵したかもしれない。本ばかり読んでいた内気な息子が、高校一年目で、初めてバスケットボールに触ってほんの数か月後にＮＢＡを目指しているなんて、想像できようか？　母はそもそもＮＢＡの存在すら知らなかったのに。

わたしはこの野望を、よく練ったうえで芝居がかったやり方で母に打ち明けた。母はベッドに横たわり、いつものようにラジオ・ドラマ『アーチャー家の人々』を聴いていた。ＢＢＣが長年放送していたドラマで、いなか町で幾多の試練が起きる話だ。大事な話をする前のお決まりで、わたしは母の寝室の窓際に立って外を見た。故郷であるストックポートを見下ろすように走る、古びた鉄道橋が見える。近くのオフィスビルにある駐車場の灯りが琥珀色の光を放ち、真っ暗な母の寝室に差し込んでいる。わたしはこの場所を気に入っていた。わたしの横顔が背面から照らし出され、演劇のような陰気でシリアスな効果がもたらされたからだ。

「母さん」わたしは深呼吸をした。「どこの大学に行こうか迷ってるんだけど」

母はすぐに返事をしなかった。しばらくの間、空間を満たすのはラジオから聞こえる羊の鳴き声だけだった。それから少し熱を込めてこう答えた。「そうねえ。マンチェスター大学があるわね」

確かに。マンチェスター大学か。家から近いし、悪くない。もうちょっとしゃべらせておこう。わたしは黙っていた。

「リバプール大学もあるし、リーズ大学、バーミンガム大学もある」

ごもっとも。どれも優秀な大学ばかりだ。だが、わたしは相変わらず何も言わなかった。この沈黙から、わたしが悩んでいることを察知してほしい。この凝視から、わたしが戸惑っている理由を見つけ出してほしい。

「ロンドンでもいいわよ。ロンドンなら選択肢もたくさんあるじゃない」

ああ、ロンドンか。アイルランド共和軍（ＩＲＡ）による爆弾テロの話を聞くたびに、ちょっと怖くなるけど、そうだな、ロンドンもあった。でも、ほら、他にもあるだろ。

母はそこで口をつぐんだ。わたしはまだ窓辺に立って外をじっと見ていた。ここで凝視をやめて、陰影のある雰囲気を壊したくなかったのだ。とはいえ、またもや部屋には羊の鳴き声だけがむなしく響き渡った。母の提案はロンドンで止まった。

今思い返すと、あのとき母は、わたしの調子に合わせて大学名を挙げながら、わたしが思い切って何かを切り出すのを待っていたのだろう。

「母さん、あのさ……」

わたしは気持ちを落ちつかせると、母の方を見て、ちょっと間を置いた。

「どこの国の大学に行こうかなと思って」

ああ、とうとう言ってしまった。部屋の空気が一変した。母がベッドの上で身じろぎしてラジオを消した。母は真剣に聞いている。ここで本題に入ったら、何て言うかな。

「実は、アメリカの大学へ行きたいと思ってるんだ。そうすればNBAでプレーできるから。NBAっていうのは、〈ナショナル・バスケットボール・アソシエーション〉のことだよ」あたかも前から知っていたかのように、さりげなくこの略語を説明した。「NBAでは、世界でトップレベルのバスケットボール選手たちがプレーしてるんだ」

母とわたしはこの情報について永遠と思えるほど長い間反芻していた気がするが、実際はほんの一、二秒だったと思う。話が終わったと確信すると、母はベッドから起き上がってわたしを見た。そして、わたしの発言に判断を下すことなく、「それは挑戦的な目標ね」と淡々と言った。母は控えめに表現するのがうまかった。

「どうやって実現するつもり？」

わたしは明らかな特徴から挙げていった。黒人で、身長が二メートル三センチあって、しかもまだ伸びそうだ。わたしの行動範囲はストックポート内にとどまったものの、同じぐらい身長が高い人を一度も見たことがなかった。肌の色と身長だけで、一流のアスリートになる素質があると思った。自分のことを唯一無二の黒人《ブラック・ユニコーン》だと思っていたし、どのチームもほしがるはずだと確信してもいた。

「まずはアメリカの高校に一年通うよ」わたしが提案した。結局のところ、ユニコーンといえどもスキルを磨かねばなるまい。現実的でもあったわたしは、アメリカで競争が待ち受けていることも、自分が大きく後れを取っていることも重々承知していた。でも、どこでもいいからアメリカの高校で一年間プレーすれば、克服できないことはないはずだ！

「それから奨学金をもらって、バスケの名門大学へ進学する」――NBA選手のお決まりのルートだ――「次にドラフトで選ばれて――NBAドラフトっていうんだよ――お金をがっぽり稼ぐんだ」

完璧な計画だった。わたしは自信たっぷりに、さらに魅力的な提案をした。「成功したら、母さんに新しい家を買ってあげるよ！」。これで文句を言う人がいるだろうか？

母はちっとも感動していなかった。ちっとも。もっとも、その表情にはいくらか気持ちが表れていたが。母が何と言おうとも、どう反応しようとも、わたしはつとめて冷静に振る舞うよう気をつけた。わたしは再び窓の外を振り返ると、今度はボウリング場の反対側にある商業施設に目をやった。

「いいかい？」

うん？　何？　何だって⁉

「暗闇のなかで自分の魂を見分けられる？」

暗闇のなかで自分の魂を見分けられるかって？　何を言い出すかと思えば。この瞬間のために何日も考え、筋道の通った計画を立てて、自分の野心をさらけ出してみせたのに。それなのに、暗闇のなかで魂がどうしたって？　一体何の話をしているんだ？　しかもうちは無宗教じゃないか？　こんなに母にいらついたことはなかったが、わたしが返事をする前に母が続けた。

「普通の人生を送りたい人は、川を流れる棒きれのようなものよ。上流から投げ込まれたあと、葦に絡まれてちょっと動きが取れなくなったり、一時的に土手に打ち上げられたりするでしょう。でもいずれは、何事もなければ海にたどり着く。

あなたは特別な目的地を選んだ。だったら、偶然や運に頼っていてはそこにたどり着けないでしょう。特別なことを達成したい人は……、そういう人は、自分自身を完全に理解して臨まなければならない。大抵の人は、真の自分を詳しく描写することができず、身体的な特徴を挙げなければ、自分自身を認識できない。あなたは暗闇のなかで自分の魂を見分けられる？」

今やわたしは母の話に釘付けになっていた。ベッドのそばへ行って、母が「型破りで特別なことを成し遂げたい人は、能力だけでなく内省する必要もある」と語るのを夢中になって聴いていた。

「あなた自身について話してごらん」話を終えると、母がわたしに促した。「あなたはどういう人間なの？」

わたしのような聡明な子どもにとっては、そんな質問はいたって簡単だった。わたしは自分の思考力にも集中力にも自信を持っていた。読書や思索に何時間もふけることもできた。にもかかわらず、母の問いに対して意味のある答えがなかなか見つからなかった。一目でわかるような身体的な特徴や生物学的特徴をいくつか挙げたが（たとえば黒人、背が高い、イギリス人、学生、息子、長男など）、母が聞きたいのはそんなことではなかった。

「それを全部取り去ってしまいましょう。それらの特徴がなかったら、あなたはどうなる？」

当時の母も、現在のわたしも、個人のアイデンティティにこうした基本的な特徴はいらないと主張するつもりはない。とはいえ、確実ではっきりしたカテゴリー――肩書き、年齢、出身国、性自認など――の範囲内で自己分析をするのは簡単だ。しかし、そうした基本的な特徴だけにフォーカスすると、自分を過小評価してしまう。個性を軽んじ、経験の違いを無視してしまうからだ。インターセクショナリティ［訳註：性別や民族、性的指向などに対する差別が組み合わさって独特な抑圧構造が生じる状態のこと］や個々の特異性を見落とし、大きな真実に近づくのが難しくなる。そんなわけで、母はわたしにもっと掘り下げて分析するようにと促した。それから数日間、母はわたしに質問し続けた。あなたの普段の状態は何？　普段はどんな気分なの？　感情が爆発したらどうなるの？　どんな状況だと穏やかな気持ちになる？　どれぐらいの頻度でそんな気持ちになる？　どんなことに心をかき乱される？　どんなときに楽しいと感じて、気持ちが高揚する？　どんな人とは関わり合いたくないと思う？

「大きなことを成し遂げようとする人がつまずくのは、競争のせいというよりも、盲点があったり、自分で自分を妨害するケースが多いのよ」と母はよく言った。

それはとても深い学びになった。わたしは目標を達成するための計画を立て、やり遂げたいこともすべて決めた。だが、その際にことの順序を間違えていたのだ。こうした目立たない領域をしっかり検討していなかった。これほど高尚な夢に対して、自分には足りない一面があることを吟味したことがなかった——たとえば、怠け者で、パイが大好きで、激しい運動を避けようとする面がある、といった不都合な真実から目を背けていたのだ。

パイ好きというのは前からわかっていた一面だ。しかし母に促され、自分の好物と順序だてて真剣に向き合わざるを得なくなった。特に、こうした好物はわたしの計画に関わるからだ。平均的なNBA選手の体脂肪は4〜8%だが、わたしのは……もっと高かった。では、これをどうするか？　体脂肪をこの範囲内に収めるためにどんな犠牲を払うことになるか、考えたことがあったか？　食欲という強力な誘惑に打ち勝つだけの強い決意があるか？　週に何個パイをあきらめることになるのか？

自分が怠け者だったと知って、少なくともわたしは驚いた。母はたいして驚かなかったようだが、わたしは自分を怠惰だと思ったことが一度もなかった。確かに、バスケットボールをやった数か月間を除くと、取り立てて活動的というわけではなかった。本好きではあったが。一番の楽しみは、寝転がって何時間もSF小説を読みふけることで、それを並外れた知性と読書への情熱の表れだと解釈した。だが、よくよく吟味してみると、「寝転がって本を読む」のうちで、「寝転がる」部分が「本」と同じぐらい好きだと判明した。寝転がって夢想するだけでも大満足だっただろう。寝転がってテレビでもいいし、寝転がってパイでもいい。何ならテレビとパイだけでも十分だっただろう。

その傾向は今も変わらない。わたしは基本的に怠惰なのだ。注意しないと、通常モードに戻って、できるだけ省エネモードでやり過ごそうとする。特に激しい運動のときは要注意だ。こうした一面は、一流アスリートになるという目的にはそぐわないため、早く認識する必要があった。母が夢を実現するのに不利な一面を掘り下げなさいと促したのは、夢をあきらめさせるためではなく、注意を向けさせるためだった。旺盛な食欲も怠慢もなくならないし、無視するわけにもいかない。だから自分の運命を成就させるためには、マイナスな面を打ち消せるような戦略を実践し続ける必要があった。

内省するよう母から強く促されたのは運が良かった。昔から若者が内省を勧められることはなかったし、むしろ画一的なテストで得意分野を見つける方が一般的だからだ。幼い頃からわたしたちは、将来どんな職業に就きたいかと訊かれるが、大切にしていることは何かとか、どんな人間なのかなどと問われることはない。「大人になったら何がやりたい？」「大人になったら何になりたい？」。おそらく「何」ではなく、「どんな人間」になりたいのかと尋ねる方がいいだろう。

心を開いて内省に集中することも、日常的に内省することもない人は、偉大なリーダーにはなれないだろう――少なくとも、わたしが重要だと考える「偉大さ」の基準を満たすことはない。信頼できて、自分の感情を察知できて、知的好奇心が旺盛で、適応力があり、周囲の人たちと強い絆でつながるリーダーになるには、内省が絶対に必要だ。内省は内なる声を研ぎ澄ます砥石であり、信頼できるものでなければならない。今後も職業人として生きていくうえで、内なる声は一番重要なフィードバック源となるだろう。同僚、直属の部下、マネージャーからもフィードバックは得られる。だが、あなたが昇進すればするほど、外部から有益なフィードバックをもらうのが難しくなる。

といっても、周囲の人の知恵を借りるなと言うつもりはない。周りの意見は絶対に必要だ。自分とは違う視点を持つ同僚――身近なグループ以外の人――と経験を共有し、「あなたならどう対処しますか？」と訊いてみよう。一種の「リバースメンター」として頼れそうな人を見つけよう。あなたよりも経験の浅い人や、あなたの関心事について意見をくれる直属の部下でもいい。定期的に15分ほど面談を行って、相手に何を求めているかを率直に話そう。「卓越したリーダーになりたい。あとどれぐらいでその目的に到達すると思う？　わたしにも欠点があるはずだ。それは何だろうか？　それを変えるには何をしたらいいと思う？」などと正直に話そう。

ここは図太くいこう。相手から心地よい意見が返ってくるとは限らないからだ。しかも、同僚はすべてを話してはくれないだろう。おまけに、良くも悪くも彼らの意見は正確とは限らない。そんなわけで、1番目の約束は絶対順守してほしい。「自分自身を批判的に、客観的に、そして共感的に見つめること」。つまり自分の長所と短所について、正直かつ現実的な自己評価を継続的に行う、ということだ。これから旅に出ようというのに、自分の欠点や強みを正確に把握しなければ、出発地点があいまいになり、たちまちコースから外れてしまうだろう。

あなたの周りにも、自分の欠点が見えない人がいるかもしれない。自らの足を引っ張り、他人に迷惑をかけるような、痛々しいほど明らかな欠点なのに、欠点だと認識できない人がいる。頑固で思い違いが甚だしいのか、どんな性質やスキルも「最高だ、完璧だ」と見なしてしまう。善意の人もいるだろうが、自分を一流だと信じ込んで大口を叩く人もいる。そんな人に率直な意見を求めても仕方がない。もっとも、そのような人はごく少数だが。

もっと多いのが、やたら自分に厳しくて、辛辣に自己批判をし、自分の強みや成果の大きさを認識できない人だ。損益計算書のように簡単に数量化できない資質や、具体的な目標を達成して表彰されることがない資質は、大抵の人が評価するのに苦労する。一見仕事に無関係に見えるが、実はかなり役立ちそうな個人的な成功体験も見落とされがちだ。たとえば、あなたが年を取ってから働き始めた女性だとしよう。就職が遅かったのは、家族の世話をしながら成人学生として学校に通ったためだとしたら、それだけでも仕事にプラスになる実績だと評価するべきだろう。それが評価できなければ――つまり自分が粘り強く自発的に行動したから到達できたのだと認識し、自分を誇らしいと思えなければ――あなたは思うように能力を発揮できないだろう。自信過剰で口先だけの人と同じぐらい能力を発揮できずに不利になる恐れがある。

自分を過小評価することは、残念なことではあるが、企業文化の影響によるものだろう。自分は見かけ倒しの詐欺師で、今の地位に値しない人間だ、実際には標準以下の能力しかない、今にも周囲の人々に無能だとバレて暴露されるのではないか――そのような心理状態に陥ることを「インポスター症候群」という。インポスター症候群については広く議論されてきた。精神的な乱れと見なされることが多いが、それは違う。インポスター症候群は、従順で自己主張しないせいで起きる悩みではない。むしろほとんどの職場、実際には社会全体に蔓延している、体系的なプレッシャーの波にさらされたために起きる自然な反応だ。プレッシャーの波にさらされると、生き生きする人がいる一方で、乱気流に巻き込まれたかのように感じる人もいるのだ。

組織では、上層部が決めたリーダーシップのスタイルが支持される。そして「上層部」には伝統的に同じようなタイプのリーダーが就く。多くは白人の異性愛者だ。だがそれだけではない。社会的な層とは無関係に、伝統的なリーダーはワンマンで、人間関係において支配的で、考え方に柔軟性がない。そのスタイルは組織内で働く人々の間にも共有されるため、上層部の模範的スタイルを理解できない人や、合わない人は、ごく自然にインポスター症候群のような感覚を覚える――「わたしはあんなリーダーになれないし、あんなやり方もできない。たとえわたしがトップに就いても、見せかけに過ぎず、適任者にはなれないだろう」と思い込むのだ。

インポスター症候群によるダメージは拡大する。リーダーの地位にもっとも必要な人たち――経営者と従業員のために尽くす誠実な人――は、キャリアのもっとも重要な時期に、インポスター症候群のせいで脱落してしまう。このような人は、リーダーになりたての頃にきちんとサポートされなければ、インポスター症候群に陥りやすくなるのだ。そして彼らがリーダーの座から退くと、その空席を埋めるのは、昇進さえできれば能力不足など気にもならない同僚だろう。そのような同僚は、組織の先頭に立つのが自分の運命だと信じて自信を持ち、インポスター症候群で悩むことはないだろう。効果的に管理すること、部下の評価、部下との関係作りに興味がない人もいるだろう。上層部のリーダーの特徴をまねるだけで、重要なツボを押さえられるからだ。そしてそこから先は、彼らが出世していくようにシステムが設計されている。

これらの特徴に当てはまらない人は、インポスター症候群に陥りやすい。女性、人種的なマイノリティ、LGBTQ+の人は、ほとんどの職場で上層部の地位になじむのが難しいと感じるだろう。内向的で異性愛の白人男性も同様で、カリスマ的で堂々としたリーダーの陰に隠れてしまいがちだ。「どうすればここでうまくやれるのか?」と彼らは戸惑うだろう。「わたしは口数が少なくて、慎重に考えてから意見を言うタイプだ。なのに、ここのリーダーたちはみんな社交的で、何千人もの聴衆の前でもリラックスして話してるじゃないか」

リーダーの典型的な特徴にまったく合致しない場合、どうすれば自分のリーダーシップに自信が持てるだろうか？　破天荒なリチャード・ブランソン［訳注：イギリスの実業家。ヴァージングループの創設者］型でも、高圧的で聡明なスティーブ・ジョブズ型でもなかったら？　あるいは、弾圧的で単細胞なドナルド・トランプ型でもなかったら？（そんな人はいないことを祈るが）。ご存知のように職場と同じく、社会全般も支配的なリーダーのスタイルにならうものだ。ドナルド・トランプが大統領に就任してから一週間もすると、バラク・オバマのような人が大統領だった頃のことなどほぼ想像できなくなる。反トランプ派の人たちですら、彼の口調や戦術を採用しなければと感じていたほどだ。

誰もが――自分は偽物だと感じたことがない人は特に――インポスター症候群によるダメージを最小限にとどめなければならない。この風潮は、自分に過度に批判的で、自分の長所を認識できないリーダーを作り出してしまう。そのような人は常に自分を責め、欠点をくよくよ悩んで神経過敏になる。不運にも、神経過敏は周囲に伝染しやすい。みんなの先頭に立つべき人が、言葉でも態度でも「自分はたいして役に立たない」と表現していては、いつまで経っても自信が持てるようにならないだろう。

インポスター症候群は判断力を鈍らせる。心のなかで響き渡る「おまえは無能だ」という自己不信の声に不安を覚えるだけではない。その声から「おまえは詐欺師だ」と責められるのだ。「無能なくせに、有能であるかのように振る舞っている」と主張するのだからたちが悪い。本来ならリーダーとして十分貢献できる人が、不安で口ごもり、おどおどした態度を取るようになる。重要な判断、難しいやり取り、自分をさらけ出さなければならない状況――つまり、効率的に手腕を発揮しなければならない場面――で尻込みしてしまう。新入社員を採用するときであれ、業績不振に対応するときであれ、誰を昇進させるかを査定するときであれ、自分をさらけ出さなければならなくなると、恐怖心に襲われる。インポスター症候群に陥ると、そのような瞬間から逃げたくなるか、何としてでも避けたいと思うようになる。

基本的にインポスター症候群は、頭のなかで意地の悪い声がゆがんだフィードバックをささやくことで起きる。自分のことを正確に理解していないと、その声にどう対処すればいいかわからなくなる。真実と虚構を区別するだけの視点を持っていない場合もあるだろう。2015年、共和党の上院議員ジム・インホフが、研究所のインテリたちが主張するヒステリックな地球温暖化問題に反論しようと、本会議場に雪玉を持ち込んだのは有名な話だ。「地球温暖化は起きていない。この雪玉がその証拠だ」と彼は主張した。確かに、気候変動と天気の区別がつかない人にとっては、雪玉は合理的な証拠になるだろう。だが、基本的な知識——気候と天気は違うという基本的な理解——がある人にとっては、雪玉はくだらないパフォーマンスに過ぎない。雪玉はエビデンスとしては不十分で即座に却下すべきだ。精査して知識で反論をしなければ、その雪玉が武器として使われて多大な影響力を持つことになる。

インポスター症候群も、同じような欠陥だらけのエビデンスを出してくる。そして自分を熟知せず、自分のスキルや経験の豊富さを正しく認識していないと、そのエビデンスが——どんなに不合理なものであっても——あなたの足を引っ張るだろう。くだらない声にくよくよするようになるだろう。これまでの実績からして大丈夫そうな状況であっても、「こんな難局を切り抜けるなんて、わたしには無理だ」と思うだろう。自分の過去を振り返って、成功事例や証明済みの能力を再確認すれば、そのような疑心暗鬼の声を振り払いやすくなる。

インポスター症候群でつまずいて、自己不信の穴に転がり落ちてしまったら、次の7つの質問を自問すると役立つだろう。これらはわたしが作った「効果的なフィードバック・モデル」というツールにある質問で、幅広い用途に使える。他の人へのフィードバックを準備するときは、この便利なチェックリストを使おう。内省するときにこのチェックリストを使えば、あなたの頭のなかにあるシビアすぎる意見や、過剰なお世辞といった、不正確な声が見抜けるようになる。これらの7つの質問を自問すれば、虚勢を張らないよう自制できると共に、インポスター症候群に陥りにくくなる。

効果的なフィードバック・モデル

1. フィードバックの目的は何か？

フィードバックでどんな影響を与えようとしているのか？　何かを改善することを目的とした、真摯なフィードバックか？　ミスの防止につながりそうか？　フィードバックの目的が表面的なものか、あいまいなものであれば、たいしたフィードバックではない。鵜呑みにしない方がいいだろう。

2. フィードバックには事情が考慮されているか？

フィードバックには、現在、過去、未来の状況がすべて考慮されているか？　個人にはどうにもならない外的要因や、あらゆる要因が考慮されているか？　同じような状況で似たようなことを達成したことがあるのに、自分には無理だと思い込もうとしていないか？

3. フィードバックで恩恵を受けるのは誰か？

あなたを詐欺師呼ばわりする声が、あなたのためになることを言うだろうか？　誰のためにもならないフィードバックではないか？　他人からこう思われているのではないかといった思い込みが反映されていないか？　恩恵を受ける人が誰もいない場合、それは悪いフィードバックだ。意見する本人が恩恵を受ける場合、それはたちの悪いフィードバックだ。

4. そのフィードバックは今役に立つものか？

それは有益で洞察に富んだフィードバックか？　もはや古くなった意見ではないか？　そのフィードバックは今も当てはまるような有益な内容か？　それとも過去の汚点に関する意見で、すでに対処済みの問題や、もはや悩む必要のない問題に言及していないか？

5. 現実的なフィードバックか？

この質問に、「当たり前じゃないか」と思うかもしれない。だがここで訊きたいのは、そのフィードバック——あなたの頭のなかで処理されたメッセージ——を検証した結果、正確で当たっていると判明したか否かだ。臆測に基づいた意見ではないか？　フィードバックに臆測を入れてはいけない。

6. 容赦のないフィードバックか？

わたしが思うに、これは7つの質問のなかでもっとも重要な質問だ。そのフィードバックはたまたま手厳しくなったのか？　あるいはわざと意地悪に作られたものか？　内なる声やフィードバックの性質が情け容赦のないものなら、それは良いフィードバックではないかもしれない。相手が聞きたくない内容でありながらも、効果的なフィードバックを行うことは可能だ。聞くのが苦痛なフィードバックから成長することもできる。だが、情け容赦のないフィードバックで改善する人はいない。

7. フィードバックは共有されているか？

フィードバックの基となる意見は、事情に通じた適切な同僚と共有されているか？　自分を評価するときも、他人を評価するときも、自分の声だけで評価しない方がいい。周りの人から信頼されているのに、頭のなかの声があなたをくず呼ばわりしていないか？　個人の感情や思い込みに基づくフィードバックは、指摘すべき問題よりも、その人個人に向けられがちだ。

あとで他の人にフィードバックする場合の要点を説明するときに、もう一度このモデルを取り上げる。だが、内省に「効果的なフィードバック・モデル」を使えば、無秩序のなかから意味を抽出することも、虚構のなかから真実を取り出すこともできる。これら7つの質問を自問すると、内なる批判者から頻繁に送られてくるメッセージを明確にして、状況に照らし合わせて検討しやすくなる。これで、頭のなかで響き渡るゆがんだ意見によって行動に悪影響が出るのを、防ぐことができる。7つの質問を自問することで、より包括的に自分を見つめて理解できるようになるだろう。

内省が嫌いな人や、積極的に自己分析に取り組む意欲がない人は、〈巨人の約束〉を果たすのが難しくなるだろう。潮の流れに乗るだけでは目的地にたどり着けない。自分自身を正確に理解し、その理解を常に最新の状態に保つと約束してほしい。自分をほめたり、批判したりするときは、客観的かつ詳しく、さまざまな表現を使って正確に行うと約束してほしい。

母と共に始めた自己分析の旅は、母が亡くなったあとも続いた（当時のわたしたちは、母の命があと数年しかないとは知るよしもなかった）。NBA選手になるという目標を達成したあとも、心理学者になって開業したあとも、自己分析は続き、おそらくわたしが息を引き取るまで続くだろう。ありがたいことだ。自己分析は楽しい作業だからだ。内省は手間がかかるが、負担だとか、何度もやらなければならない骨折り作業などと感じてはいけない。内省は、何度も読んだ本を再読して、暗記するまで読んだと思ったページのなかに新しい洞察や斬新な表現を見つけるのに似ている。

暗闇のなかで自分の魂を見分けることは一回限りのワークではない。一生をかけて本質を見つけることであり、その旅は今から始まる。では、始めよう！

【ワーク】暗闇のなかで自分の魂を見分ける

他の人にはあなたの身体的特徴が見えず、あなたと人や組織との関係も一切言わないものとする。そんな状況下で、自分も他の人も「その特徴はあなたしかいない！」と気づけるような、独自の特徴を挙げることができるか？

自分だけがわかる表現でも構わないので、「これは自分のことだ」と認識できるように自己描写ができるだろうか？　ただし、年齢などの人口統計学的属性、アイデンティティ（性別、性的指向、民族など）、職業、趣味、人間関係（兄、母親など）、好きなものと嫌いなものを挙げ続けることも、あなたと同じような状況にいる人と比較してもいけないものとする。

この道を歩き始めるにあたっては、次の質問リストが役に立つだろう。このワークは一時間では終わらない。質問に答えるたびに他の疑問がわくこともあれば、自分の答えが何かを示唆していることに気づくこともあるだろう。

質問に答え始めたら、他の人にあなたの印象について率直な意見を訊きたくなるかもしれない。だがその前に、まずは自分を掘り下げて考察しよう。本当の自分を見つけ出す前に、他の人の意見に左右されないようにするためだ。

□ あなたは普段どんな状態、またはどんな気分でいることが多いか？

- □初めてあなたと話した人は、最初にどんな反応をするか？　付き合いが長くなるとどうなるか？
- □あなたがいると、周囲の人々にどんな影響を与えるか？（考え方、感じ方、意見を主張する方法など）
- □あなたが持っているすばらしい資質は何か？　最低でも10項目挙げて、具体的に書こう。
- □あなたが持っている役に立たない資質や、ネガティブな資質は何か？　最低でも10項目挙げて、具体的に書こう。
- □世間とどのように関わり、どれだけ頻繁に関わっているか？　その答えから、あなたが他者と関係を築く方法についてどう思うか？（この問いに答える際には、「内向的」とか「外向的」などの大まかなカテゴリーにとらわれてはいけない）
- □問題や挑戦にどのように取り組んでいるか？——どんなプロセスを踏むか？
- □激しい感情に襲われたとき、あなたはどうなるか？
- □心が穏やかなとき、あなたはどう感じるか？　どのぐらいの頻度でそう感じるか？
- □あなたに心の平和をもたらすものは何か？
- □あなたを不快にしてストレスをもたらす要素または経験は何か？
- □ストレスに対して、あなたはどう反応するか？
- □うれしいことがあったとき、あなたはどうするか？
- □フィードバックをもらったとき、ほめられたとき、または侮辱されたとき、あなたはどう反応するか？

□あなたの核となる信条、人生の指針となる信念は何か？　個人的な価値観をいくつか書くとしたら、そのうちの上位5つは何か？

□自分の価値観をどの程度一貫して実践しているか？

□あなたの盲点は何か？　過去にあなたが失敗したやり取りや状況から自分の盲点を探ろう。

□自分に失望したときの状況はどんなだったか？——そこにはどんな課題があるか？　課題が見つかったらそれも書こう。

自問できる質問は、他にもたくさんある。何かを思いついたら、恐れずにどんどん質問を深掘りして、さまざまな追加の問いにも答えていこう。

約束その2

成功するために全力を尽くす

残酷な人とか偽善者だと思われないよう注意しながら、勝利について書くのは難しい。冷酷で不愉快な「勝者」をしばしば見かけるが、それは彼らが勝つためなら冷酷になれるからだ。わたし自身もスピーチしたときに、「ライバル企業から二度とうちの組織と張り合いたくないと思われるほど、徹底的に打ち負かしたい」と言ったことがある。確かにそう言ったし、本気で言った。とはいえ、競合他社すべてを苦しめてやるぞと言いたかったのではなく、むしろ自分を鼓舞するために言ったのだ——有無を言わせぬ説得力、入念な準備、勤勉な仕事ぶりをもってすれば、少なくともうちの組織は同業他社よりも優位に立てるはずだ、と。

ほとんどの状況では、人生で成功するのに敗者を生み出す必要はない。

言うまでもなく、あなたは勝つために努力しているに違いない。結局のところ、あなたが読んでいるこの本は個人的な成功、対人関係での成功、組織の成功の実現をテーマとしているからだ。読書は時間がかかる。時間をかけるのは努力しているということだ。理屈から言って、この本を読んでいるということは、すでに勝つために真剣に取り組んでいるということだ。

誤解のないように言うと、本書の文脈に出てくる「勝利」とは、個人の目標を達成することに過ぎない――できれば気高い目標が望ましいが、たとえ気高くなくとも、少なくとも誰かを傷つけないような目標を想定している。わたしにとっての勝利とは、長期的な展望のもとで行うプロジェクトだ。つまり、成功した場合の状況をしっかりと理解したうえで、明確で長期的な個人の目標および組織の目標を達成すべく真剣に取り組むことだ。勝利に関しては、次の7つの項目も明確にしておきたい。

1. 「いい人」(または愛想が良い／思慮深い／誠実な／道徳的な／公平な／正直な人)は必ずしも失敗するとは限らない
2. 成功するのに冷酷である必要はない
3. 成功の定義は人それぞれ
4. 成功するには、明確で生き生きとしたビジョンが必要だ
5. 成功には妥協が必要だ
6. 成功はゼロ・サム・ゲームではない――成功するために誰かを負かす必要はない
7. 成功は細部に宿る

本章では、これらの項目について一つずつ検証していこう。

1.「いい人」は必ずしも失敗するとは限らない

権力の座に就く著名人には、嫌な奴が多いからだろうか、嫌な奴ほど成功しやすいと思われがちだ。次のような三段論法があるが、これは事実とは違う。

成功する人はみな、不愉快で嫌な奴である。
↓
成功できない人はみな、「いい人」である。
↓
ゆえに嫌な奴になれば、パフォーマンスが向上する。

思いやりがある人か好感度が高い人、または穏やかな人である必要はないが、嫌な奴である必要もない。地位の高い人が嫌な奴であることが許されるのは、成功者とは得てして嫌な奴だと思われているからだが、実際にはそのような関連性はない。

いい人は成功しないと言われる。たとえいい人でも、計画性がない、スキルがない、リーダーシップがない、または協力者がいなければ、成功しない。だが、同じことは計画性のない嫌な奴にも言える。計画性のない嫌な奴は、失敗するにとどまらず、仲間を見つけて関係性を維持するのも難しい。ましてや自分たちの戦略に全面的に尽力してもらうどころではない。

「いい」という言葉について、もう少し説明しよう。最初に言っておくが、わたしはこの言葉が好きではない。この本を読み進め、ここに書かれてある提案やアイデアを検討するうちに、うなずいて「ふうむ、これはいいアイデアだ。やってみよう。いい発想だな」などと思うかもしれない。

たとえば、わたしがこんな提案をしたとしよう。椅子に座って仕事しているときに、誰かが雑談か質問しにやって来たら、相手の方向へ椅子をきちんと回転させるべきではないか。ビデオ通話の場合は状況が異なるものの、ぼんやりと画面を見るのと、相手が映っている空間をしっかり見つめるのとでは違う。成功するには、仲間たちに真剣に関わってもらう必要がある。それはつまり、椅子を回転させて相手としっかり向き合うことであり、相手の話にたびたび頭を動かして反応することでもある。電子メールやエクセルを処理しながら、椅子を半回転させて会話することでも、うつろな目で対応することでもない。椅子を目一杯回転させて向き合うことだ。

さて、それを読んだあなたは「なるほど。これはいいアドバイスだ。お互いの話をもっと集中して真剣に聞き、みんなが強い絆でつながれば、何かが変わるかもしれない。椅子を回転させるのか。なかなかいい案だ。気に入った。互いにもっと良く接した方がいいと提案するなんて、この紳士的でやさしい巨人はいい人間になるためのいいアイデアを持っている。わたしたちももっといい人間にならないと」と思うかもしれない。それは違う。そんな考えはすぐに捨てよう。「いい」というのは、言葉であれ、概念であれ、こと成功に関してはほとんど価値がない。

母はわたしに「いい」という言葉を使わせなかった。母は、好ましい行動を取った人に好意的なことを言いたければ、ほんの一瞬でもいいから知恵を絞って、もっと思慮深く、描写的で、意味のある言葉を使いなさいと言った。誰かが真に思いやりのある善良な行為をしたのに、「よかった」という言葉しか出ないなら、あなたは相手の行動を理解していない。あるいは、思ったような成果が出ませんでしたねと言いたいときか、わたしは興味ありませんとほのめかしたいときか。

クリスマスに誰か大人にプレゼントを渡したところ、相手から「ありがとう。いいね、これ」と言われたら、相手はほぼ間違いなく「こんなものをもらってもなぁ。この人が帰ったら包み直して、どうでもいい人か、よく知らない人にあげてしまおう」と思っているだろう。

一般的に「いいね」はトロイの木馬のような言葉として用いられる。その言葉の本来の意味とは矛盾することを押さえつつ、それを表現するためだ。惰性的に「いいね」とコメントする場合を除いて、通常この言葉には軽蔑、失望、からかい、そっけなさといった含みがある。

トロイの木馬のような言葉はいくらでもあるし、すぐにそれと気づくものだ。たとえば、誰かがさりげなく「ところで」とか「もう一つあるんだけど」と切り出した場合、相手が重要な話を切り出そうとしていることに気づく。つまり、あなたは気づかなかったようだが、重要なのはついさっきまで話していた内容ではない方だと示唆する言葉だ。

「おもしろい」はどうか？ それは「おもしろくない」という意味だ。

「検討してみます」は「ありがとう。でも、もう検討済みで答えも出てます」という意味だ。

そして一目瞭然なのに、あちこちで見受けられるのが「失礼ながら」だ。もはや誰もこんな言葉では騙されない。にっこり笑って言おうが、顔をしかめて言おうが、「失礼ながら」が意味することを誰もがわかっている。つまり「あなたのような大馬鹿野郎に対して礼儀正しく振る舞いますが、ありったけの軽蔑を込めて言わせていただきます」といった意味になる。

よく知らない人から、もっと悪い場合には、あなたをばかにしている人からプレゼントをもらったときに、「いいですね」と礼儀正しく答えることがあるだろう。これは気のないほめ言葉で相手を侮辱しているのだ。公衆の面前でこき下ろしたくないときは、しぶしぶと「いいですね」と言ってやり過ごすものだ。相手を喜ばせる言葉だが、「もうこれで終わりにして、次の話題へ進みませんか？」と伝えたいときにも言う。使い勝手の良い言葉だ。

何よりも、わたしがこれまでに読んだ論文には、「いいね」という表面的な言葉が生産性やパフォーマンスといった成功に関わる重要な指標に関連づけられているものは一本もなかった。

従って、わたしたちの語彙から「いいね」を撲滅しようと提案したい。この言葉が陳腐で代用のきくうすっぺらい言葉だからだ。困難なときには、「いいね」はカットすべき脂肪だ。「あったらいいね」と思われる程度の新規構想や優先事項は、「あったらいいね」リストにしか入らないだろう。そして破壊的変化に見舞われた瞬間に、そのリストがどうなるかもわかる――「あったらいいね」程度の提案は消えてなくなるだろう。

言うまでもなく、現代にはその破壊的変化が現在進行形で起きているという現実がある。そして長期にわたって変化し続けるだろう。産業は変容し、ルールや規範は変化し、予期せぬ競合他社が次々と現れ、社会的にも政治的にも不安定なのが明らかだ……。また、前述したように、パンデミックのような世界規模の危機も、わたしたちの身体と心の健康を損ねる恐れがある。

このような状況下では、「あったらいいね」程度のものはすべて、最後まで待合室で手持ち無沙汰に待たされるだろう。危機的な状況では、きわめて重要なものにしか酸素を投与しないものだ。もし、椅子を回転させて相手と向き合うことが「いいこと」なら、無害でやらないよりはマシ程度の行為と見なされるなら、誰もやらないだろう。

椅子を回転させようと提案するのは、いかなる状況であれ、成功するにはこの種の行動が不可欠だからだ。インクルージョンや協力、またはマインドフルネスの価値を議論するときにも同じことが言える。これらの話題から宗教か、健康おたくか、スピリチュアルを思い浮かべるのであれば、すぐにそのイメージを払拭してほしい。これらは「いい人」になるためにやった方が「いい」ことではない。勝つため、すなわち自分と周囲の人々のパフォーマンスを最高の状態にするためにやるのだ。〈巨人の約束〉は21世紀の〝パフォーマンス特権〟だ——破壊的な変化の著しい新しい景色のなかで、個人や組織が成功するためにまずすべきことであり、欠かせない要素でもあるのだ。

わたしは温和であいまいな心理学者ではない。わたしを「いい人」だと思い込んでいる人は、ツイッターの投稿を見ればすぐにその幻想から解放されるだろう。わたしは無知やあら探しを見過ごしたりはしない。わたしが長年ピン留めして、何度も再掲してきたツイートを紹介しよう。「無知な人が『意見する権利』があると主張するせいで、明らかな嘘ですら真実として広まってしまう。そんな社会では、意見よりも事実を優先すべきだと主張するよりも、あたかも事実であるかのように意見を主張する方がはるかに傲慢だ。そのことを忘れず、訴えなければならない」

今やわたしは、誰かの愚かで偏狭な発言を見つけると黙認できなくなった。すぐに阻止する。デマやナンセンス、そうした情報を拡散している人を、暴露して骨抜きにしたい衝動に駆られる。デマが広がれば、世の中に悪影響を及ぼすことが明白だからだ。「いいね」は陳腐で、軽くて、信頼できない。そしてそんなあやふやな土台の上に成功を築くことはできないだろう。

2. 成功するのに冷酷である必要はない

成功するのに冷酷である必要はない。成功するのに冷酷である必要はない。成功するのに冷酷である必要はない。

この言葉をスローガンにすべきではないかと感じる。

成功に冷酷さは必要ないし、冷酷さによって成功が確実になるわけでもない。成功するのに怪物である必要はないし、成功が人を怪物にするわけでもない――単に成功したことで隠れていた資質、すなわち人の良識を軽視する傾向、そして多くの場合は単なる努力不足が明らかになるだけだ。

といっても厳しい指摘をしたり、厳しい決定を下したりして、人を傷つけ、打ちのめすなと言いたいわけではない。わざと人を傷つける必要はない、その決定が個人に与える影響を軽く見てはいけない、ということだ。フィードバックについてはあとで話すが、わたしたちは批判的なフィードバックは情け容赦なく伝えなければと思いがちだが、実際はその反対だ。

情け容赦のないフィードバックは、フィードバックではない。

どんなに慎重に言葉を選んで批判しても人を傷つけることはあるが、情け容赦のない批判である必要はない。情け容赦のない批判となった場合は、準備段階で考え足らずだったか、意地悪でそうしたか、いずれかを選択してのことだろう。

3. 成功の定義は人それぞれ

成功は、自分自身にとって永続的に意味のあるものでなければならない。起業家たちが成し遂げた成功は、今でこそ驚異的と見られているが、成就する前は周囲にあざ笑われたものが多い。また、本人は大きな成功を収めたつもりでいても、現実の社会では偉大だと評価されない人もいる。

だが、特別なことを実現することだけを成功だと定義すると、要点を逸してしまう。あなたとその影響下にある人々に喜びをもたらし、世の中の改善に役立つ有意義な目標を次々と実現した結果、成功や勝利がもたらされることもあるからだ。

人はみな、人生のなかでさまざまな種類の特権や利点を持っている。身体的な特性、心理的な特性、感情的な特性（さらには地理的、社会政治的、経済的な特性も）を持っている人もいる。つまり、成功の認識は人によって異なるということだ。違いがあるのだから、全員を同列に扱って、何かを達成するまでの道のりを解釈しても意味がない。

勝利や成功の基準を、他人が設定した基準と合わせてはいけない。あなたの状況に基づいて、自分にとっての成功の全体像を描こう。是非とも挑戦的な絵を描いてほしい。こんな夢は絶対無理だって？それで行こう。他の誰かの夢を追いかけてはいけない。この世界では、自分の成功を実現するだけでも十分に困難だ——他人の目標を実現しようとするのは、自分の目標を実現するより困難で、やり甲斐もなくなるだろう。

4. 成功するには、明確で生き生きとしたビジョンが必要だ

生き生きとして明確な成功のビジョンが、見えていなければならない。

個人的なレベルでは、不健全な習慣を見つけて克服する、本当の意味でのチームメイトとして貢献する、夢の仕事を手に入れるために一連のスキルや能力を向上させる、といったところだろうか。

組織レベルでは、ビジョンがどれだけ達成できたかは、利益や損失で測れるだろう。だが、従業員のエンゲージメントや経験の質など、実に多くの人的要因が企業の持続可能な業績を下支えしていることが多い。適切な目標を選ぶことも重要だが、その目標が何であれ、その成功に向けて全力を尽くすと約束してほしい。なぜなら、〈巨人の約束〉に含まれる要素はすべて、全力を尽くして成功してもらうためのものだからだ。

言っておきたいことがある。あなたの目標が具体的な何か、または数字で、その数字を達成するのが容易ではない場合、それを達成するには数字以上の要素が必要になるだろう。SF小説には「未来史」という概念がある。説得力のある完璧な未来を描き出すために、作家は未来に行ったことがあるかのように未来の世界を言葉で紡ぎ出す。このテーマについては後述するが、自分の未来を魅力的に描けば、スキルアップや疲労で思うように進まなくなったときも成功に向かって前進できるようになる。

5. 成功には妥協が必要だ

これはわたしが学んだなかでもっともきつい教訓だろう。

わたしの日々の業務では、勝利とはすなわち妥協を意味する。この教訓を学んだのは、こんなしくじりをしたことがきっかけだった。

数年前、同僚とわたしは非常に高価なデジタル学習プラットフォームを開発した。職場でのさまざまな行動パターンや理解を日々の行動に取り入れるためのものだ。

開発当初にバグや不具合が見つかったものの、それ以外は非常に画期的なシステムだった。教育学のルール（教え方と学び方）に従い、マルチメディアで、インタラクティブで、カラフルで、状況に即していて（わたしたちはクライアントの職場を熟知していた）、おまけに楽しくもあった。「複数の選択肢から正解を選ぶ」といった退屈な作業がない、望みどおりのシステムだった。

それがどうなったと思う？

誰もほしがらなかったのだ。理想的なものを作ったのに、誰もほしいと思わなかったということだ。クライアントはもっと地味でコンプライアンスに則ったもので、時間がかからないものを望んでいたのに、わたしたちはあらゆる機能を一度に組み込もうとした。そのプラットフォームを使えばどんなに物事がうまくいくとしても、自分がほしいからといって、みんなもほしがるわけではないことを失念していたのだ。

でも今ならわかる。時間がかかっても戦略的なアプローチを練って、不完全でも堅実に調整する方が結果につながりやすいことが。たとえ初期の頃に思うような効果が得られず、楽しくもない調整のために頭を悩まされるとしても。

わたしには多くの欠点があるが、その一つが「正しくありたい」と欲することだ。わたしが正しいとみんなに知ってほしいし、（多くの場合で）正しい行動が取れるよう、わたしに疑問を呈し、情報を共有してくれる賢明な人と長い時間を過ごすようにしている。

しかし、わたしたちの仕事は長い試合のようなものだ――この試合がはてしなく続くのかはわからないが、長いことは確かだ。そんなわけで毎日わたしは、仕事で偏狭な人々や頑固で気難しい人と関わるときや、難しい決断を前にしたときに、一つの問いを立てる。

「わたしは勝ちたいのか、それとも正しくありたいのか？」。明確に言うと、「わたしは（長期戦で）勝ちたいのか、それとも（現時点で）正しくありたいのか？」ということだ。この問いは、わたしやチームのなかで口癖になるほど根づいており、自分の思考に疑問を投げかけるときは、短縮版を使って自問することもある。

わたしがコーチングするクライアントは向上心の強い人が多い。大抵の場合、高い実績を上げている人たちは前進するのに必要なスキルを（全部ではなくとも）たくさん持っている。だが、この重要な問いが欠けていることが多いのだ。

妥協については、二つのことを理解しておく必要があるように思う――それは資本と誤りだ。

人はみな、対人関係や評判といった資本を蓄積させる方法を理解する必要がある。意思決定に働きかける自由や、慣習や社会的規範に反して行動する自由を与えてくれる無形資産のことだ。

こうした資本を手に入れる方法、有効活用し続ける方法、効力を失った場合にそれに気づく方法、資本を賢く使う方法とタイミングを理解する必要がある。

さらに「誤りを認める」タイミングも理解しよう。ミスをしたときは、「誤りを認める」（たとえば、言いたいことをぐっとこらえる、不当な非難を黙って受け入れるなど）以外にも方法がある。戦略的にやることもできるのだ。正しくあろうとすると面倒な事態が起きそうなら、言いたいことを我慢しよう。あるいは、その時点では、あまり良い選択肢でなくても、あとで挽回するチャンスが巡ってきそうな戦略ややり方を取ろう。不毛な異議を唱えて、それ以後第一線から外されるよりもマシだろう。

こんなことを書くと、抜け目のない策士のように聞こえるかもしれないが、実際はそれほどシニカルになる必要はないと思う。ただ、みんながチェスをやっているのに、チェッカー［訳註：盤上で駒を取り合う遊び］をやろうとしても意味がない、と言いたいだけだ。

もちろん、絶対に曲げられない個人的な信念もあるだろう。幸いにも、信念を曲げなければならないような瞬間は、そう頻繁には起きない。だが、決断が厳しそうな場面でも、まだ妥協できる点があるかもしれない。家族を養うために稼がなければならないといった内的な条件や、借金または経済破綻といった外的な条件があると、選択肢の幅が限られてくるかもしれない。これらを含めたあらゆる要因があると、「（長期戦で）勝ちたいのか、それとも（現時点で）正しくありたいのか？」という問いがますます重要になる。不条理なことではあるが、ほとんどの人にとって、この世ではてしなく妥協が続くのだ。

6. 成功はゼロ・サム・ゲームではない

成功するために誰かを負かす必要はない。当然ながら、分野によっては門戸が狭く、職業によっては求人が少ないとか、就職希望者が多すぎる場合もある。そんなわけでミクロの視点から見ると、あなたが成功するには誰かを蹴落とさなければならないかのように見える。

歴史的に、従業員の賃金を下げたいとき、または補償を減らしたいときは、希望者同士を競わせる方法が効果的だ。この秘訣を知っている人たちが、あなたに「誰かを負かさなければ」と考えるよう仕向けているのだ。

ライバルを分析することは重要だと思う。あなたが理想とする目標を極めた人が、どうやって自分を向上させているかがわかれば、有益な情報か洞察が得られるだろう。だがスポーツであれ、企業の世界であれ、自分でコントロールできるものをコントロールし、あらゆる段階で学び、自分ならではの強みにフォーカスし続けること。それこそが成功への道であることに変わりはない。

7. 成功は細部に宿る

わたしの会社には「OB1」(オビ=ワン)と呼ばれる行動指針があり、そのうちの一つは「細部にこだわること」だ。ありきたりのこと、やっかいなこと、あいまいなことに対しても真剣に取り組むよう勧めている。

ささいで取るに足らない行動は見落とされがちだ。人々はまるで重要で手強い仕事が来るまで惰性で働いているように見える。

このように、仕事によって取り組み方を変えるやり方は、成功の鍵にはならない。成功するには、人生で数回ほどしか訪れない重要な好機を捉えなければならないという考え方がある。だがそれは、特定の瞬間を捉え、それを成功した理由だと思い込んでしまう人間の心の機能によるものだ。

「前後即因果の誤謬《ごびゅう》」とは「あのことがあったからこうなったんだ」と、ある事象とその後に起きた別の事象を誤って関連づけてしまう行為のことだ。「成功／失敗する前に起きたあの大きな出来事がわたしの成功／失敗の原因に違いない」。人間の脳は、しばしば勝利や敗北をそう解釈する。

スポーツ、政治、ビジネス、慈善事業、官公庁などさまざまな分野で大成功を収めた人々と話すと、彼らの記憶のなかで重要と思われていた「転機」が見つかる。だがさらに掘り下げると、日常的でごく普通の——つまり一見ささいに見える——決断や行動が重要な意味を持っていたことが明らかになるものだ。記憶が何と言おうとも、「転機」などない。長期的な成功を実現するには、何をやるにせよ、すべてに対して等しく細部まで注意を払い、集中し、努力することだと毎日自分に言い聞かせよう。そうすれば重要な細部に集中し続けやすくなる。

「すべてが一新した」栄光の瞬間に思いをはせるのは楽しい。だが、新しい道を作るときは、未来の全力疾走に備えてエネルギーを温存するよりも、熟慮しながら力強く一歩一歩進む方が、効果的ではないだろうか。

わたしは日々のことを正確にダイアリーに記録している。各項目について詳細をいくらか記録することで、成果があったとき、うちのチームとわたしが成果を出すために何をしたかを正確に把握できる。さらに重要なこととして、マイルストーンを達成できなかったときにその原因を分析しやすい。

この本は、ソフトスキルや「いい人」になるための本ではない。多くのクライアントは、こうした究極的な場面で勝ちたいと語る。だが、いざ正念場になると、自分の勝利のレトリックに従って行動する気などないことが、その行動から明らかになる。彼らは勝つために全力を尽くすつもりでいる。しかし実際には、自分たちの快適さを維持できる範囲内、または自分たちの世界観と完全に一致する範囲内でしか全力を尽くさない。

このテーマについてはあとで詳しく説明するが、わたしが読者にやり遂げてほしいと思っている成功には苦痛が伴う。生まれながらのパイ好きが、パイのない生活を続けなければならなくなるほどに――満足感を味わう瞬間を先送りにして、簡単にすばやく手に入る高揚感よりも長期的な満足感を優先させるということだ。人間は本能的にどんな瞬間もできるだけ不快な思いをすることなくやり過ごそうとするが、そうした欲求を振り払わなければならない。いつものありふれた感覚でいると自己満足に陥ってしまうため、感覚を研ぎ澄ませておく必要がある。

わたしが考える成功を実現するには、個人の努力を伴わない、パフォーマンスの改善に役立つ外部要因だけでなく、あらゆる種類の小さな改善《マージナル・ゲイン》も評価しなければならない。人は「小さな改善」をすべて等しく評価するわけではない。わたしたちは製造のワークフローの生産効率を1%でも上げようと一生懸命調整したり、アスリートの記録を0コンマ何秒か短縮してくれるトレーニングや機器が開発されると感嘆の声を上げたりする。だが、都合の悪いときやタイミングの悪いときでも人の話に集中して耳を傾けるこけ続けるといった、シンプルな行動で得られる「あったらいいね」程度のメリットなど忘れてしまう。うちの会社では、誰かに話しかけられれば、手を止めて、椅子をしっかり回転させて相手に向き合う。すぐに大きな見返りが期待できるからではなく、組織を健全に保つうえで、そうした小さな行為が長期的に有意義な投資となるからだ。人は、個人の努力をほとんど必要としないマージナル・ゲインを好む。たとえば、水泳選手は泳速度をアップさせてくれる特別な水着を着用し、企業は従業員の活力をアップさせようと毎朝無料で果物を提供する。新しい同僚のモチベーションを上げるために名前を覚えるといった、時間とエネルギーを使う投資については、そこまでやるのかと多くの人は思うだろう。

成功するために尽力するということは、感情のエネルギーと知性のエネルギーを必要なだけ消費することだ――そしてリーダーは、他の人たちよりも多くの時間とエネルギーを使わなければならない。ここで価値があるのはあなたの感情エネルギーだけだ。組織がプロセスやインフラに投資または改善してくれるのを待っていては勝ち目はない。組織的な支援は毎回受けられるわけではなく、時間もかかる。そのうえ効果はほとんどなく、大抵の場合あなたの思うようにはならない。

勝つためには、自分の管理下にあるものすべてに注意を払うことだ。できればやりたくない末端のつまらない雑用も含めて。やりたくないことをたくさんやり、こんな方法で時間を使いたくないと思う方法で時間を使う。それができなければ、あなたは心底から勝ちたいと思っていないのかもしれない。だとしたら、最後までこの本を読み続ける必要はないだろう。この本では「いいね」とか「あったらいいね」といったものは扱わない。本書のテーマは、あなたにとっての勝利をつかむことであり、あなたと身近な人にとって有意義なことを成し遂げるために挑戦することなのだ。

約束その3

勇敢かつ無防備になる

勇敢さと弱さはよく対比される。これはつまり、この二つは意外な組み合わせに見えても、実際には互いのインパクトを和らげたり、高めたりができる完璧な組み合わせということだ。どちらかを経験しなければならない瞬間に直面するのは面倒そうだし、恐怖心すら覚えるかもしれないが、無防備に自分の弱さをさらけ出しながら勇敢に振る舞うことができれば違いが生まれるだろう。読者には勇敢さと無防備がもたらす可能性を享受してほしい。

人生のなかでどれだけの時間を浪費したか考えてみてほしい――せっかくチャンスが到来したのに逃したことが何度あったか？　思い悩んで先延ばしするうちにどれだけのエネルギーを消費したか？　杞憂に終わった悩みや不安のためにどれだけ窮屈な思いをしたか？

6歳ぐらいか、まだ幼かった頃、わたしはよく母と一緒に公園へ遊びに行った。公園にはそびえるように高い滑り台があって、子どもの目には直角に思えるほど傾斜が険しかった。わたしはよく滑り台のてっぺんに座って、滑ろうか、やめようかと思い悩んだ。後ろには子どもたちが並び、そわそわしながら順番を待っている。思い切って滑って、重力に引っ張られて滑り台から投げ出されたらどうしよう。そんなことを考えて怖くて動けなくなり、おどおどしながらあきらめたことが何度もあった。

このストーリーがその後どう展開するか、予測できるだろう。ある日、母から強く促されて、わたしは恐怖心を克服して滑り降りてみた——滑ったときには、今までに味わったどんなスリルよりもはるかにわくわくする感覚を覚えた。あのときの喜びと興奮は今も鮮明に覚えている。すぐにはしご段に駆け戻って何度も滑りたいと思った。と同時に、喜びがすぐに後悔に変わったのも覚えている。あの怖そうな遊具で遊ぼうかと悩んで一年近くを浪費してしまった。6歳児にとっては、人生の6分の1もの時間だ。しかもその遊具は怖いどころか、最高に楽しかったのだ。不運にも、わたしはすでに子どもの遊び場を卒業する年齢に達しつつあった。遊具を使い始めたばかりなのに、このスリルを味わえる短い期間が終わろうとしていた。

ほとんどの人が同じような経験をしていて、恐怖心を克服したときの感情の高まりを覚えているだろう。少々傷ついても構わないと覚悟して勇敢に行動すれば、大抵は良い結果になる。それを経験から学んだことがあると思う。「なんだ。たいしたことなかった。一つ学んだ」とほっとした経験だ。にもかかわらず、人は状況が変わるたびに同じことを学ぶことになる。次に別の滑り台に上ったときも、やはり尻込みするだろう。あるいは新たな挑戦に直面したときに、前と同じような勇気やら行動力やらを出せないときもある。

たとえドラゴンを退治したことを覚えていて——そして退治する力があることを認識していても——

尻込みしてしまうものだ。なぜなら勇敢に行動するのは非常に難しいことだからだ。無防備になるのも容易ではない。そんなわけで、勇敢でありながら無防備になるという約束を果たすのは、とりわけ難しい。しかし、やらねばならない。なぜなら試練を前にして勇敢になり、失敗しそうな状況を前にして無防備になると、他の方法では得られないような、あらゆる可能性が開けるからだ。

勇敢さと無防備、この両方が必要だ。本質的に、多くの人は「弱くなれ」と言われるよりも、「勇敢になれ」と言われる方が魅力的に感じるだろう。勇敢さには勇気が伴うためポジティブに響き、弱点や臆病を連想しがちな無防備よりも好意的に受け取られやすい。だが、この二つは強力な組み合わせであり、どちらも単独ではそれほど強力ではない。

消防士がリスクと危険に満ちた仕事に全力を尽くす決意を固めるのは、勇敢な決断と言える。だが、消防士が勇敢なのは、自らの弱さを受け入れて、あらゆるリスクを認識したうえで前進するために準備するからだ。彼らは人間が燃えやすいことを理解している。だがそれでもなお、自分たちの弱さを現実的に認識したうえで準備するからこそ、燃えさかる炎のなかに飛び込んでいけるのだ。

勇敢なだけでは無謀になりがちだ。勇敢なだけの人は壮大な目標を掲げるが、しばしば空想的で確たる目的がなかったりする。弱いだけの人は従順になる。そのような人は目標を低く設定したがり、絶対安全で容易に達成できそうなことだけにフォーカスしがちだ。

対照的に、勇敢でありながら無防備になれる人には、人生を変える力がある。そのような人は、感情的、心理的、キャリア的、または経済的に痛い目に遭う可能性はあるものの、夢を実現するために彼らが進む道は、わたしたちが選びがちな安易な道でも、自尊心や犯罪仲間にそそのかされそうな無責任な道でもない。

「中道」を選んだからといって、大胆な野望が果たせなくなるわけではない。適切で現実的な計画を立てて、危険が待ち受けていそうならダメージを緩和し、責任を持って実行するだけのことだ。最終的には目標を達成しやすくなるし、勢いがつけばより高い次元に到達する機会が得られるかもしれない。

時には、何かに失敗するという形ではなく、人々に嘲笑されるという形で傷つくことになるかもしれない――あなたが何かをやり遂げたいと表明したとき、人々があなたの能力、やる気、才能を笑うかもしれない。

ＮＢＡでプレーしていたとき、わたしはバスケットボール合宿で子どもたちに何度も指導した。セッションの最初、顔を合わせたばかりのタイミングで、わたしはよくこう問いかけた。「さあ、一つ教えてくれないかな。このなかでＮＢＡかＷＮＢＡ［訳註：米国の女子プロバスケットボール協会］でプレーしたい子はいるかい？」

そしてどのグループにも、満面の笑みを浮かべながら、堂々と空に向かって腕をまっすぐに挙げる子が一人いるが、ほぼ確実に、その子をクスクス笑う子どもたちも数人いたものだ。大抵の場合、笑い声を上げるのは、友達に野心がないと思われたくなくて、中途半端に手を挙げる子どもたちだった。

だが、わたしが毎回子どもたちに言ったことは、重要なのは誰が最初に手を挙げるかではなく、誰がしっかりと手を挙げるかだ、ということだ。手を挙げたのは、その機会の重要性を検討したうえで表明しようと決意した子どもたちであり、閃光のように挙がった手は、自分たちの夢をあざ笑い、疑いの目を向ける仲間たちに対する挑戦状だ。子どもたちが手を挙げたのは、ＮＢＡ（またはＷＮＢＡ）でプレー

ジョン・アメイチ（1981〜1989年）

住所:SK4 2NN
チェシャー州ストックポート、
ヒートン・ノリス
ウィンチェスター・ドライブ 70

将来の夢:アメリカのNBAでプレーし、
優勝して、大金持ちになる。

卒業アルバムに書いたこと

するのは簡単だと思ったからではない。自分たちの大胆な行動を受け入れる勇気がなく、嘲笑してごまかすような仲間たちから傷つけられたぐらいで、夢をあきらめてたまるかと思ったからだ。

実際、当時手を挙げた子どもたちのうち、少なくとも数名がその後WNBAかNBAのコートに立った。恥をかくリスクと仲間たちからどう思われるかわからないといった不安を前に、堂々と手を挙げた仲間の姿を見て、からかった子たちが反省してくれるといいのだが。

バスケットボールを含めて、わたしはいつも自分の意思や、やり遂げたいことをすべて率直に口に出してきた。仲間たちは無謀なことを言っていると思ったかもしれないが、わたしは話を聞いてくれる人なら誰であれ、何をするつもりかを語ってきた。たとえば卒業アルバムには、NBAでプレーする、優勝する、そして大金を稼ぐと具体的に書いた。

学校で目立たないように過ごしていたのに、こんなにはっきりと卒業アルバムで決意表明するとは。この表明をわたしは二通りに解釈している。卒業アルバムは、学校を去る日が迫っていることを示唆するものだ。おそらくわたしは、何が起きようとも、そのページは時間の経過と共に色あせて消えていくと考えたのだろう。だが今にして思えば、この大胆な夢を発表しなければと感じたのだろう。発表しなければ、リスクを冒す危険性も傷つく心配もなくなるが、絶対に夢を叶えるぞと勢いづくこともないからだ。わたしはいかにも子どもらしい目標を表明したが、部外者には馬鹿げたアイデアに聞こえたに違いない。イギリスから海を渡ってNBAの選手になった人はいなかったし、わたしにはイギリス人第一号のNBA選手になりそうな兆しもなかった。わたしが一番脚光を浴びた試合は、由緒あるロイヤル・アルバート・ホールで行われ、17歳の仲間たちと一緒にプレーした試合だ。記録を見ると、わたしがベンチから出て出場したのはわずか3分間で、スタッツシートにはゼロが並び、唯一記録に残っているのは不器用なファウルだけだ。

あの時点で、わたしが堂々と「いつかブリティッシュ・バスケットボール・リーグ（BBL）でプレーする」と宣言したとしても、大胆な発言だと思われただろう。しかし、そう宣言したとしても傷つく恐れはなかっただろう。わたしが卒業アルバムに「将来はBBLでプレーする」と書いて誓ったとしても、誰も顔色一つ変えなかっただろう。言うまでもなくわたしは背が高く、ポテンシャルもあった。技術を磨けば、NBAよりもはるかに劣る母国のプロリーグで戦えるかもしれないと考えてもおかしくはなかっただろう。

だが、わたしはそれだけでは満足しなかった。NBAの存在を知った途端、NBAはわたしの目的地となり、そこへ到達することにますます執着するようになった。当時は、テレビでなかなか海外のバスケットボールの試合が放送されず、ビッグゲームに限られた――ボストン・セルティックスとロサンゼルス・レイカーズの試合だ。イギリスに移住する前、わたしは短期間だけアメリカに住んでいたことがあった。マサチューセッツ州ボストンで生まれたこともあり、この2チームが死闘を繰り広げるたびにセルティックスを応援していた。そして試合がない日には、想像力を駆使してライバルチームと戦うところを空想した。ラリー・バードが二人のディフェンスを引きつけ、ゴール下にいるわたしにパスして、たやすくゴールが決まって2点をゲット。レイカーズのA・C・グリーンやカリーム・アブドゥル＝ジャバーとの体を張った攻防戦。ルーキーのわたしと交代するのはケビン・マクヘイルで、コートに入る前に、いかにも真のチームメイトらしくわたしとハイタッチする。わたしの手には試合で使ったボールの革の臭いが残っているような気がした。

こうした夢想はどれも鮮明で、途方もない空想だと思ったことは一度もない――わたしが世界のバスケットボール選手のなかで上位300人の一人に選ばれないはずがないと思えるほどに。あり得ないって？　かもしれない。でも不可能ではない。もっとも大きな障害は、わたしの技術的なスキルが限られていることと、ゲームの戦略面に関する実践的な知識が欠けていることだった。だが、そのうちにこれらをマスターする自信はあった。恵まれた体格が成功する確率を上げてくれると思った。そして重要なことに、わたしには仲間たち、つまりこの野望を実現するためにわたしの探求をサポートしてくれる仲間たちがいることもわかっていた。

慎重に考えたうえで意図的に自分の目標を他の人と共有すると、有望な仲間を見つけてつながりやすくなる。といってもあなたの未成熟な一面や、決意がゆらいだ瞬間のことを大げさに吹聴する必要はない。むしろ、あなたがやろうとしていることが、バスケ用語で言う「レイアップシュート」(初心者でも成功しやすい、ゴール下から打つシュート)のように容易とはならず、時々助けが必要になりそうだと率直に話すことだ。

卒業アルバムに意思表明を書いたとき、わたしは自分の意図を明確にして将来も残るよう成文化した。と同時に、他の人を誘ってもいた。もしみんなの前に立って大胆に言わなければ――そして万事心得ているわけではないと示せなければ――興味を持って近づいてくる人たちから、期待したようなサポートを得られないかもしれない。難しい目標を掲げた探求に加わるとき、人は自分がどこで価値を提供できそうか、自分がどこで必要とされそうかを考えるものだ。自分のビジョンを役立てれば、あなたの盲点を改善する機会がありそうかを知ろうとする。よってあなたが完全な人に見えたら、自分はあまり貢献できそうにないと思い、助けようという意欲もなくなる。いかにも完璧そうに見える人をサポートしようとする人は、自分はあまり役立てそうにないし、助けを求められる機会もあまりなさそうだけど、とりあえず話に乗ってみただけの人かもしれない。

どんな困難な挑戦であろうとも、人は完璧そうなリーダーを後押ししたりはしない。ただリーダーが切り開いて通りやすくなった道を、リーダーの後ろから歩いているだけだ。彼らはあなたと一緒に探求しているわけでも、あなたが直面する苦難や挑戦を一緒に乗り越えているわけでも、チームが前に進めるよう、いつでも洞察や知恵を提供できるよう待ち構えているわけでもない。コバンザメのようなものだ――ちょっとしたお荷物にはなるが、害はなく、リーダーの手腕の「おこぼれ」にあずかろうと話に乗っただけの人だ。

真の「最強チーム」を作るということは、全員が役割を持つということだ。役割の大きさに違いはあっても、探求を無事に完遂するには全員が不可欠だ。一人でも欠ければ、成功する確率が下がる。基本的に真の最強チームの場合、困難なときも常にリーダーをサポートすることがチームの役割だ——リーダーの後ろからついていって、リーダーが生み出す利益をもらうだけでは、何の貢献にもならない。

わたしの最大の味方は、もちろん、母だった。母はわたしのような大胆な目標を達成するには綿密な計画が必要だと気づいた。二人で計画を立て、目標到達に向けて一歩前進するたびに、何をする必要があるかを明確に定義した。常に体育館でトレーニングする必要があった。大好きな食べ物を我慢することが常に求められた。さらに、最初のうちは手紙も書かなければならなかった。数えられないほどたくさんの手紙を。

計画の初期段階で、わたしは母と一緒にバスに乗ってロンドンのアメリカ大使館へ行き、アメリカのパスポートを更新し（わたしは二重国籍だ）、アメリカ留学に関する情報を集めた。フルブライト委員会のオフィスでアメリカの全高校の住所が掲載された本が見つかった。インターネットが到来する前、その本は貴重な情報源だったが、バスで自宅へ帰る道すがら、母は「今までに買った本のなかで一番高い本だったわね」ともらした。

目的地から逆算して考えると、NBAに到達するには、NCAA（全米大学体育協会）に選ばれた最上位校（ディビジョン1）に所属する大学に入って、ドラフトで選ばれなければならない。そして、授業料を全額カバーできる奨学金をもらわなければ、大学の授業料を払う余裕がないこともわかっていた。

ところが奨学金を獲得するには、学業成績もスポーツ実績も足りなかった。わたしはイギリスの中等学校を卒業するつもりでいたが、アメリカの高校で一年間試合に出てバスケットボールの実績を作り、大学のスカウトに見つけてもらわなければならないとの結論に至った。そこでこの本の出番だ。時は1988年。電子メールという便利な通信手段が開発されるはるか前のことだ。わたしは大量の便せんと大量の封筒を買いあさって、次のように手紙を書き始めた。

「コーチの方へ。
わたしはジョン・アメイチといいます。17歳で、身長は2メートル5センチ、イギリス人で黒人です。わたしにはNBAでバスケットボールをやるという夢があり、それを実現するための足がかりとなる場所を探しています」

このあと、学業成績やわたしがプレーしたチームのことを少し説明した。とはいえ、基本的にはわたしが書いたのはだいたい前述した手紙文と同じで、それを何度も書き、書いた手紙は何百通から何千通へと増えていった。母は高校名鑑、便せん、封筒、切手をくれたが、書くのはわたしだけで、一人流れ作業と化した。書く、折る、入れる、なめる、押す。書く、折る、入れる、なめる、押すの繰り返しだ。

わたしは海の向こうへ手紙を送り続け、作業は何か月にも及んだ。州の違いは気にならなかった。わたしにとってアメリカは常に太陽が照っている大きな大陸だった。かくしてわたしは文字どおり高校名鑑を適当にめくっては、名前の響きだけで学校を選び始めた。

ただし、他のとは違う手紙を送った学校が数校ほどあった——さまざまな記事で、選抜選手向けのバスケットボール・プログラムがあると書かれていた高校だ。メリーランド州にある二つの強豪校デマッサ高校とダンバー高校、それからニュージャージー州のセント・アンソニー高校だ。母には内緒で、これらの高校のコーチには連絡がもらいやすいよう、返信用封筒に住所を書き、切手を貼って同封した。イギリスの切手は役に立たないことに気づかなかったのだ。

こうした手紙を束にして何通も送った。最初の頃はやる気もあって、几帳面に書くのもそれほど苦ではなかった。書く、折る、入れる、なめる、押すという単調な作業にもロマンがあった。わたしは果敢な若きパダワン〔訳註：『スター・ウォーズ』に出てくる用語で、一人前のジェダイになるために修行を積む見習いのこと〕で、英雄の旅に出るために退屈な仕事を地道にこなしていた。映画製作者が、初期の頃から順を追ってわたしのコラージュ動画を作ってくれそうだ——体育館で汗をかく姿から、手紙を書いてはきちんと積み重ねるプロセスを機械のように繰り返す姿だ。「さあ頑張るぞ」書く、折る、入れる、なめる、押す……。未来には栄光が待っている。

一通も返事がもらえないまま数週間が過ぎると、ロマンも色あせていった。手紙には同じ文章を書いていたが、それはもはや若きヒーローの言葉ではなく、馬鹿丸出しの言葉のように思えた。コーチが笑いながら手紙を掲示板に貼るところを想像した。チームのみんなが読み、学校の生徒たちが読み、コミュニティの全員が掲示板に集まって、笑い声を上げているところを想像した。「この哀れで必死な少年を見ろよ。アメリカでバスケができると思ってるのかよ！」。こうしてわたしはアメリカにある3000校もの高校でさらしものになった。3000校で！

結局わたしは3000通もの手紙を書いたのだった。返事が大量に送られてくるものと期待したのに、音沙汰なしだった。もっとも、ぽつりぽつりと届いて最終的に3通になったが。1通目は丁寧なお断りの手紙で、「手紙をありがとう。きみは野心的すぎじゃないかな？　無謀だと思うけど、頑張ってね」と付されていた。2通目も断りの手紙だったが、文章のトーンはまったく異なっていた。そのコーチははっきりと「州でもトップクラスの強豪校」なので「才能豊かな外国人」の助けは必要ありませんと書かれていた——この言葉は今も忘れない。わかったよ、コーチ。シンプルに断るか、あるいは返信をくれなくても良かったのに。でも、ごもっともです、ありがとう。

3通目の手紙は、わたしが求めていたものだった。オハイオ州トリードのセント・ジョンズ・イエズス高校のコーチ、エド・ハインシェルからだった。イギリス在住のコーチたちとのつながりがあった彼は、手紙を受け取ったあと、わたしのことをくまなく調べた。その結果、わたしがでたらめを書いたわけではなく、試す価値があると判明したのだという。当時は予想もしなかったが、その後ハインシェルコーチは、生涯にわたってわたしの支えとなった。わたしをアメリカに呼び、エリート・レベルで戦えるよう献身的に鍛えてくれて、今も友人でいてくれている。

余談ながら、ハインシェルコーチが引退したとき、わたしはコーチに敬意を表するため、ロンドンから飛行機に乗って12時間かけて母校へ向かい、体育館で引退セレモニーに参加した。相手を大切に思っていることを示すとき、わたしはその人と充実した時間を過ごすようにしている——さらに、コーチがいなかったら今の自分はなかったし、バスケットボール選手にもなれなかったと伝えたかったのだ。

卒業アルバムや大量に書いた手紙のことを詳しく話したが、それは堂々と自分のミッションをはっきりとした言葉で何度も公言したことに、確実にメリットがあったからだ。公言したおかげで人やチャンスに恵まれたし、決意も固まった。放課後に友達から誘われるたびに、「NBA選手になるために、体育館に行って練習しないと」と断ると同時に、自分の目的を献身的に果たそうと誓った。相手がばかにした表情を浮かべても、気にしなかった。実際、その方がモチベーションが上がった。幸い、笑ってあきれた表情を浮かべた人も大勢いたが、興味を抱く友人たちもいたのだ、彼らは決してわたしをばかにせず、わたしをサポートし、約束を果たせよと刺激してくれた。そのうちの何人かは、今も友人として親しくしている。

決意を表明するといったシンプルな行動でも、勇敢でありながらも無防備な行動となりうるのだ。「わたしにはこんな計画がある。それをどう遂行するかまだ正確にわかっていないかもしれない。でも、重要なのはそれを遂行することだ。そのためにはわたしは何だってやる」と意思表示することだ。目標を実現するためのフレームワークがわからないうちから意思を示すことだ。その効果は調査結果からも判明している。できるだけ多くの人に目標を具体的かつ客観的に打ち明ける方が、人は我慢強く取り組み、表明したことを果たそうとするという。目標を設定し、その後も進捗をモニタリングし続けることで、将来の目標を達成しやすくなる。目標をみんなの前で宣言すると、その目標を達成する確率が上がるのだ。[*1]

言うまでもなく、目標を表明することとは目標を達成することとは違う。「実現したいことを口にする」だけで、それが現実化することはない（一部の専門家はこの意見と反対のことを主張しているが）。だが、新たな旅に一歩踏み出すときは高揚感を覚え、強い衝動に駆られる。そのため、計画を実現するための完璧なフレームワークは必須ではないが、思慮深さと責任感は必要だ。実行可能なことを意思表明することは、正月祝いで気軽に新年の抱負を語ったり、SNSで手早く決意表明を投稿したりするのとは違う。たとえば……。

「ジューサーを買った。これで夏までに9キロやせるぞ！　#ビーチが似合う美ボディ」

「いいね」がつく。笑顔の絵文字が返ってくる。〈落ちこぼれ〉さんが刺激的な画像で返信してくれる。さらに「いいね」がつく。「きみならできる！」というメッセージに、拳と拳を突き合わせる絵文字。さらに「いいね」がつく。

すぐに反応が返ってくるとうれしくなる――少なくとも、9キロの減量に伴ういかなる感情よりも気持ちがいいはずだ。危険なのは、こうした支持やほめ言葉を聞くと、すでに何かを達成したかのような気持ちになることだ。そしてアクセルをゆるめるかもしれない。「いいね」をもらうと視界がくもり、目の前の課題が複雑であることを忘れて過小評価してしまうのだ。

そのリスクを減らすには、大胆かつ個人的に困難な目標を設定したあと、周囲の人たちに助けを求め、なおかつその説明責任を果たすことだ――無防備に自分をさらけ出すことで。よって、ジューサーを買う以外に、目標を達成するためには最初に何をすべきかを人に相談しよう。他の人にどうやって成功したかを尋ねよう。進捗をチェックしてもらい、彼らと会うときは説明責任を果たそう。あなたの目標と同じようなことを達成済みの人に、率直に打ち明けて相談しよう。相手の状況や分野が違っていても関係ない。あなたのはるか先を歩いている人を見つけ出し、相手からどんな反応が返ってこようとも図太くなろう。

あなたの懐には、クールに見せるための奥の手があるはずだ――「ばかばかしい」「欠点だらけだ」「不遜だ」「こんなことで喜ぶなんて」と感じたり、相手からそう思われたりしないよう、自分を守るための手段だ。それを捨ててしまおう。それは野心を削ぐブレーキだ。捨てる必要がある。といっても、常に心を全開モードにする必要はない。

心も身体も丸裸になるまで自分をむき出しにする必要はない、ということだ。だが、どんな瞬間でもふさわしい行動を取ること。と同時に、人間らしくあること。世の中には、冷静沈着なリーダーという悪い理想像がある――何を考えているのかわからないような無表情でロボットのように船を操縦するリーダーだ。たとえ彼らが不安を覚えたり、心配したり、幸せだと感じたりしたとしても、あなたは気づかないだろう。彼らは超人だからだ。問題は、わたしたちはそうではないということだ。仮にあなたが超人だと思われれば、本当の意味であなたに共感できる人はわずかしかおらず、彼らはしぶしぶあなたに従うようになる。個人的な探求または組織的な戦略が乱れて混乱期に入ると、ある程度の緊張や不安が起きるのが常だし、そうなることを予測もできる。そんな緊張感が走れば、強いリーダーは気づくものだ。だが、その状況をほのめかすことすらしなければ、周囲の人たちは神経質になり、ピリピリしている自分はおかしいのだろうかと不安になるだろう。

無防備に心をさらけ出すと感情がどうなるかを予測できるようになる。これはリーダーに必要なスキルだ。要するにどんな状況であれ、それが周囲の人たちの感情にどう影響するかを予測したうえでアプローチするのだ。そこから自分の感情やその状況に対する認識を基に、みんなが安心できるような戦略を練る。少なくとも、みんなが「これではイライラするのも仕方がないな」と思えるようにすることだ。困難なとき、または危機的な状況にあるときは、こう言おう。

「確かに。みんなが不安に思うのは無理もないし、共感できるよ。わたしが、自分の感情を落ちつかせたいときに役立てている自己洞察する方法、いくつかの経験、基本的なツールがあるから紹介しよう。みんなと同じように、わたしも不安になることを知っておいてほしいからね。だけどこの状況については、よく考えたうえで計画を練った。みんなでこれを乗り越えて前進しようじゃないか」

自分の弱さをさらけ出して人々とのつながりができれば、彼らの成長を後押しするのも、考え方を改善するのもやりやすくなる。（女性のリーダーにあからさまな偏見がある社会では）将来リーダーになる可能性のある女性は、その道を切り開いた女性たちから、どんな厳しい教訓を学んだかを聞くと大いに助けになる。自分たちが直面している困難や不安はよくあることなのだと気づけるし、「女性はかくあるべし」とする職場の不可解な基準やインポスター症候群を克服するための実践的な洞察が得られるだろう。こうした問題は、経験をシェアすることで効果的に解決することができる。

前章で話したように、本書で取り上げる約束は単なる「あったらいいね」程度のものではない。勇敢にして無防備であることは進化するため、変化をコントロールするために必要だ。わたしがコンサルタント業を始めたとき、最大の難問は「優良な企業」に「偉大な企業」になるよう動機づけて成長を促すすることだろうと推測した。そう考えるのが論理的だし、実際に既存の状態が「良好」の企業に変化を促すのはきわめて困難だった。おもしろいことに、既存の状態が「悪い」企業でも、変化を促すことが同じぐらい難しいこともわかった。ある状態が一定期間——たとえば6か月——以上続くと、その状態が既得権益のようなものを得てしまう。その状態が良かろうが悪かろうが、最悪だろうが最高だろうが、あまり関係ない。状況を変えると不安定になるし、移行期間の作業も負担になるため、どんなに停滞していようが変化するよりはマシだと思われるようになる。

年齢が高めの人たちは、政府、企業、教会などの礼拝ができる場所、大学といった組織は神聖で存続し続けると信じて育った。イギリスの人々は、これらの組織をストーンヘンジ［訳註：イギリス南部にあるストーンサークル］と同じように考えている。大衆からあがめられ、永遠に存続する歴史的な建造物のようなものだと思っている。変化に対応するだけでなく、積極的に変わろうとする順応性がなければ、どんな組織も現在のストーンヘンジのようになる恐れがある——ニッチな分野の専門家が調査しているが、いまだに何の目的で建てられたのかすらわからない、魅惑的だがもの悲しくて老朽化したストーンサークルだ。旅行者たちはストーンヘンジなど眼中にない様子で、数キロ離れた幹線道路を通り過ぎていくし、今やストーンヘンジの下に地下道を作ろうとトンネル工事を始める計画もある。間もなく誰も見向きもしなくなるだろう。

危機や破壊的変化を乗り越えるのは、不屈の精神の持ち主ではない。1963年にレオン・C・メギンソンという名のルイジアナ州立大学の経営学部教授が、このことを的確に表現した。チャールズ・ダーウィンの『種の起源』について、彼は「生き残るのはもっとも頭が良い種ではない。もっとも強い種でもない。生き残る種とは、自分が置かれている環境の変化に適応し、うまく順応できる種である」と書いた。人間が今も生きているのは、まさにこの理由によるものだ。はるか昔、エベレストぐらいの巨大な隕石が猛スピードで地球に衝突し（衝突する30分前でも確認できないほどのスピードだっただろう）、地球上の生き物の80％が死滅した。混乱が落ちつくと、巨大な恐竜はどこにもいなくなった（鳥類の祖先を除く）。するとかつて地上を支配していた捕食動物が突然消滅したのをいいことに、瓦礫のなかから小さな哺乳類が現れた。時間の経過と共に、哺乳類は激変した環境で繁殖しながら、生き延びて進化していった。

よくあることだが、恐竜たちは自分たちの終焉が迫っていることを予見していなかった。滅びていく王朝の歴史を振り返ったとき、長きにわたって繁栄し支配的な立場にあった王朝が、どの時点から衰退が始まったのかを見きわめるのは難しい。最後の高揚するような日々には、敵は特定されて殺されるか服従させられただろう。はるか昔に築かれた国境があり、反対派も嫌々ながらも従わざるを得ない規範もある。反体制派はちょっと煩わしい存在でしかない――ハエを叩く、または列からはみ出る家畜を突くように、適当にあしらうだけの存在だ。繁栄と秩序が日々を支配するなか、帝国は安泰だ……そうではなくなる日が来るまでは。

今のところ、わたしたちに迫り来る裁きの日は、少なくとも隕石が地球に衝突する事態に比べれば、それほど差し迫ってはいないし、徹底的に破壊されることもなさそうだ。だが、その差はわずかにマシという程度だ。メギンソンが「環境の変化」に順応しなければならないと書いたのは、歴史的に見てそれほど昔のことではない。だが1963年当時にメギンソンであれ、誰であれ、現在の状況を定義するような根の深い混乱が起き、社会の変化がこれほど複雑かつ多様性に富むことになろうとは想像できなかっただろう。

もはや惰性モードで走っている場合ではない。歴史や伝統があれば十分だと言って、依存している場合でもない。最高のときには、伝統はわたしたちを過去に根づかせてくれる。共通の価値観や共通の目的を促すような文化の土台を提供してくれる。最悪のときには、伝統はブレーキになる——勇敢に行動するための障害となり、弱さを覆い隠す安全なブランケットとなる。伝統は不変で、変化に不信感を抱き、過去にとらわれがちだ。伝統を頼りにすると、終身雇用と同質性が好まれ、似たようなバックグラウンドや経験を持つメンバーが守られるようになる。現在と未来のために働くなら、伝統を徹底的に調査し、上層部だけでなく、すべての当事者が利益を得られるよう伝統を柔軟に修正しなければならない。〈巨人の約束〉は、今日とは違う明日に向かって突き進むと約束することだ。そして自分の野望を実現するために勇敢に行動し、さらには自分の弱さや仲間たちの弱さも認めることだ。さもなければこの約束を果たすことはできないだろう。

この旅は危険を伴うし、怖くなるときもあるが、その見返りははかりしれないほど大きく、しかもそれは手の届くところにある。自分の夢を堂々と主張する熱心な子どものように、勇気と熱意を持って人生にアプローチすれば、創造性、イノベーション、説明責任、思いやり、レジリエンスをもう一段引き上げることができる。それができなければ——現状に甘んじるか、背伸びをしたらどうなるかと怖じ気づいたら——おそらくストーンヘンジと同じような状況になるだろう。通り過ぎていく世界を前に、このやり方でいいのだろうかと自問しながら道端でゆっくりと廃れていくのだ。

【ワーク】あなたの夢は何か？

どんな夢を抱くかは、常に個人差がある。仕事が快適で満足している人もいれば、役割やライフステージを変えたいと思っている人、将来の計画を立てるのは初めてという人もいるだろう。どのカテゴリーに該当しようとも、チャレンジしたい目標はそれぞれ違うだろう。

問題は、あなたの本命の課題は何か？だ。次なる勇敢な目標は何か？「約束その1」の「暗闇のなかで自分の魂を見分ける」ワークを経て、自分を理解し始めているところなら、ワークで発見したことから、どんな目標や夢があなたにとって有意義で、目的意識や達成感をもたらしそうか考えてみよう。旅の過程にも、目的を達成したあとにも、これらをもたらしてくれるものを選ぼう。

実現するのに5年かかる夢を掲げる必要はないが、勇敢さ、全力を尽くすこと、少々のリスク、そして自分をさらけ出さなければならない目標がいいだろう。

あなたが空想した、または夢みたことがある目標や野望は何だろうか？――それらをヒントにすると、どんな目標になりそうか？

友達やパートナーに、未来のことを打ち明けたときのことを思い出してみよう――その打ち明け話のなかに、大胆な目標へと発展させられそうなテーマはないだろうか？

約束その4

自分のなかのバイアスに警戒する

最初に言っておかなければならないことがある。この数年間で人々が不公平に対して敏感になったことだ。この傾向を、一度も認識したことがない人もいれば、認識しつつある人もいる。もっとも有名な事例は、2020年にミネアポリスで起きたジョージ・フロイドの殺人事件だろう［訳註：黒人男性のフロイドが白人警官に取り押さえられ、暴行されて死亡した事件］。この事件は人々の怒りを買い、世界60か国以上で人々が共鳴して人種差別反対運動や暴動が起きた。

仕事上、うちのチームとわたしは、人種的マイノリティを含めた人々を平等に扱うための実践的かつ戦略的なアプローチを構築し、それを企業や第三セクター組織に導入しようと尽力している。だが、本書はそのための入門書ではない。人はみなバイアスがある。本章はそうしたあらゆる人々に対する声明文だ。ジェンダーや肌の色などのアイデンティティの分類ではなく、個人の人格に基づいて強固な関係を築きたいのであれば、自分のバイアスに警戒しなければならない。この世界で成功したいのであれば

——新しい大きな課題を解決し、自分の成功だけでなく、万人の存続に不可欠なソリューションを生み出したいのであれば——自分とは異なる人たちと共存し、働き、そして協力しなければならない。組織として、および個人として、バイアスを克服する効果的な方法が必要であると共に、毎回バイアスに左右されてしまうやり方をやめなければならない。さらに、自分と異なる人たちと関わるためのスキルや手腕を向上させたがらない人とは、距離を置く必要があるだろう。

ちょっと想像してみてほしい。あなたは足にひどいけがを負ったとする。車のドアを閉めたときに足をはさんだか、重いものを足の上に落としたか。いずれにせよ、足が腫れてあざができ、ひどい痛みがあるため、骨折したかもしれないと考える。かくしてあなたは痛んだ足を引きずって病院へ行く。看護師に手助けしてもらって診察室へ入り、痛みに耐えながら医師の到着を待っている。

こうした情景をすべてイメージしてほしい。心の目ではっきりと思い浮かべよう。金属製の診察台に座り、痛みから気をそらそうと、興味もないのにタブロイド紙をぱらぱらとめくっている。あなたがもぞもぞと身体を動かすたびに、お尻の下に敷いてある使い捨ての紙がカサカサと音を立てる。そこへようやく医師が自信たっぷりな様子でドアを開けて入って来る。片手にバインダーを持ち、診察・処置してあなたを回復への道へと導く準備ができている。入り口をイメージし、医師を思い描こう。医師の目を見てほしい。どんな人が見えるか？

女性が見えたのであれば、あなたは女性かもしれない。あるいは、すでにアンチバイアス教育を受けていて、この質問が、個人の先入観を露わにするよう設計された仮説的なシナリオか謎かけだと見抜いたのかもしれない。いやいや、これはそのような診断テストではない。そのような「無意識のバイアス」をナンセンスだと思うし、うちの会社もそんなものを売り込むことはない。確かに、「無意識」は存在するし、「バイアス」も存在する。「マジパン」［訳註：アーモンドで作る砂糖菓子］や「自転車」が存在するのと同じように。だが、「マジパン自転車」なるものが存在しないのと同様に、「無意識のバイアス」も存在しない。率直に言って、組織が実際の行動や態度に対処せずに、この存在しないものばかりにフォーカスするのを見るとあきれてしまう。「無意識のバイアス」研修などでたらめだし、従業員も気が散って仕事に影響するだろう。おっと、先走ってしまったようだ。

足の話に戻ろう。あなたはまだ診察台の上で痛がっている。処置した方が良さそうだ。もう一度医師を想像してほしい。別の医師の方が良いと感じるか、祖先が犯した罪が気になるなら、医師のイメージを変えても構わない。ご希望であれば、マイノリティのなかから選んでもいい——女性医師か、黒人医師か、車椅子に座っている黒人の女性医師か……ちょっとやりすぎかもしれないが。いずれにせよ、医師のイメージが決まったら、その医師があなたの希望どおりに真剣に負傷した足を診察してくれている姿をイメージしてほしい。さまざまな部位をそっと手で押しては「ここは痛みますか？　ここはどうですか？」と尋ね、メモを取っている。真剣なまなざしでうなずいてくれる。すばやくレントゲンを撮る。足はまだズキズキするが、良い医師だとわかって安心している。データをすべて集めたあと、最後に医師があなたの悪い予想を裏づける。「残念ですが、骨折してますね。かなり深刻です。ですが、ちょっと待っていただけますか。すぐに戻ってきて、新品みたいに足を治してあげますからね」

医師は診察室から出て行くと、黒い靴箱のようなものを持って戻ってくる。そばに置かれたその箱を見て、あなたは少し戸惑っている。箱の前面にナイキの赤いロゴがでかでかと書かれているからだ。一体どういうことだ？　医師はこちらの期待を高めようと、少し間を置いてからふたを取り、薄い包装紙を開ける。

「エア ジョーダン1ですよ。ご存知ですか？　ジョーダン仕様で作られた最初のシューズです。定番の赤と黒の配色です。発売されたのは1985年、彼のルーキーイヤーです。当時の販売価格はたったの65ドルでしたが、今では入手困難です。代表的なスニーカーですよ。いかがですか？」

はて。どう答えようか。「いいと思いますが。でも……」

「このデザインは靴業界全体に革命をもたらしたんですよ──バスケットシューズの範囲を超えてね。エア ジョーダンが登場してから、シューズのデザインは様変わりした。ついでに言うと、宣伝とブランディングのあり方もね。さあ、遠慮しないで。履いてみてください」

そんなわけで、あなたはシューズを履いてみる。医師が履けと言うのだから仕方がない。腫れた足を片方のシューズに押し込んだあと、もう一方の健康な足をもう片方に滑り込ませた。シューズを履いた足を見て気に入るかもしれないし、ピエロの方が似合うと思うかもしれない。いずれにせよ、あなたのなかでは困惑が勝っている。「感触はどうですか？」医師が尋ねる。「足にフィットしてますか？　赤と黒では派手だと思われるなら、黒いシューズもありますよ」

「いいえ、そうじゃないんです。色はきれいです。足にもフィットしてます」

「そうでしょう。とてもお似合いですよ」医師がうれしそうに笑みを浮かべて答える。「これから三か月間、このシューズを毎日履いてください。そうすれば骨折した足も完治しますよ」

医師の診断を疑いたくはないが、その瞬間、あなたは尋ねずにはいられない。「つまり、1980年代半ばに作られたこのバスケットシューズを履けば、それだけで骨折した足が治るということですか？」

「最高の気分を味わえますからね」医師が最後のメモを取りながら請け合う。「とてもお似合いですしね」

「は、はあ。ですが、ちょっとお訊きしたいのですが、これがどう効くのでしょうか？　この箇所がまだひどく痛みますし、このスニーカーだけで骨が治るとは思えないんですが。スニーカーを履く前に、何か処置していただくのでしょうか？」

「いえいえ。スニーカーを履くだけで大丈夫ですよ。すぐに活動できるようになりますよ」

「でも、どうしてそんなことが可能なんですか？　どういう仕組みですか？」

医師はいたって冷静だ。「それは言えません。一つ言えることは、当院では足を骨折して来院する患者さんの90％にエア ジョーダンを処方しています。ですから心配はいりませんよ」

「なるほど。しかし、みなさんは治りましたか？　足を骨折した人はみな、このスニーカーで完治したんですか？　そのような症例があるんですか？」

医師は答えない。肩をすくめてあなたに退院許可を渡し、診察室から出て行くあなたの幸運を祈っただけだった。

簡潔に言うと、これが無意識のバイアス研修だ。豚に口紅を塗るようなものだ。バイアスの実質的な問題に対処して取り除く方法としては、戦略的でも体系的でもない。だが、体裁は取れる。ケアしているように見える。効果よりも、目に見える形ですぐに何かの処置をすることが一番のアピールとなる。

バイアスの認識に問題があるなら、トレーニングする価値がある。だが、ほとんどの職場では、問題は無意識であれ何であれ、バイアスを認識することではない。バイアスのせいで起きる行動だ。バイアスによる誤った行動に適切に対処しなければ（対処されていないケースがほとんどだ）、無意識のバイアス研修は、骨折した足を新しいスニーカーで治療するのと同じぐらい不毛だ。

スーザン・ミッキーという卓越した研究者がいる。ユニバーシティ・カレッジ・ロンドンで健康心理学を研究する教授で、同大学の行動変容センター長でもある。ミッキー教授は行動変容の母であり、彼女の研究のおかげで鍵は行動変容にあるとわかった——個人の行動を変容させること、組織によって宣伝され許容されている行動を変容することが重要なのだ、と。ミッキー教授の研究を参考に、わたしの組織では教授が提唱した行動変容の4つの要素に注力している。

1. 知識：現状の研修では、誰もが「気づき」が必要だと言うが、気づきだけでは不十分だ
2. 能力：スキルやツールのこと。人々はこれらを使って人と交流したり、効果的に介入したり、個人的なコミュニケーションで注意を怠らないようにしたり、他の人も同じようにコミュニケーションが取れるよう促したりする
3. 機会：〈能力〉を手に入れる機会や、それを活用する適切な機会を提供すること
4. 動機：良い行動を取りたい、良い行動を取り続けたいと思えるような強い動機を作る

わたしは人種差別主義者や同性愛を嫌悪する人々の思考によって傷ついたことはない。おそらくあな

たも同じだろう。わたしたちが傷つけられるのは、人の行動によってだ。たとえその行動が無視や無関心だったとしても。

医者と聞いて直感的に男性が頭に浮かんだからといって、それ自体は重大な罪ではないし、珍しいことでもない。わたしの母は医師で、キャリアを通してずっと「女医」と呼ばれていた。わたしは公立病院自主運営組織《ホスピタル・トラスト》の理事を務めている。トラストの傘下には9つの病院があり、スタッフと臨床医の数は2万9000人にのぼり、もっとも優秀な外科医は女性が圧倒的に多い。にもかかわらず、会話の途中で誰かがごく一般的な「医師」の話をすると、わたしは男性をイメージすることがある。だがその先入観をどうすればいいのか？　また、先入観を行動に反映させないためにはどうすればいいのか？も同じぐらい重要だ。

わたしは脳内の先入観が言葉や行動として表れる前に、それが妥当か問うようにしている。

バイアスは誰にでもある。バイアスは誇れるものではないが、過剰に自分を責めるほどのものでもない。白人だからといって、あるいは男性、異性愛者だからといって、罪悪感を覚える必要はない。そんなことをしても誰のためにもならない。

だが、もしあなたがこうした優位なカテゴリーに属しているのであれば、生まれながら持っている特権を自覚し、その特権が物の見方にどう影響しているかを認識することが重要だ。特権という概念はしばしば誤解され、個人的なものと見なされがちだ。特権とは、お金持ちであることでも、生活苦とは無縁な人生に恵まれたことでもない。特定のアイデンティティに生まれついたことで、明らかな利点を手に入れることだ。特定の障害がないことも特権の一つだ。つまり、生活に影響するのは障害があるときだけなので、普段は障害がないという特権を持っていることに気づかないのだ。

たとえば調査結果からは、貧困の白人男性は、同じぐらい貧困の白人女性よりも人生を改善できる可能性がはるかに高いという。もし貧困の白人男性が努力してより良い生活を手に入れたら、努力が報われたことを祝福してもいいが、白人男性という特権があることを無視してはいけない。また、特権に恵まれない人たちのなかには、努力してもより良い生活を手に入れられない人もいるという事実もだ。

中産階級に属する善意ある白人男性が、特権に関する議論で格闘するのを見ると、同情してしまう。このような人が受け入れるには現実はあまりに複雑であり、個人的に心苦しくなるような気づきを得て、不必要な罪悪感にさいなまれるかもしれない。だが、あらゆる人がこのワークをやらなければならない。自分の特権を自覚しなければ、特権の存在を無視して誰かを傷つけることになるだろう。

同様に、自分にバイアスがあることを認め、そのバイアスが行動や振る舞いに悪影響を与えないよう、できる限りのことをしなければならない。この数年間、わたしは実験を通してクライアントに、特定のアイデンティティに対してどんな考えを持っているか、彼らがどんな考えを受け入れまいと拒絶しているのかを探ってきた。というのも「無意識」と呼ばれるものは、頭に浮かんだことすら否定したくなるような考えである場合が多いからだ。その考えとは、あからさまなバイアスではなく、むしろひそかなバイアスとか潜在的なバイアスに近く、「無意識」よりも「意識」に区別する方が正しいだろう。

実験では、90秒間与えて、被験者に特定のアイデンティティ——たとえば、黒人、ゲイ、女性、トランスジェンダーなど——について連想する言葉を書いてもらう。次に、再び90秒与えて、「他の人はこれらのアイデンティティから何を連想すると思うか？」を書いてもらう。こうして世界各地で約1万人もの人々に、さまざまなアイデンティティに対して連想した言葉を書いてもらった。

□「LGBT+コミュニティ」に対する、もっとも多かった回答は
同性愛者、平等、レズビアン、レインボーフラッグ、ゲイ・プライド、愛

□他の人は何を連想すると思うかと尋ねたところ、彼らの回答は
普通と違う、ゲイ、異質、不適切、奇妙、嫌悪

□「女性」に対する、もっとも多かった回答は
強い、弱い、母、世話をする、美しい、断固とした

□他の人は何を連想すると思うかと尋ねたところ、あからさまに悪い表現が返ってくる
感情的、弱い、母、セクシー、やっかい、掃除

□「黒人」に対しては、固定観念的なほめ言葉がもっとも多い
強い、運動能力が高い、美しい、誇り高い、スポーツ、音楽

□だが、他の人は黒人に対して何を連想すると思うかと尋ねたら、まったく異なる答えが返ってくる

犯罪者、運動能力が高い、貧困、怠け者、無教養、怖い

各アイデンティティを見て、自分が連想したと回答した内容と、他の人が出しそうな回答が対照的だったのだ。

各アイデンティティに対して、人々は自分の連想としてお世辞っぽい表現（役に立たない固定観念でもある）を挙げ、他の人が連想しそうなこととしてネガティブな表現を挙げたが、これらの表現の間には明確な違いがあった。

回答に一貫して見られるこの傾向から、一つの疑問が浮かび上がる。何千人もの人々が「自分はポジティブなことを連想したが、他の人たちはネガティブなことを連想するだろう」と口をそろえて主張するのなら、他の人とは一体誰のことか？　回答者たちは、個人的にはネガティブな印象を持っていないと主張しながらも、わずか90秒間でいとも簡単にネガティブな言葉を並べてみせた。なぜそんなことが可能なのか？　頭のなかにそのようなネガティブな認識がなければ、思いつくなどほぼ不可能ではないだろうか。

世界中のオフィスでこの質問をしたが、どの国でも個人が思い描くイメージがほぼ同じだったことは特筆すべきだろう（もっとも、中国ではジェンダーのイメージにいくぶん違いが見られたが）。アイデンティティから連想するイメージは世界共通であると共に、自分のなかの偏見を認めないとその偏見が居座ってしまうという事実も世界共通だ。

バイアスは誰にでもあるため、バイアスが自分の行動や振る舞いに悪影響を及ぼさないよう、できる

限りのことをする必要がある。バイアスは常にある――新しい同僚と会うときも、パネルディスカッションやプレゼンテーションを通して情報を手に入れるときも。電車でどこに座ろうかと座席を選ぶときも、職務経歴書を書くときも、プロジェクトの適任者を吟味するときも、バイアスが頭をよぎる。バイアスに警戒しながら行動すると約束してほしいのはそのためだ。バイアスはなくならないし、行動に悪い影響を与える。

業界のイベントに出席したとき、わたしは会議場内やホテルの宴会場内では快く受け入れられていると感じた。だが外へ出て歩き始めると、人々の反応は往々にして複雑になる。イベントのあとに夜遅くまで飲んで帰ってくるときや、朝一番のコーヒーを飲もうとスウェットパンツ姿でうろうろしているときだろうか。そのような状況では、業界内の集まりではわたしを歓迎しそうな人々が、あからさまに警戒心を強める。わたしの外見が彼らの闘争・逃走反応を引き起こして、わたしの脅威のレベルをはかり始めるのだ。ほんの一瞬の出来事だが、何度も見たため、今では簡単に見抜ける。

「ふうむ。黒人男か。しかもやたらでかい。巨体の黒人男は怖いし、危険だ。この危なそうな黒人男に対する恐怖心が落ちつくまで、この緊張感は収まらないだろう」

わたしが「無意識のバイアス」の存在を認めるとしたら、このような反応をその一例と呼ぶかもしれない。彼らは人種差別主義者とは限らない。これはごく自然な反応で、社会やメディアが何十年も助長してきた誤った作り話を聞き続けた結果、起きたものだ。だが、そのことは本当に重要だろうか？　そのように反応する瞬間は、バイアスがあることも、その原因もさほど重要ではない。もっとも重要なのは、どう行動するかだ。心のなかでわき起こった恐怖心が、根拠のない馬鹿げた考えの副産物だと認識したあと、あなたは意識的にどんな行動を取るか？　道を横切るときに、「身の安全のために」巨体の黒人男を避けていないか？　あなたの心に根づいた誤った通念に都合のいい行動、またはそれを助長するような行動をあえて取っていないか？

人間は毎日、半反射的な思考を監視し、表に出すべきではない思考にフックをかけて止めている。たとえ同僚が馬鹿げたアイデアを口にしても、あなたは相手に恥をかかせないよう、気をつけて返事をするだろう。仮にレストランで食事したときにウェイトレスがおそろしく魅力的だったとしても、頭をよぎる性欲にいちいち反応せずに、食事を終えるだろう。隣家の幼い子どもから誇らしげに犬の絵を見せられたら、たとえそれが犬とは思えないほどひどい絵だったとしても、「こんなのゴミじゃないか」とは言わないだろう。違うだろうか？　さまざまな方法で、わたしたちは日常的に最初の反応を控えているのだ。

人間は思ったことを何でもやるわけではない。そんなことをすれば無法地帯になってしまうからでもある。誰かの間違いや弱点を見たとき、人間は脳からの指令を受け取ったあと、ほんの一瞬の間にそれにどう反応するか、自分の認識が不完全で他の人の認識と異なる可能性があること、一般的な礼儀作法、それから自分の利益を考慮したうえで反応する。これらのフックを頼りに、最初に浮かんだ思考や反応を監視しているのだ。

「無意識のバイアス」という仮説は、思考とそれに伴う行動を密接に関連づけるものだ。わたしたちの思考にあるバイアスを特定して監視することが重要となるが、それはバイアスに蝕まれた思考は、行動に表れるのが常だからだ。この仮説は、人間は人生のあらゆる面では思考と行動を区別できるという事実を無視している。おまけに、悪い行動を取る自由を与えてしまう。もし思考と行動の関係が固定されていて、バイアスがかった思考が「無意識」――つまりわたしたちには抗えない力で植えつけられたもの――ならば、そうした思考から生じる行動も、わたしたちの手には負えないはずだ。

企業は多様性とインクルージョンの取り組みを行うが、その方法は個人のバイアスがかかった考え方を改めさせるよりも、振る舞いや言語表現に注力する方がいいだろう。たいした違いはないと思われるかもしれない。だが、わたしたちは思想警察ではない。同僚が人種差別主義、性差別主義、その他の不快な思想を持っていようとも、職場では思想をコントロールできない――その思想が意識的であれ無意識であれ、大っぴらであれ、内密であれ。従業員の思考を進化させるのはわたしたちの仕事ではない。わたしたちがやるべきことは、そのような思考が行動に表れて、誰かに影響を与えないようにすることだ。注目すべきは、人々が何を言ったか、どんな行動を取ったかだ。言葉と行動は観察したり、評価したり、異議を唱えたり、制裁を加えたり、褒美を与えたりできる。実害を及ぼすのは言葉と行動なのである。

理念や信念、価値観、考え方といったものを軽視するわけではないが、実のところ、行動によって裏打ちされない限りどれも無意味だ。組織の文化を後押しするのは、社員やマネージャーや上層部が日々行う、個人的な行動や振る舞いだ。行動――わたしたちがやろうと選択したこと――こそが重要なのだ。行動は人々に直接的な影響を与える。行動は人を鼓舞することも、落胆させることもできる。行動は仲間同士を敵対させることもできれば、同じビジョンのもとで見知らぬ者同士を団結させることもできる。

わたしが11歳のとき、母はわたしの名前を変えた。そんな行動に出たのは、この名前が他人にどう思われるかを気にしたからではない。他人がどんな行動に出るかを心配したのだ。名前を聞いただけでは、「ジョン・アメイチ」の方が「ウゾマ・エクワ・アメイチ」よりも公平に扱ってもらえる可能性が高いことを、母は理解していた。これはわたしの前の名前だ。ナイジェリア人名で、美しくてパワフルな名前だが、「ジョン」よりも確実に粗暴な男らしく聞こえる（同じ「ジョン」という名の人たちを侮辱するつもりはない）。ジョン・アメイチは害がなさそうだし、白人のイタリア人だと思われやすい。他方でウゾマ・エクワ・アメイチは、民族衣装をまとった入国したての移民のような名前だ。母は学業面でも就職面でも「ウゾマ」よりも「ジョン」の方が有利だと知っていて、だから改名することにしたのだ。

繰り返すが、母が改名を決断したのは、将来採用担当者がわたしの履歴書を見て笑いものにするかもしれないと思ったからではない。「おかしな名前だなぁ。外国人に違いない！」そんな反応は理想的ではないのは確かだ。しかしダメージがその範囲に収まるなら――「無意識のバイアス」の悪影響で、つい反射的に反応してしまう程度であれば――、わざわざ名前を変える必要はないだろう。母が警戒したのは、その結果起きる意識的な行動だ。採用担当者は笑ったあと、「ウゾマ」などという人物は「うちにふさわしくない」と判断して、わたしの履歴書をゴミ箱に捨てるのではないか？　どうにか採用されたとしても、同僚たちが「ウゾマ」と呼ぶたびに、すっぱい牛乳を口にしたみたいにしかめ面をして、わたしを疎外するのではないか？　この名前を呼ぶたびに、同僚たちが「……っていう発音だったかな」とイヤミを付け加えるのではないか？　わたしの名前程度しか知らない上層部が、この奇妙な名前ではあまり教養がなさそうだと判断して、わたしの昇進を見送るのではないか？

どれも根拠のない不安ではないし、母は被害妄想ではなかった。事実、まったく同じ内容の履歴書を送った場合、白人らしい名前の求職者の方が書類選考を通る確率が50％も高い。[*1]

非白人が書類選考に通るには、白人よりも7〜9割ほど多く応募しなければならないのだ。実際に母が危惧したとおり、多くの調査によると、黒人が名前を変えて民族的背景に言及しないで「白人を装った」履歴書で求人に応募したところ、内容はまったく同じだが「白人を装わなかった」履歴書よりも、書類審査に通る確率が2・5倍も高かったという。

昔も今も、圧倒的な権力と影響力を持ちながらも、自分のバイアスに注意を怠る人がいる。そうした注意不足は、個人的な好機も組織全体の好機も損ねてしまう。にもかかわらず言動を変えることよりも、考え方を変えることに注力してしまう。そんなことでは、人々が不平等な目に遭う状況をはっきりとした形で改善するのに、ばかばかしいほど長い時間がかかってしまう。「無意識のバイアス」という考え方を受け入れると、はてしなく「自分でバイアスを解く努力」をし続けることになる。さらに、行動に問題があるのに「頭のなかでは解決したつもり」になっている人たちが、特定の人たちを嘲笑し続け、嘲笑される側に自動的に免疫のようなものができてしまう。

「無意識のバイアス」を、もっと正確に「凝り固まった思い込み」と表現すれば、人々は「アクセスできない心の一部に対処しなければならない」とは思わなくなるだろう。無意識なんて意識できないから、自分には責任はないと思うものだ。自分のなかのバイアスを、親や故郷や子どもの頃の経験によって蓄積された偏見という隠れたゴミの山から出た副産物だと思う方がずっと簡単だ。そうであれば、自分にできることは、こうしたバイアスがあることを認めて、バイアスのせいで悪い行動を取ったら謝ることぐらいだからだ。

そのような考え方をしていると、「わたしのせいじゃない」とか「自分には防ぎようがない」とか「バイアスがあると自覚しているだけでも、評価してほしいぐらいだ」などと考え、最悪の事態を引き起こす。これでは行動は変わらないし、対処法として不十分なのは明らかだ。たとえ誰かが屋根裏部屋にガラクタを残していったにせよ、今そのガラクタはあなたの管理下にあり、それを片づけるのはあなたの仕事だ。無意識のバイアス研修は、人々にそのようなことを要求しない。この約束を果たすには、次のことを認識してほしい——世の中に違いをもたらすには、すなわちイノベーションを生み出して成功を維持できるような連携を生み出すには、考え方を変えるだけでは不十分だ。行動パターンを変えなければならない。

組織は、研修の有効性を示す証拠だと言って、無意識のバイアス研修を終了した人数を誇らしげに発表するだろう。繰り返すが、これはおかしい。確かに、従業員の97%が研修に参加するのは結構なことだ。だが、その研修が組織の採用、離職率の低下、後継者の育成、契約数に有意義な影響を与えているだろうか？　何か良い変化はあるだろうか？　骨折した足がエア ジョーダンで治るだろうか？　あるいは97%の従業員は、わずかにサポート性の高いシューズを履いてはいるが、おぼつかない足取りで歩いているのではないか？　組織はただ、屋根裏のガラクタをチラリと見ただけで、チェック済みとしているのではないか？

無意識のバイアス研修は職場に大きな影響を与えているのか、それを調べる研究が盛んに行われている。ターゲットオーディエンスへの影響を考えれば、このような調査は驚くに値しない。一例として、グーグルは無意識のバイアス研修に2億ドル以上を投資していると言われている。とはいえ、グーグルをはじめとする業界最大手の企業には、超優秀な人材が集まる——鋭い知性と創造的な思考を持つ人々だ。だとすれば彼らはきわめて教養が高く、自分のバイアスに気づいているはずでは？　彼らがこれまで偏見にとりつかれて生きてきて、この魔法のような研修でようやくそれが明らかになると思うのであれば、何と浅はかで馬鹿げた考えではないか？

もちろん、どんなに進歩的な組織でも、わずかな隙間から無教養な人が入り込んでくるものだ——ゆがんだ幻想のなかで生きてきて、黒人も医者になれるとか女性も重役になれるという事実にようやく気づいた人などだ。だが大抵の人はもっと分別がある。無意識のバイアス研修を支持する人は、この研修によって意識が高まると主張するが、意識するだけでは問題は解決しないし、そもそも意識の欠如というのは誤った通念に過ぎない。大多数の人は、多様性も不公平も社会の偏見もよく理解している。前述した実験で、被験者たちがネガティブな固定観念のイメージを次々と挙げたことからもそれは明らかだ。

あなたの職場で、バイアスという現実に無自覚な人はいないだろう。むしろ、無意識が組織に与える影響を知りながらも、それを何とかしようとする意欲がない人の方が多いだろう。なかには、消極的で怠慢なだけの人もいるだろう。インクルージョンや多様性といった問題は自分の力ではどうにもならないと、あきらめているのだ。そして、自分がそうした問題の影響を受けておらず、助長していることに気づかない限りは、喜んで現状を維持するだろう。

また、現状のおかげで成功している人たちは、その状況を積極的に守ろうとするだろう。どんな大企業にも、不平等な競争環境のおかげで得をする社員が一定数いるものだ。そのような人にとってはインクルージョンも外部の人間も脅威であり、言葉や行動でそうした脅威に抵抗しようとする。仕事ぶりは凡庸でも、彼らは決してばかではない。実際、一般的なルールに従いつつも、変化が起きそうになるとブレーキをかけ、バイアスを巧みに現実化する手腕に長けている。彼らは実に巧妙に組織の方針をすり抜け、人に気づかれないやり方で新構想を弱体化させてしまう。あからさまな行動は取らず、含みのある言葉を使っては、ただのジョークだよとか軽口だよと言い訳する。彼らは現状の権力や特権を維持できるようサポートしながら、巧みに制裁を免れる。さらに彼らの行動はすべて、自分の行動が自分とは違う人たちにどんなインパクトを与えるのかを十分に理解したうえで、意識的に行われている。

無意識のバイアス論は、排除や不平等を正当に評価せず、こうした問題に取り組むための戦略も回避しようとする。有害な人は、研修を受けているからと、もっともらしくバイアスを否定して安全な避難所に避難する。組織の上層部は、研修を実施しているからと、あたかも変革推進者になった気になっている。変化のために取り組んでいなくても、やっているかのように見えるのだ。これこそが最大の魅力だ。無意識のバイアス研修は、比較的安いコストで幅広い層に実施できるし、反感を買うこともめったにない。研修をやっても、新規採用者が多様化しない、または従業員の定着率が向上しないかもしれないが、活用するのは簡単だ。妥当なコストで、何万人もの従業員に数時間の研修を受けさせられる。そしてアニュアルレポートを発行する際には、バイアス研修を終了した従業員の割合を誇らしげに表記し、取締役会や投資家や監視委員会の目につくようにする。これであちこちで称賛してもらえる。

リーダーも真の変革推進者も、こんなくだらないものに頼ってはいけない。「個人的で非公認の」バイアスがあることを確認するだけでは、ハードルは越えられない。毎日どんなときもバイアスに警戒すると約束してほしい。どの組織でも、不適切な行動に対する確たる制裁が必要だ。たとえそのせいで、生産性は高いが悪影響を及ぼす社員と衝突するか、離職を促すことになろうとも。誰かがバイアスに基づく行動を取るたびに、すぐに確固たる態度で面と向かって真剣に注意すれば、当面の間は緊張感が高まるかもしれない。だが、不愉快な思いをしなければ、進歩など望めない。不愉快な思いといってもメールをチェックしたい衝動を抑え、せいぜいケータリングされたパサパサのサンドイッチで我慢しなければならないといった、無意識のバイアス研修を受けるときの不愉快さではまだ足りない。

個人的なレベルでは、自分の振る舞いを高い基準に保たなければならない。また、多様性があり信頼できる同僚たちを周囲に置いて、あなたがバイアスへの注意を怠ったときに、彼らにそれを指摘して励ましてもらう必要がある。無意識のバイアス研修で教わった受け身的な被害者意識を拒否し、その代わりに真っ白な気持ちと旺盛な好奇心で探究するのだ。人を紹介されたり、誰かと会話したりするたびに、わたしはこの心構えで相手と接する。仮にわたしがあなたと会ったら、何も想定せず、あなたのことをすべて知りたい、少なくとも話してくれることすべてに耳を傾けたいと思う。

30代の頃、わたしは何年かをアリゾナで過ごした。家の裏庭には温水浴槽があり、そこから西側の砂漠の風景が見渡せた。時間に余裕があると、毎晩のように浴槽に浸かり、ベンケイチュウ［訳註：巨大なサボテン］の向こうに沈む夕日を眺めたものだった。その光景は壮大で、心の底から畏敬の念を抱いた。注意を払えば、毎晩新しいことを発見できる。コヨーテや、ペッカリーと呼ばれる小型のイノシシが急ぎ足で過ぎ去る。上空にはタカが舞い、近くではハチドリが飛び回っている。空一面の色彩が鮮やかに変化していき、ついに太陽が姿を消すと、今度は星々が同じぐらい美しいショーを展開する番だ。

他の町から客が来るたびに、みんなにもこの光景を体験してもらった。パティオで何時間も座り、目を見開いて空に見入ったものだ。一日目の夜は毎回そんな感じだった。二日目の夜には、ほとんどの客がもう一度見たいと言う。ところが大抵の場合、一時間もすると目新しさも薄れてくる。そして三日目の夜になると、ドラマ『ロー&オーダー』の再放送を見たいと言い出す人が出てくる。自然の驚異はいつものように壮観だが、三日目の夜になると、彼らはこの景色はもう見たと考える。しかしそれは間違いだ。探そうと思えば、見たこともないものや聞いたことのないものが毎晩でも見つかるだろう。

こうした夕方の景色のおかげで、わたしの人との接し方は半永久的に変わった――真っ白な気持ちと旺盛な好奇心で人を見るようになったのだ。新しい人との出会いは、まっさらな気持ちで夕日を体験するのと同じだ。前に見た夕日のことは忘れて、良くも悪くも何の期待もなく見つめれば、夕日をもっと味わうことができる。そしてじっくり見ると、何か新しいものが見つかるはずだ。わたしは心を完全に開き、驚異を敏感に感じ取る。先入観という重荷を脇へ置いたまま、人々について何も知らないと思い込むようにしている。そして気づいたものをすべて吸収するのだ。誰かが身近に現れたら、相手が許す限り、できるだけたくさんのことを知りたいと伝える。もっと話してほしい。もっと聞きたい、と。そしてその情報――さまざまな思い込みではなく、相手が打ち明けてくれた真の情報――を基にして相手の印象を作り上げる。

人間の資質は努力次第で伸ばせるという「成長マインドセット」に、真っ白な気持ちと旺盛な好奇心が加われば、共感力の土台と人間を理解するための道筋ができる。こうした基盤があれば、最初に人間関係でつまずくことはないし、これまでの人生経験を通してできた〈スキーマ〉の影響を中和できる。

スキーマとは、わたしたちが自分自身やこの世について学んだことを分類した集合体で、人間はスキーマに従ってどう反応するか備える。スキーマには、特定の刺激に対してどう反応すべきか、あらかじめプログラムされているのだ。かつて、スキーマが役に立った時代もあった。たとえば有史以前の人類は、大きな牙と鋭いかぎ爪を持つ動物に用心しろと警告するスキーマを発達させた。これは有益な自衛本能の一つでもある。

だが、世界が複雑化して広くなり、つながるようになると、スキーマは前ほどあてにならなくなった。それ自体は何も意味しない特徴であっても、スキーマから意味を推測できる。わたしは肌が黒く、白いあごひげをたくわえている。通常、ひげはきちんと切りそろえて手入れしているが、適当な長さになるまで放置すると、突然町でイスラム教徒から「アッラーは偉大なり《アッラーフ・アクバル》」とあいさつされるようになる。ひげを剃ると、誰からもそんな反応はされないのに。取るに足らないわずかな特徴——無精ひげがほんの一センチほど伸びただけ——を見て、人々のスキーマが「この人はイスラム教徒だ」と知らせるのだ。実際は、同性愛の無神論者なのに。そんなわけで、この例ではスキーマが的外れだったと言える。

スキーマは近道だ。このタイプの人にはこう反応しようと前もって決めておけば、意思決定を行う際のエネルギーを大いに節約できる。しかし、それによって何かを見落とさないだろうか？　たとえば、社会的地位の高い異性愛者で、21歳以上50歳以下の白人男性をイメージしてほしい。「歴史的に見て、この層の人たちは他人を無慈悲に扱ったことがある」と主張する人がいるかもしれない。少なくとも、この層の人たちは自分たちの優位な立場を享受し、恩恵を受け、その立場を維持するのに加担してきた。だからといって、この層を全員まとめて不適切と見なせば、すばらしい人を見落としてしまうだろう。

わたしは特定の年齢の白人男性から何度か嫌な目に遭ったことがあるが、その層の人と会っても、相手に対して何らかの見識がある素振りはしない。なぜなら、この層のなかに、わたしの人格形成に大きく影響を及ぼしたすばらしい人もいるからだ。そんな人はただの異質な例外だという意見は受け入れがたい。人はみな違っていて個性があると考える方が理にかなっている。おまけに、個人を知ろうとするだけでも努力が必要だ。

今日の職場には、生産性やエンゲージメントを向上させる機会を無駄にし、持続可能な成功をくじくような不平等がはびこっている。だが、こうした不平等は、無意識のバイアス研修を一、二度受けただけでは直らない。行動が伴わなければ。だからこそ、バイアスの存在を認めるだけでなく、バイアスに警戒しながら行動すると約束してほしいのだ。まずは、嫌な奴にならないというシンプルな行動から始めよう。いたって簡単なことだ。人々を公平に扱い、自分の基準に従って一貫した行動を取ることだ。言いにくいと思っても、問題のある振る舞いを見かけたら指摘しよう。そんなに難しいことではない。

だが、それだけにとどまらず、人々の長所を見つける努力もしてほしい。限界があるとわかるまで、同僚たち一人ひとりに無限の可能性があるかのように接しよう。不当に邪魔することなく、一貫性を持って接してほしい。マイノリティの人たちにとって、この最後の部分はとても重要だ。特に、自分たちに不利な組織的制約がある環境で成功しようと努力しているマイノリティにとっては。不利な状況に置かれているにもかかわらず、一度ミスをすると二度とチャンスをもらえないことが多い。一度のミスが彼らの運命を決定づけ、彼らに対する俗説が固まってしまうのだ。彼らのミスは個人的な失敗とは見なされず、この人たちは異質だから能力に限界があるのだと決めつけられてしまう。

固定観念、バイアス、スキーマは、相互に作用し合って思い込みを助長し、視野をくもらせ、行動に影響を与える。それを阻止しよう。バイアスに警戒しながら行動し、真っ白な気持ちと旺盛な好奇心で他者を受け入れよう。「裏切られることはない」と断言することはできない。だが大抵の場合、あなたがしっかり注目すれば、相手は見事なパフォーマンスを披露してくれるだろう——砂漠に沈む夕日の光景のように。

この道を進むには、次に紹介する「実践的な自己評価」と呼ばれるシステムが役に立つだろう。自分とは異なる人と関わるときに、あなたがどんなフィルターをかけて人を選別し、どんなバイアスを持っていたかをじっくりと内省しよう。それから彼らとのやり取りを思い返して、適切に行動できたか否かを判断する。人との接し方を判断するには、仲間や、さまざまな同僚や友人からフィードバックをもらうことが重要だ。自分とは異なる種類の人を前にしたときに、あなたがいつもとは違う態度を取っているのを見た人がいるだろうか？

本章で説明したように、誰かと会話するたびに自分のなかのバイアスに警戒してほしい。相手に対して誤った／問題のある／反射的な思い込みがあるか、そのような反応をした場合、あるいはその人に対して長年否定的または冷ややかな感情を抱いている場合、それは事実に対して起きた感情か、それともバイアスか、と自問してほしい。そうすることで、自分とは異なる人たちと新たなつながりを築くことができる。人とのつながりを築くためのプログラムも指導も必要ないだろう。彼らが自分と異なるからといって、特別な関係を築かなくても、新しい人間関係を築くことは可能だからだ。同僚や友人のなかから、好ましいと思える資質、感心する資質、尊敬できる資質が見つかったら、今度は身近でない人たちのなかにそのような資質がないか探せばいい。好感が持てる資質についてじっくり考えたことがなくても、いざ分類してみれば、自分とは異なる人たちのなかにも見つかるだろう。それでもなおわからない場合は、あなたが尊敬できて好ましいと感じる資質は、（それが何であれ）あなたの身近にいる同じタイプの人たちのなかに見つかる可能性が高い（ほとんどの人がそうやって見つけている）。

こうした問いの答えを探すには、次のテクニックを使うこともできる。職場や社交の場で友情関係を築いたときのやり取りを思い出して、あなたがその人の何を見て、「この人のいい同僚（または友達）になろう」と思ったのかを考えよう。友達に、「わたしはあなたの何に惹かれていると思うか？　あなたはわたしの何に惹かれていると思うか？」と尋ねてみよう。

好ましい資質リストができたら、それを常に念頭において、人と会うたびにそのような資質を探そう。うれしい驚きが待っている――より多様性のあるネットワークができるし、思い込みに警戒するための武器がもう一つ増えるだろう。

チームや組織のリーダーは、職場での研修を通して、従業員差別という問題を解決しなければならない。みんなに当てはまる他の問題を見つけるよりも、問題の解決が重要だ。そのためには、たとえば次の要素に取り組もう。

□「意識」ではなく、行動変容にフォーカスする

組織は、毎日従業員の行動を管理するものだ。全従業員の尊厳を守るためのモジュールを加えたからといって、物議を醸すことはないだろう。

実践的な自己評価

シナリオの再現	第三者の視点に立って、客観的に人々とのやり取りや会話を思い返す。 うまくいったことは何か? もっとうまくできることは何か? そのやり取りから、どんな教訓が得られるか?
同僚からフィードバックをもらう	うまくいかなかったやり取りについて、仲間からさらなるフィードバックをもらおう。
仲間に率直に話すよう促す	率直なフィードバックは相手にとって酷だと思われがちだ。しかし、同僚が間違ったやり方をしたと気づかず、同じ失敗を繰り返すのを黙って見ている方がはるかに酷ではないか。
新しいことに接するたびに集中する	対話、手順、人間に慣れると、「惰性モード」に切り替わりがちだ。するとミスが起きやすくなるため、対話するときは常に集中すること。
リバースメンター	「安心できる仲間たち」の範囲外にいる人たちに目を向け、自分よりも経験の浅い人たちに、彼ら独自の考えを積極的に尋ねよう——自分に関するフィードバックはもちろん、あなたがよく知らないテーマに対する彼らの洞察も訊こう。

出所:APSインテリジェンス(2021年)

□エビデンスに基づいたモデルに従う

前述したスーザン・ミッキー博士のモデルや、弊社APSで採用されているモデルなど、行動変容に関わるすべての要素——知識、能力、機会、動機——に対処するモデルでなければならない。

□感情の足場作り

〈感情の足場作り〉というのは、うちのチームとわたしが好んで使う教育的な戦略だ。この本で随所に登場する、場面描写やストーリーのことだ。[*2] 感情の足場かけは、比喩、ビジュアル表現、またはストーリーなどを使って人々の想像力をかきたて、普段ならそんなに関心がない技術的な内容に、感情的反応を引き起こすよう働きかけるものだ。

□長期的かつ実践的な研修

研修期間が長くなれば、それだけ効果も高まる（実践する時間、新しい考え方に触れる時間、自分とは違う感じ方・考え方の人たちと接触する機会が増えるから）。

□参加を必須とする

従業員は必須研修を好まないかもしれないが、受けたあとに行動を変える可能性が高い。

□研修項目を選べるようにする

従業員に少なくとも学習内容の一部を管理できるようにすれば、参加へのモチベーションが上がるだろう。多様性&インクルージョンのモジュールの一部をオプションにして、従業員が必須研修を終わらせる時期や研修項目の組み合わせを選べるようにするなど。

□相手の立場に立って物事を考える

単純化するわけではないが、大抵の人は2種類に大別される。日頃から他人の立場に立って考えられる人——つまり、他人の状況や背景、自分が相手だったら何を考え、どう思うかを想像できる人——と、そんなことはめったにやらない人だ（そういう人は、想像以上に多い）。相手の立場から物事を考えることを促す研修項目を行えば、前者はこれでいいと確認できるし、後者にとっても「少しの間他人の立場に身を置いて考えてみる」ためにも不可欠だろう。

□進捗状況を追跡する

どんな学習・開発プログラムであれ、進歩を確認するための客観的な指標を設けて、組織的にデータを集め、分析し、評価することがきわめて重要になる。そのためには、プログラムを作る段階から修了後の成果（セッション後に参加者に身につけてほしいこと）を定義して、その目標に向かって個人と集団がどこまで前進できたかを測定しよう。と同時に、他に学んだことや、その後に起きた予想外の成果があれば、それも記録しておこう。

□同時進行で拡充策を行う

読書会、ディスカッショングループ、チーム基盤型学習など、他の多様性&インクルージョン活動も利用して学習を継続させれば、行動変容の成果が定着しやすくなる。

約束その5

自分の影響力の強さを認識する

言い訳は簡単に見つかるものだ。すぐに見つからなくても、簡単に作り出せる。本を執筆しようとしたことがある人なら、このことを誰よりも知っているだろう。今日、わたしは机の前に座っているが、外はとてもいい天気だ。モニターのまぶしい光と、点滅するだけで動かないカーソルを前に悪戦苦闘するよりも、オフィスを抜け出して日光を浴びたくなるのも無理はなかろう。今週はすでにフル稼働しているのに、やるべきことがまだある。読みたい本のリストは長くなる一方だ。久しぶりに会いたい友人もいる。前述したように、わたしは生まれながらの怠け者だ。つまり、こうした健全な誘惑をすべて我慢して、その代わりに数時間だけソファに座って、すでに何回も見た『アベンジャーズ』の映画を見るだけでも十分に満足できる。

どの選択肢も、本を書く作業よりも、いや率直に言うと通常の業務よりも魅力的に感じる。おっと、誤解しないでほしい。わたしは自分の仕事が好きだ。クライアントと連携して、彼らがより良くなるよう手助けするのが好きだ。特定の業界の特定の参加者のために、具体的な課題を準備してワークショップを練り、それを指導するのが好きだ。そして第三者としてわくわくしながら組織のなかに飛び込み、魔法のように「急場を救う」ことが好きだ——たとえ救えなくとも、機能不全に陥った箇所を特定して、その組織に適した実践的なソリューションを提供することはできる。とても楽しい仕事だ。

しかしそのための準備は楽しいものではない。実際、率直に言って仕事のほとんどはつまらない。ワークショップで天才の役割を演じるために、一人でまたはチームと一緒に一日がかりで手間のかかる作業を行う。組織を調査し、対話式の質問を作ってまとめ、その質問に対して想定される回答を基に「次のステップ」を準備し、スライドや動画を作る。その作業は退屈かつ厳密で、仕事量も多く、おまけにその瞬間も特に充実感を覚えるわけでもない。仕事から解放されるなら何だってやるだろう。

だが、必要な仕事だから言い訳せずにやっている。コンサルタント会社「APS」の「A」は、わたしの名前から取ったものだ。わたしが参加して意見を出すことは、計画段階でもワークショップでも、同じぐらい重要だ——ワークショップをやるのが、わたしであれ、うちの優秀なチームの一人がやるのであれ。問題を特定してソリューションを提供することは、もっとも重要なプロセスであり、わたしは毎日欠かさず全力でやっている。

みんなで築き上げたチームを信頼しているし、チームにはきちんと手間をかけて準備する能力があると信じている。イメージアップをはかろうと、賢者のガイドに従って自分よりも賢い人を雇っているのは言うまでもない。そんなわけで、山のような言い訳を使えば、骨折り作業だけでなく、繊細なソリューションを見つけ出す作業も、チームに任せることができる。仕事もクライアントも増えており、戦略的な焦点を他のことに向ける必要もある。新型コロナウイルスが世界的に流行する前、わたしは出張ざんまいで、最低でも週に2回はロンドンからアメリカやヨーロッパへ出張に行っていた。オンライン上でも、ビジネスをアピールするために時間を割かなければならない。この本を書くための時間も必要だ。やるべきことはまだまだ続く。

言うまでもなく、あなたにも永遠に便利に使えそうなありふれた言い訳もあれば、状況に応じて使える言い訳もたくさんあるだろう。

「死ぬほど忙しい」

これは、いざというときにすぐに使える常套文句だ。上司であれ、駅のプラットフォームで会った見知らぬ人であれ、人から「調子はどう?」と訊かれるたびに「とても忙しい」と答えなければ、社会人としての価値がないかのように思い込んでいる――多忙崇拝だ。

この言葉には他の言い訳がついてまわる。

「どうせわたしは歯車に過ぎませんから」
「官僚主義のせいです」
「こういうしきたりですから」
「わたしは外向的なので、こういう仕事は合わないんです」

「わたしは内向的なので、こういう仕事は合わないんです」

どれも本当のことかもしれない。だが、嫌なことや難しいことを避けるために、こんな言い訳をしてはいけない。そもそも、どれも鉄壁の言い訳ではない。おまけに、どれもリーダーが発言すべき言葉ではない。真のリーダーなら、快適な状況や個人的な利益を犠牲にしようとも、こうした言い訳を絶対に使わないと約束してほしい。

職場でもっともよく使われる言い訳は「時間がない」だ。この言い訳が広く使われ、いとも簡単に了承されるのは、多くの人が「忙しい」を活躍ぶりを測るための尺度として使っているからだろう。ビジネスに貢献する人は忙しくなければならない。毎日、さまざまなタスクを詰め込まなければならない。さらに、忙しいことを周囲に気づいてもらわなければならない。同僚が「忙しい」と愚痴るのを最後に聞いたのはいつか？　あなたが忙しいと最後に愚痴ったのはいつか？　週の最後にエレベーターのなかで会話するのと同じように、職場では忙しさを競い合うような会話がごく標準的なおしゃべりとなった。

「金曜日ですね」
「ああ、金曜日だ」
「忙しいですよね」
「ああ、忙しいね」

想像してみてほしい。同僚に調子はどうかと尋ね、相手が「最高だよ。仕事は着々と消化しているし、未処理の書類ボックスには何も入っていない。理想的なワーク・ライフ・バランスを維持していて、8時間睡眠を取り、寝る前に読書する時間が30分もあるんだよ！」。するとあなたは、頭がおかしいのかと言わんばかりの目で同僚を見るだろう。さらに悪い場合は、この人は怠け者か、野心がない人だと見なすか、または「忙しい」日々を送るほど優秀でも有能でもないのだろうと考える。

常に多忙だと感じること――少なくとも多忙だと発言すること――は新しい基準となっている。この価値観がどこから来たのかはわからない。ヴィクトリア朝時代の救貧院の倫理観の名残か、従業員を最大限に利用しようとする利用文化が発達したために必然的に起きたことなのか――この文化の下では、従業員は常に経営者の前で忙しそうにして、自分の価値を示さなければならない。

読者のなかには、厳しい生産性目標が定められていて、それに従って勤務評定、給料、上司の評価が決まる人もいるだろう。勤務時間中にあなたが「お金を稼いだ」時間数とそのクオリティによって、組織内での昇進・降格が決まってしまうため、常に忙しくなければならないと感じているかもしれない。

だからわたしは、あなたが忙しそうな振りをしているのではないと理解している。また、うちのチームとわたしは、利用文化は古い労働観であり、（少なくとも今と同じ形では）今後も続くとは思えないということを、経営者に認識してもらおうと働きかけている。

サービス業に従事する人のなかには、たとえば棚卸しをしたり、店で顧客対応にあたったりしながら、スケジュールに休憩時間を入れて身体と心を休めなければと感じつつも、一つのタスクが終わったら急いで次のタスクに取りかかる人がいる。彼らはまさにフル稼働しており、多忙崇拝というわたしの冷淡な考え方を拒否するかもしれない。それでも、あなたにはその違和感に目をつぶっていいのかと疑問視し、経営者の近視眼のために、自分を犠牲にしないでほしいと思う。

みんな、いつだって忙しい。忙しいことは決して珍しいことではない。つまり「忙しい」はくだらない言い訳なのだ。にもかかわらず、「誰にそんな時間があるのか？」といった言い訳を何バージョンも聞いた。適切なタイミングで実行可能なフィードバックをしろって？「そうだね、そうしたいのはやまやまだけど、誰にそんな時間があるのか？」。チームのみんなの意見を聞いて、取り上げてほしいって？「確かにそれは名案だけど、誰にそんな時間があるのか？」

優れたリーダーシップ、チームの生産性、すばらしい友人関係に必要なのは、時間を多くかけることではなく、時間を有効に使うことだ。

確かに時間は貴重で、限りある資源だ。何もないところから魔法のように時間を作り出そうと提案しているわけではない。わたしが提案したいのは、あなたの願いを実現するために時間をどう使うかを考える前に、現在のやり方をどう変えられるかを考えてほしいのだ。

次の二つについて考えてほしい。

一つ目は、自分の時間のなかで、集中力、活力、効率を高めるにはどうしたらいいか？

数年前、わたしは将来プロのバスケットボールチームでプレーしたいという夢を持つイギリスの子どもたちのために動画を撮った。熱心なだけの子どもを大勢見てきた——一生懸命練習し、効果的と言われる「方法」をいくつも試し、くたくたになって体育館を後にするが、上達しているとは言えない子どもたちだ。そこでわたしがスポーツ界に進出したときだけでなく、スポーツ界から引退したあとも、わたしの前進を後押ししてくれたものについて話したい。それを「〈FEE〉をする」と呼んでいる。

いかなる分野であれ、成功するには生まれながらの身体的、精神的、認知的な才能が必要だと想像しがちかもしれないが、トップレベルの人たちの話を聞くと――わたし自身の経験もあるが――そうした能力よりも、成功するために地味な練習に取り組み続ける能力の方が重要だと感じる。計画に従って、何の刺激もなく退屈でおもしろみのないルーティンに耐える能力だ。身体的にも精神的にも負担がかかる面倒な練習に何時間も繰り返し熱心に取り組むうちに、やがてそれが結果につながり、いとも簡単そうにできるようになる。

〈FEE〉とは、集中力、努力、実行力の頭文字を取った言葉だ。

Focus（集中力）：しっかり定義された明確かつ個別の目標または達成目標を定め、それに向かって、ゆらぐことなくひたむきに集中して前進し続けること。

Effort（努力）：日常的なタスク、やっかいなタスク、目立たないタスクや準備にも、積極性と熱意を失うことなくしっかり取り組むよう規律を保つこと。

Execution（実行力）：何をするにも不必要な無駄を省くことを意識し、すべてのことに努力して取り組むだけでなく、計画どおりに正確に実行すること。

「個人の勤勉さ」があれば成功できると思うかもしれないが、残念ながら、機会の平等が保障されていないこの分断された社会では、勤勉さだけでは不十分だ。多くの人は限界まで自分を追い込むことなく、だらだらと仕事をしている。人間は〈パーキンソンの法則〉（「仕事の量は、それをやり遂げるために利用できる時間の限り増える」という格言）に陥りがちなので、苦痛になるレベルまで「多忙」になることはないし、重要な成果を出そうと能力の限界まで努力することもないだろう。

人前で慌ただしそうに働くことにはメリットがある。いわゆる「できたらいいね」程度の地味なことを、断る言い訳ができるのだ。たとえばみんなが潜在能力を発揮できるよう、真の同僚、チームメイト、リーダーになるといった地味な活動を拒否できるということだ。

以前に作った動画（https://vimeo.com/133266894）を見てほしい（古い動画だ。わたしは白髪交じりの大きなあごひげを生やしていないので、安心してほしい）。次に、人生のあらゆる制約のなかで、もっと効果的に〈ＦＥＥ〉をするにはどうしたらいいかを考えよう。

自分の時間とその使い方について考えるときに、次にすべきことは、誰でも（あなたも）わずかな時間でも何かができることを認識することだ。

目的を持って集中すれば、時間を有効活用できる。それを最初に教えてくれたのは母だった。そしてその教訓はわたしの人生に大きな影響を与えた。

前述したように、１９７０年代に母はストックポートでホームドクターとして働いていた。７歳のとき、母はよくわたしを連れて往診に出かけた。わたしと妹たちを自宅に残しておくと、しばしばけんかになったからだ。もっとも、わたしは往診に付き合って外出するのを楽しみにしていたわけではない。

母はよく患者に緩和ケアを行っていた。つまり、患者は病状が重くて回復の見込みのない人たちだった。そのためわたしが多くの時間を過ごした家々は、悲しみで重苦しい雰囲気が漂い、息苦しくなるほどだった。そのような家に着いたときに、「なんだか胸がぎゅっとする」と母に言ったのを覚えている。

わたしたちは玄関で家族に迎えられ、リビングルームに案内されたあと、母だけが別室の患者のもとへと案内されるのが常だった。わたしは患者の家族と一緒に、母が戻ってくるのを待った。わたしとともう一人だけのときもあれば、部屋に大勢の人がひしめくこともあった。どの訪問先でも耳にした音がある。ティーカップがソーサーに当たってカチャカチャと鳴る、耳障りな音だ。だが、当時は、医師が診療に訪れるたびに、どの家庭でも一番質のいい陶器のセットでお茶を出してくれた。そんなわけでリビングルームに落ちつくと、わたしだけでなく、部屋にいるみんながカップとソーサーを手にした。そしてみんなで重苦しい空気を吸いながら待つのだ。その間は、カップがソーサーに当たるときの不穏な響き以外は、静まりかえっていた。みんなの手は落ちつかず、悲しみと不安で震えていた。

数分後、母が診察を終えてリビングルームに戻ってくる。そして家族に伝える指示や診断がいかなるものであろうと、母は入り口に立ち止まり、何も言わずに部屋を見渡した。母はわざとそうした。一人ひとりの目を見て全員に注意を払い、みんなと一緒にいるこの時間はみなさんだけが最優先事項ですからねと確約するのだ。

席に着くと、母は家族の不安や悩みを聞く。絶望している人もいれば、ヒステリックな人もいる。「アメイチ先生、もう耐えられません」患者の家族はしばしば泣きながら、そう訴えた。「どうすればいいんでしょう？　手の施しようがなく、何をすればいいのかわかりません。もう参ってしまいました。どうやって続ければいいのか」

この頃には、母は陶器のカップとソーサーを手に持っている。全員が自分の気持ちを言い終えると、母は再び部屋を見渡した。そして陶器の音を立てることなく、全員の目を見て冷静な口調ではっきりと断言した。「みなさんならできますよ。やるんです」

だが、家族から返されることもあった。「無理です、アメイチ先生。おわかりにならないかもしれませんが……」

「できますとも」母は譲らなかった。「みなさんならできます。そしてやるんです」母が自信を持ってそう言うときは、ほぼ毎回片手でかすかなジェスチャーをした。空気中を漂う疑念や恐怖を捕まえるのにちょうどいいぐらいに指を広げて、リラックスさせた手をわずかに振るのだ。

それから静かな自信をたたえた様子で、一人ひとりに今後のタスクを割り振った。これから一週間はこれをやって、愛する人と残りの家族をサポートしてあげてくださいと伝えるのだ。

「こうやって乗り越えるんです。一週間後にまた来ますからね。みなさんならできますよ」

母の言葉には絶大な効果があった。途端に部屋の空気が軽くなり、呼吸が楽になるのがわかった。手の震えが止まり、カップとソーサーの音が止まる。母のおかげで、彼らの愛する人が健康体に戻ったわけではない。しかしその瞬間は、まるで母が家族の活気を取り戻したかのように見えたものだ。相手を心底から思いやりながら、冷静に自信を持ってほんの数語話すだけで、数分前まで悲しみで疲れ、麻痺していた家族の決意に再び火をつけるのだ。

「そうですね」誰かが返事をする。「先生のおっしゃるとおりです。これならできます。これとあれをやっておきます。また一週間後にお待ちしておりますので」。彼らは、母が患者の家族が苦難を乗り越えられるようにと「処方した」タスクを正確に繰り返すのだが、わたしは毎回それを見て衝撃を受けたものだった。

こうした短いやり取りのなかで見た母の影響力に、わたしは圧倒された。母はその場の空気を一変させ、絶望的な状況のなかで希望の灯りをともしたのだ。7歳の少年にそれを完璧に理解するのは難しかった——わたしはそれを魔法だと思っていた。

当時、わたしは7歳だった。年齢を覚えているのは、それが1977年の出来事だったからだ。どうして1977年だと言えるのかというと、往診のあと映画に連れていってもらったときに、人生が変わるような出来事に遭遇したからだ。『スター・ウォーズ』の第一弾（のちに『エピソード4／新たなる希望』と改題）が公開されたのだ。その頃、わたしはSF小説に夢中で、SFおたくへの道をまっしぐらに突き進んでいるところだった。映画の始めに、真っ暗な宇宙を背景に「昔々、はるか彼方の銀河で……」と金色のオープニングロールがバーンと浮かび上がるのを見たとき、別次元への扉が開いた。

物語の背景を説明するオープニングロールが流れると、わたしは引き込まれ、現実からはほど遠いような驚異的な世界に没入した。奇妙なロボットやストームトルーパー［訳註：白い装甲服を身につけた帝国軍の突撃隊員のこと］が宇宙を飛び回り、荒い呼吸をする極悪人が、奇妙な団子ヘアをしたプリンセスをいじめる。自分がどこにいるのかを忘れてしまうほど、夢中になった。

ところが、43分30秒（オリジナル版では42分30秒だ）を経過したところで、その現実離れした世界が突然、奇妙になじみのある光景に変わったように思えた。カンティーナへ向かう途中、オビ＝ワン・ケノービとルーク・スカイウォーカーがモス・アイズリー宇宙港に立ち寄ってぶらぶらしていると、巡回中のストームトルーパーに呼び止められる。彼らはアンドロイドを探していると言うのだが、その特徴がR2-D2とC-3POの特徴と一致するのだ。このシーンを見たとき、ここからどうやってヒーローに有利な展開になるのかと戸惑ったのを覚えている。ルークのランドスピーダーの後部席にこれら二体のアンドロイドが乗っていて、しかも外から丸見えだったからだ——もう逃れられない運命に見えた。『スター・ウォーズ』は実は不可解な結末で終わる短編映画なんじゃないかと思ったほどだ。

ストームトルーパーはルークに尋問し始め、アンドロイドの所有歴を問いただし、身分証を見せろと要求する。だがオビ＝ワンはひるまない。ドアフレームに左肘を乗せ、ジェダイローブのフードを無造作に被ったまま、いたって冷静な態度で助手席に座っている。オビ＝ワンは真剣な目でストームトルーパーをじっと見つめると「この男の身分証を調べる必要はない」と言った。

ワオ。

ストームトルーパーは一瞬ためらったあと、従順な態度で「この男の身分証を調べる必要はない」と繰り返した。

ワオ！

「これはおまえたちが探しているアンドロイドじゃない」とオビ＝ワンが言う。

「これは我々が探しているアンドロイドじゃない」とストームトルーパーは繰り返す。それから再びオビ＝ワンの言葉をそのままに、ルークに「行ってよし」と言った。お目当てのアンドロイドがすぐそばにいるというのにだ！

これとよく似た光景を見た気がする。思い出そうとして気を取られ、その後の続きを数分ほど見逃したほどだ。わたしは怪訝な顔で隣にいる母の横顔をじっと見つめながら、二人で訪れた家々のリビングルームでの記憶をたどった。そういえば、簡潔に要点だけを伝える言葉だった。そして自信を持って発言する様子。集中力。それらが合わさって強力な力になっていた。そうだ、見たことがあるぞ！　母は全神経を集中させ、わずかな言葉で空気を一変させていたが、あれはフォースの力だったに違いない！　他にどう説明できようか？　まさにそのとき、母がポップコーンに手を伸ばした。そしてわたしの驚きの表情に気づくと、右の眉を上げ（ありがたいことに、このしぐさは母から息子へと受け継がれている）、心得顔でほほ笑むと、うなずいて「そうね！」と言った。今思うと、あの表情には何の意味もなかったかもしれない。だがあの瞬間、わたしは母がジェダイだと認めたと確信したのだ。

映画が進展する間に、この可能性が意味するものが次第に大きくなり、ついにはフォースの力が遺伝するのではないかと思えてきた。エンドロールが流れる頃には、わたしもジェダイになるに違いないと確信していた。母がそのことを話してくれなかったのは、わたしがまだ大人になっていなかったからだ――幼すぎて、きちんと理解できないと思ったのだろう。わたしよりもずっと年上のルークですら、フォースをよく知らないようだし。

映画のあと、わたしは答えが知りたくて仕方がなかった。だが、母に直接訊くのはやめた。その代わりに、ほぼ毎日のように通っていた近所の図書館で下調べをすることにした（前述したように、わたしは本の虫だった）。次に図書館に行った際、わたしは急いでカウンターへ向かうと、図書館員にあいさつするのも忘れて、母が患者宅でやったことを説明し、「ジェダイになるため」の本はどこにあるのかと尋ねた。

「ああ、『スター・ウォーズ』の本ならあそこの……」図書館員が答えようとすると、わたしはすぐさま割って入った。

「違うよ。そうじゃないんだってば」わたしは芝居がかった態度で、カウンターに両手を置いた。「映画の本じゃないよ。ジェダイになるための本がほしいんだ」

図書館員は戸惑った表情を浮かべた。そこでわたしはさらに説明しようと、興奮してせっかちな7歳児ながらも、できるだけはっきりと、ゆっくりとしゃべった。母が患者宅でやっていることを淡々と説明したのだ――重苦しい空気が軽くなったこと、患者の家族が母の話を真剣に聞いていたこと、母の指示を正確に繰り返したことを。

その図書館員が母を知っている可能性は高かった――母はみんなに知られていたからだ。おまけに図書館は母の診療所のすぐ隣にあったから、診察してもらったことがあったかもしれない。いずれにせよ、図書館員はやがてわたしの質問の核心部を理解した。

図書館員は辛抱強くわたしの話を聞いたあと、その内容だと「心理学」が近いかもしれないと言った。心理学に興味があるんじゃない? なじみのない言葉だったが、早く読みたくてうずうずした。ひょっとしたら図書館員も母の秘密を知っていて、フォースの話を正直に話したくないのかもしれない。「呼び方は何だっていいや。〝心理学〟の本はどこにあるの?」と訊くと、図書館員は指で指し示した。

わたしは床に座って、数時間ほど心理学に関する大人向けの本を読んだ。あれがきっかけで、やがて自分の天職を見つけることになる。もっとも、当時はパワーのことしか考えていなかったが。フォース。特別な存在になること。母やオビ=ワンのようになりたかった。母がやったみたいに、わたしもみんなに影響を与えたかった。ジェダイになりたかったのだ。

これは子供じみた考えだった。フォースが架空の概念だからではなく、結局のところわたしが追い求めたのは万人が持っている一連の能力だったからだ。わたしは、フォースはジェダイか医師か心理学者か、ごく少数のエリートだけが持つ力だと誤解していた。だがそれは間違いだ。程度の差こそあれ、誰もがみなジェダイになる可能性を持っている——ジェダイ（またはシス）とその他の人々との違いは、意志と献身と規律があるか否かだ。

テクノロジーによって人とのつながりが急速に失われ、真のつながりが危うくなった世界では、人にきちんと注意を払うこと（ほんの短い間でも）の重要性が増している。同僚たちにはいつも、注意力は武器だと話している。これは奇妙な武器で、使わなければ確実に人を傷つけることになる。

忙しすぎて注意など払えない、などということはない。正直に言うと、多忙なとき、わたしたちは相手が自分のために何かをしてくれるか、または自分よりも地位が高いかどうかを基準にして、誰に時間を費やすかを選ぶものだ。

場合によっては、時間をほんの数秒かけるだけで済む。たとえば、対面の会合が終わったときだ。参加者が退席していくなか、あなたは机に戻るまでの時間をどう過ごしているだろうか？　その短い時間で、プレゼンした人にお礼を言う、質問する、あるいはアドバイスや提案をしているだろうか？　親しい同僚にあいさつして、ご家族はお元気ですかと質問しているだろうか？　初対面の参加者に自己紹介しているだろうか？　オンライン上でのやり取りだったとしても、お礼のメールを送る、サポートを申し出る、より良い方法を提案するなどして、相手に時間を割くことができる。

こうした行為は単なる礼儀ではない。あなたが使う時間と注意の一秒一秒には強い影響力があるかもしれない。なぜならあなたは強力だからだ。そしてこの事実を否定することは、良いことのためにその力と時間を使って不便な思いをしないようにするための、別の口実になる。

世の中には、力などないかのような振りをして、自分の力に伴う責任から逃れようとする人が大勢いる。そして権力の行使を否定する権力者ほど、組織にとって危険なものはない——彼らは自身の影響力が怖いのではなく、権力者としての責任を果たすのに伴う居心地の悪さを恐れているからだ。

くだらないゴシップ話や社内の政治的駆け引きに従事するときに、言い訳として自分の立場を否定することがある。誰かをちょっとこき下ろすか、笑いものにしたからといって、大きな害にはならないだろうって？ ついやっちゃったんだよ！ 少しぐらい今の地位から降りてもいいじゃないかって？——いいや、それは間違いだ。自分の力をリスペクトして認識しよう。たとえその結果、くだらないジョークに参加できなくて寂しい思いをしようとも。

誰かをじっと見るだけでも——誰かの方向をチラリと見るだけでも——相手に影響を与えることを自覚しなければならない。一人でいるときは別だが、あなたが怒ったような表情を浮かべるだけで周囲に波紋を広げる。確かに、さまざまな理由でイライラすることはある。だが、エレベーターがなかなか来ないからといって、それを表情に出してはいけない。テレビ会議中にうっかり目をむいてしまうのも、口をへの字に曲げてこめかみをプルプルさせながら席に戻るのもだ。たまたまその場に居あわせた人が萎縮するか、もっと悪い場合には、自分のせいではないかと不安になるかもしれない——特に組織のなかで影響力のあるリーダーや、顔が知られているリーダーは肝に銘じてほしい。

「ついやってしまった」は言い訳にならない。同僚たちとの会話よりも携帯電話を優先させてしまったとき、言い訳は使えない。「たかが週次のスタッフミーティングじゃないか」と言って、他の人が話している間にメールをチェックしていいわけではない。

前述したように、「転機」などない。あなたが日々やっていることはどれも重要であり、やり方を間違えれば、その重要性、影響力、革新性が失われてしまう。日常業務だからといって、やり方を軽く見てもいいわけではない。どんなやり方でもいいと思えば、努力を回避したくなり、羽目を外したい誘惑に負けてしまう。といってもあなたを非難しているのではない――人間はエネルギーを節約するために怠惰に流れやすいよう進化した。惰性は生き残るための戦略だったのだ。

真のリーダーはそれをきちんと理解している。だから真の同僚や、真の友達になろうとする。

真のリーダーは、仲間たちの注意力や関心には波があるとか、人とのつながりが必要なときもあれば不要なときもあるなどと考えて行動することはない。常に全力を発揮すると約束する。たとえ退屈でつまらない作業であっても、きちんと意識を集中すれば、大きな変化をもたらす可能性があることを知っているからだ。

「いつもの」ミーティングを考えてみてほしい。あなたが参加し、進行役を務めるそのミーティングでは、すでにおなじみのテーマについて議論するかもしれない。あなたが考える最善策が決まったあと、みんなで議論して最終決定が下されるかもしれない。そのようなやっかいなミーティングをこつこつこなして、数分早めに終わらせる方が、全員が協力的に意見を出し合うミーティングに参加するよりもずっと簡単だ。協力的でインクルーシブなミーティングでは、さまざまな意見が出されて、追加業務が発生するリスクがある。だが、そのようなミーティングの方が、より良い結果に結びつきやすい――現在だけでなく未来でも成果を出す可能性が高くなるのだ。状況を完全には把握できていないときや、チームの意見や知識が必要なときにそのようなミーティングを行うと、いざというときに備えられるようになる。

そのようなミーティングはかなりのエネルギーが必要になる。そんなわけで、できれば手っ取り早く終わらせよう、ただのミーティングじゃないかと自分に言い聞かせたくなる。なにしろ、何年もミーティングをやっているのだ。前途に何が迫っているのかはわからないが、これまでに見たり聞いたりした事態とそう変わらないだろう、と思うのでは？　確かに、すぐに注意を要する事態ではない。やるべきことが山のようにあるし、今日はもう疲れ果てているのだから、ミーティングをサクッと終わらせたっていいだろう？　長い目で見ればたいした違いはないさ——少なくとも、あなたは自分にそう言い聞かせるだろう。自分のなかで合理化しようとするのだ。

「たいした違いはないさ」は前述した言い訳と同類だが、単独で使うこともできる。これは便利な言い訳だ。結局のところ船を操縦しているのは、あなたの支配が及ばないさまざまな力なのだから、近道したっていいじゃないかというわけだ。では、プロセスが破綻してシステムが不正に操作されたときに、わたしたちがさまざまな強い力の下で働くただの歯車だとしたら、どうやって違いを生み出せるのか？

人々は組織的な大きな問題——組織の構造、報酬体系、マイノリティの採用、キャリア開発計画、戦略的な目標、やりにくいプロセスなどなど——を指摘してはお手上げだと言う。上層部がこのような重大な問題を放置するか、対処を誤った場合、ただの一社員であるわたしたちが何をしようが無意味だと言うのだ。本当にそうだろうか？　いや、それは違う。またもや都合よく正当化しようとしているが、その考えはまったくの誤りだ。

企業文化を推進するのは個人の貢献や行動だ。欠陥のある構造基盤や不完全な官僚制度だけに目を向けると、同僚たちと一緒になって自分たちの責任外にある問題を批判するようになる。その方が楽だろうが、役には立たない。自分に何ができるか？　信頼、レジリエンス、イノベーションを構築するために何ができるか？　システムやプロセスなどどうでもいい。小さくてもいいから、違いを生み出すためにあなたに何ができるだろうか？

身の回りには官僚制度や成長の障害となるプロセスなど、わたしたちにはコントロールできない要素があるし、それを認識することは重要だ。しかしこうした要素があることを言い訳にして、実際にはコントロールの範囲内にあることを放置し、それを正当化する人がいる。このような自分勝手な言い訳はウイルスのように周囲に広がり、他の人も好機を前にして無関心な態度を取るようになる――面倒なことや、気まずい思いをするような状況を避けるようになるのだ。

世界は刻一刻と変わっているが、あなたがこれまでにどんな話を聞いたにせよ、ニューノーマルなど存在しない。これまでの物事のやり方を変えていかなければならないだろう。やり方を少し変えて、コンフォートゾーンから出るのだ。不便な思いをすることにはなるが、得るものがあるし、不便だからといってセルフケアを放棄しろという意味ではない。個人または組織のパフォーマンスを上げるために友達や同僚を助けるうちに自分の活動に不都合が生じ、苦痛を感じるときが来たら、それに気づこう。それは自分のためにもっと時間を割きなさいという合図だ。コンフォートゾーンから出ることは、セルフケアを省くことではない。セルフケアを優先事項とし、セルフケアの考え方を変えて、常時自分の状態をチェックしてセルフケアの時間をスケジュールに組み込もう。そうすればセルフケア以外のときも精神力を維持できるし、不便さを受け入れてチームや自分の夢のために真剣に向き合えるようになる。

不便な思いを回避するための行動は、日常的に見られる。

人の名前を思い出せず、「記憶力が悪くて」とか「名前を覚えるのが苦手でして」などと言い訳して、自分を正当化する人をよく見かけないだろうか？

実際に記憶力が悪いのかもしれないが、だからといって一緒に働く仲間の名前を知らない言い訳にはならない。いわゆるリーダーと呼ばれる人のなかには、毎日すれ違う同僚の名前を知らず、名前を覚えるのが大変だというありきたりな言い訳にあぐらをかいている人がいる――この傾向は、重要な地位に就いていて、名前と顔を覚えなければならないスタッフが大勢いる人に顕著に見られる。

ナンセンスだ！　受付係の名前を覚えたいと思ったら、名前を記憶する方法を見つけ出すだろう。クライアント、顧客、取締役会のメンバーなど重要な人の名前はたくさん覚えているのだから、できないはずがない。「記憶力が悪くて」では通用しない。

「内向的だから」も通用しない。個人的にはこの言い訳が使えればいいのにと思うが。典型的な内向型のわたしは、長時間人と一緒にいると疲れてしまう。以前、わたしは直接クライアントと関わる方が楽しいし価値があると主張したため、矛盾していると思われるかもしれない。だが、矛盾していないし、どちらも本当のことだ。自分の目標や会社（ＡＰＳ）の目標を達成するために、歓迎されていないと感じる瞬間でも、必要なら他の人と交流しなければならない。もっとも、最終的には交流して良かったと思うのが常だが。

集団のなかにいると、ここから出て、静かな場所を見つけて避難したくてたまらなくなるときがある。しかしわたしがその場に踏みとどまってエネルギーを消費するのは、すばらしい見返りがあるからだ。わたしが内向型を克服してコンフォートゾーンの外へと足を踏み出すのは、それだけの価値があるからなのだ。

生まれつき外向的な人は、柔軟性を逆方向に発揮して自らの衝動を抑える必要があるかもしれない。外向型だからといって、同僚たちの会話に割り込んで、話題を自分の関心事にすり替えてもいいわけではない。ドラマ『ジ・オフィス』でリッキー・ジャーヴェイスが無神経な父親を演じたが、あのような振る舞いも許されるものではない。言うまでもなく、不適切な「軽口」もだめだ。タイプAの人たち――どんな状況でもくつろぎ、すぐに会話を始められる「あけっぴろげな人」――はすばらしい。とはいえ自制せず自由に振る舞っていいわけではない。それを認識していない人をたまに見かける。たとえば、同僚の外見を観察してコメントするのを控えるべきだとの意見に腹を立てる男性だ。「ほめられてうれしくない人などいるのか?」と彼らは主張する。何も他人を食い物にしているわけではない、「他の人が悪意を持ってコメントするからといって、自分たちの言動まで検閲されたり禁止されたりするのはおかしい」と考える。そして自分たちは外向的で、これが自然な行動なのだと主張する。受付係に今日はすてきだねと言うことが、なぜ悪いのか? 外見をほめられて喜ばない人などいないだろうに!

その考えは間違いだ。自制しよう。たとえ自制すれば、外向性を思う存分発揮できなくなるとしても。すばらしいリーダーやすばらしい同僚になるには、柔軟に行動する必要がある。コンフォートゾーンから出て行動しなければならないときもある。コンフォートゾーンから出なければならなくなったとき、あなたはどう反応するだろうか？　決意を持って行動し、やるべきことをやるか？　それとも言い訳リストのなかから、もっともらしい言い訳を探し出すか？

わたしの経験では、残念ながら影響力の強いリーダーや上層部、多くの社員は、不便な思いをせざるを得ないような解決策に反対し、その結果、問題をうまく解決できないことがある。世界的に有名で大成功を収めているように見える人や組織にも、そのような事態が起きている。困難に直面したとき、彼らは組織の業績や自身の長期的な目標を達成することよりも、コンフォートゾーンにとどまることを優先する──少なくとも、個人的なコンフォートゾーンから出たがらない。

だが成功に必要なのは、絶え間のない集中力、努力、そして実行力だ──たとえ楽な選択肢で「十分」なときでも。資金を注入したり、会社の構造を見直したからといって、組織の障害がすぐに解決することはない。それには肩書きのあるリーダーと肩書きのないリーダーの個人的な行動が必要だ──積極的に働き、コンフォートゾーンから出ることを厭わず、言い訳せず、私利私欲にとらわれない行動だ。こうした行動が変化の原動力となる。

数年前のロンドンマラソンで、この約束を見事に体現する重大な瞬間があった。デイヴィッド・ワイエスは〈チョールトン・ランナーズ・クラブ〉に所属するアマチュアランナーで、マラソン大会に出場するのは今回が初めてではなかった。まずまずの記録で完走したことも数回ある。だが、このロンドンマラソンはうまくいかなかったようだ。ゴールまであと数キロという時点で、身体が思うように動かなくなったように見えた。見ていてつらくなる光景だ。足取りがおぼつかなくなり、まるで身体が脳の指令どおりに動くのを拒否する悪夢を見ているようだった。彼の足はコンクリートのように重そうに見えた。

レースの終盤、コースは右に大きくカーブしたあと、ゴールまでまっすぐに伸びていた。数百メートル先にはゴールがはっきりと見える。しかしデイヴィッドはゴールに到達できそうになかった。一目瞭然だった。他のランナーたちが右に曲がるなか、デイヴィッドはよろめきながらまっすぐに進み、一歩ずつ足を前に踏み出しながら、集団からゆっくりとはみ出していった。観客がＹｏｕＴｕｂｅに上げた動画には、実にドラマチックな展開が映っている。バッキンガム宮殿付近に置かれたスピーカーから流れるワーグナーの「ワルキューレの騎行」と、心配そうな観客の声が聞き取れる。そして哀れなデイヴィッド・ワイエスは、足の不自由な動物のように左側へとそれていき、このみじめな状態から救出されるのを待つばかりのように見える。

その間にも、ランナーたちが次々と通り過ぎていく。文字どおり、何百人ものランナーが、ペースを落とすことなくこの弱った男を追い抜いていった。そのなかには、難病に苦しむ人々を支援する募金活動のために走るアマチュアランナーたちもいた。目の前に医療的な支援が必要そうな人がいるにもかかわらず、誰一人として速度を落とさなかった。もちろん、デイヴィッドに気づかなかった人や、42キロ弱を走ったあとで人助けをする余裕がない人もいただろう。だが、概して人々は彼の存在に気づきながら追い越していき、横を通り過ぎる際に声をかけて励ます人もいた。一人の紳士などは、大股で走りながらデイヴィッドに親指を立てたあと、彼を倒さんばかりに勢い良く背中をドンと叩いて過ぎ去った。

参加者のなかに、マシュー・リーズというランナーがいた。銀行員で、〈スウォンジー・ハリアーズ・クラブ〉に所属していた。のちに判明したのだが、彼はレースがスタートしてすぐにふくらはぎを痛め、自己ベストを更新するのをあきらめていたという。ところが、折り返し地点が近づいてきたところで、もう少しスピードを上げれば自己ベストを更新できそうだと気づいた。悪くないタイムだったのだ。ところが、ペースを上げて走っているとデイヴィッドが見えた。よそのランニングクラブのシャツを着た、見知らぬ人だった。そこでマシューは誰もやらなかったことをした――足を止めたのだ。

「反射的に足が止まったんです」のちにマシューはそう語った。「苦労しながら進んでいるのを見た、それだけです。助けようと思いました。42キロ弱まで走ってきたのに、ゴールまであと200メートルというところで、大会係員に止められてコースから外されてはいけないと思ったんです」

だが、デイヴィッドを助けるのは簡単ではない。マシューが近づいたとき、デイヴィッドは立っているのもやっとの状態だったが、拒否するだけの体力はあり、片腕を弱々しく振って彼を追い払おうとした。おれは大丈夫だ。何とかなる、きみは完走しろと伝えようとしているようだ。マシューは地面に立ったまま動かない。絶対に助けようと決意している。デイヴィッドは急速に意識を失って、すぐにも地面に倒れそうだ。相変わらず、他のランナーたちは通り過ぎていく。誰もスピードを落とさない。

マシューは、コースから外れつつあったデイヴィッドの足取りをゴール方向へと向けさせる。道の向こうにゴールが見える。「きみならできる！　完走するんだ。ぼくはそばを離れないから。一緒にゴールしよう」とマシューが励ます。

デイヴィッドはふらつきながらも、マシューの腕に腰を支えられながらかろうじて立っている。二人がゴールに向かってゆっくりと歩き始めると、ようやく別のランナーが足を止めて助けを申し出る。しかし、何とか意識を保っているデイヴィッドがあっちへ行けと腕を振ると、マシューと違ってそのランナーはうなずき、再び走り始めた。意識が朦朧として視界もぼやけ、歩くのもやっとという状態の男が弱々しく腕を振ったのを見ただけで、そのランナーは責任を負わないことにした。たったそれだけで、このランナーは自分の利益へと再び注意を向けたのだ。「明らかに衰弱しているようですが、助けが必要ですか？　いらないって？　そうですか、じゃあゴールでお会いしましょう！」

マシュー・リーズには、彼を助けない理由はいくらでもあったが、すべて拒否した。何百人ものランナーたちと同じようにデイヴィッドを置き去りにしても、誰も気づかないだろう。この男性にも〈チョールトン・ランナーズ・クラブ〉にも何の義理もない。彼自身もふくらはぎの痛みと闘わなければならなかった。2時間50分以内にゴールするという個人的な目標もあった。そして長い目で見れば、彼が足を止めようが、止めまいが、たいして重要ではないだろう。デイヴィッドがコースの途中で倒れて死ぬこともなさそうだ。きっと誰かが何とかしてくれる。マラソン大会には係員が大勢いて、問題が起きたら対処するはずだ。なら、そのうちに誰かが何とかしてくれるだろう。マシューには走り去ることを正当化できる言い訳がたくさんあったが、あまり考えることなくすべて却下したのだ。

やがてマラソンの係員がやって来て、デイヴィッドのもう一方の腕を持って支えてくれた。その時点でマシューがつきそう必要はなくなった。係員にデイヴィッドを預けて走り出せば、2時間50分以内でゴールできただろう。だが、彼はそうしなかった。最後まで一緒に走ったのだ。そして三人がよろけながらゴールを目指す間、何人ものランナーたちが、時折彼らの背中をポンと叩きながら、通り過ぎていった。他のランナーたちがデイヴィッドのためにしたことは、それだけだ。それが彼らなりの貢献だったのだ。

デイヴィッド、マシュー、そして係員がついにゴールインすると、マシューはさりげなく二人から離れ、代わりにメディカルスタッフが対応する。マシューは腕時計を確認する。2時間50分を切れなかったが、気にしていないようだ。

「マシューには、言葉では言い表せないほど感謝してます」マラソンのあと、マシューと一緒に『ガーディアン』紙のインタビューを受けた際に、デイヴィッドは答えた。「マシュー、きみは他の人たちだって足を止めてくれただろうと言ったね。きみの言うとおりだと思う。他の人が助けてくれたかもしれないけど、きみは他の人とは違った……きみは譲らなかった。先に行ってくれと言ったのに、行かなかった」

マシュー・リーズは、パーソナルベストは更新できなかったが、デイヴィッド・ワイエスと一緒にゴールできたのは最高のエンディングだったとコメントした。ビジョンを共有して助け合いながら成功することは、いつだって個人的な偉業に勝る――真のリーダーはそのことを知っている。

テレビ中継では、マシューとデイヴィッドがゴールインしたあと、ジェームズ・クラックネルが放送用ブースにやって来てコメンテーターたちに加わった。すでにゴールし終えていたクラックネルは一流の長距離走者で、オリンピックではボート競技で二度金メダルを獲得している。彼は、マシュー・リーズの無私の精神は勝者に値するとコメントした。さらに興味深いことに、彼は走行中に下した判断を後悔していた。

「苦しそうな人を何人も見ました」と彼は言う。「立ち止まって助けることはなく、追い越しざまにお尻をポンと叩いて『頑張って』と励ましただけです。エネルギーを使い果たした人を助けるためにレースをあきらめた人を見ると、自分は利己的だったなと、ちょっと罪悪感を覚えますね」

ジェームズの声は、自らを恥じているように聞こえた。この日彼はトップレベルで完走したが、真の勝者の基準を満たさなかったことを認識しているのだ。自身も脚に問題を抱えていて、人助けしない言い訳が山のようにあったにもかかわらず、マシューは違う。行動を起こした。その無私の精神に誰かが気づくと思わなかったし、大々的にメディアに取り上げられて称賛されるとも思わなかった。それでも彼は行動したのだ。

これが〈巨人の約束〉だ。たとえすぐに組織の利益にならなくても、あるいはたとえ困難だとか面倒だと感じたときでも、どんな段階であれ人を正当に扱うこと——大切にし、保護し、そして育てることだ。この約束を守れば、きっとマシュー・リーズとジェームズ・クラックネルが知った真実がわかるとわたしは確信している。個人的な犠牲を払うと、そのときは苦痛だとか面倒だと感じても、集団的には長期的に報われるだろう。

巨人であれ、ジェダイであれ、著名なリーダーであれ、無名のリーダーであれ、オリンピックのメダリストであれ、名もなきアマチュアであれ、あなたの決断には影響力がある。耐えられないほど居心地の悪い思いをすることはないし、影響力などないかのように行動することは、どう言い訳しようとも正当化できないだろう。

約束その6

心と身体を気づかう

身体を動かすと脳の働きが活性化するのがわかる。

わたしは週に4～5回エクササイズをしている——大抵の場合、週3回朝にウエイトトレーニングをし、3台のモニターを前に一日中働いた日は、その日の終わりに簡単な陰《いん》ヨガをやる。実を言うと、ヨガはとても楽しいのだが、ウエイトトレーニングは嫌いだ。プロのアスリートだったときも嫌いだったし、その反対の立場となった今でも好きではない。だが、筋力トレーニングとストレッチを組み合わせると、脳がより長い間効率的に働くようになる。同僚たちが期待するようなリーダー（またはチームメイト）になるために、クライアントが期待するような問題解決請負人になるために、エクササイズが役立つのだ。

自分に対する約束のなかでも最後となるこの項目は、この本のどの約束よりも早くメリットを感じ取れるだろう。とはいえ、この本の主旨を考えると、心と身体を気づかうという約束は、自分のためだけではない。これはあなたに備わったリソースの持続可能性を確保するためのものだからだ。個人的な目標を達成し、仕事面や社交面で人々の信頼を勝ち取るには、注意力、忍耐、エネルギーなど多くのことが求められる。言うまでもなく、あなたが責任を持って自分をケアする行動を取れば、他の人たちにとって良い模範となるだろう。

ご存知のように、わたしたちは変化や混乱が際立つ時代を生きている。地政学的な危機から感染症の世界的な流行に至るまで、さまざまな問題から生き残るためにかつてないほど革新への圧力が高まっている。身体的にも精神的にも、可能とは思えないほど多くのことを要求されている。このことは組織のなかの個人にも、競合他社を含めた業界のなかの組織にも当てはまる。ここであなたが自分の幸せをないがしろにしていては、他の人たちを効果的に主導することはできないだろう。次の処世訓はわたしのお気に入りだが、その重要性はかつてないほど高まっている。

「空のコップから何かを注ぐことはできない」

破壊的変化のなかで組織を主導する能力は不可欠だ。さらに、自分や同僚たちの個人的な幸せに注意を払いながら組織を主導できれば、違いを生み出せるだろう。あなたの心構えと習慣は、自身の幸福度だけでなく、周囲の人々の幸福度にもすぐさま影響を与えるだろう。

最初に「レジリエンス」という概念について取り上げよう。ほとんどの人は、レジリエンスとは耐える力や、挫折または逆境から立ち直る力だと考えているのではないだろうか。その考え方であれば問題はないと思う。だが、この種の不屈の精神を身につけるには時間がかかることを心に留めておいてほしい。「5分で成功できます」などと言って売り込む人は疑った方がいい――瞬く間に変われるなんて、現実的ではないからだ。

一人のランナーに、「重量」を託して坂道の頂上にあるゴールまで走ってもらうとする。重量は2種類ある。一つは、これぐらいなら、ペースも持久力も落とすことなく一人で運べるだろうと合理的に推測できる「重量」。もう一つは、走る速度を落として距離を縮めれば何とか運べそうな「重量」。後者のケース、すなわち重い重量を運ぶランナーは耐える力《レジリエンス》はあるものの、タスクをきちんと終わらせるには、ランナーとチームが期待を調整しなければならない。ここでの重量を「逆境」と考えてもいいだろう。最初のケースでは、ランナーは何の変更も必要ないが、後者のケースでは、ランナーが無事にタスクを終えるには便宜をはかる必要がある。

だが、重量のなかにはごく短時間であれば一人で運べそうだと思われるものの、分別をわきまえた人であれば、勧められないと判断しそうな重量がある。運ぼうものなら、重いダメージを負って長期間もたなくなるリスクがあるうえに、お互いへの安全配慮という道徳的な責任もある。

レジリエンスに関する初期の研究は、逆境だけでなくトラウマを克服する力としてレジリエンスにフォーカスしていた。このことと、レジリエンスとは傷つかない能力のことだという解釈の方が大衆受けしたこともあり、多くの人がレジリエンスとは少々のことでは傷つかないことだと考えている。

だが、それは間違いだ。

ウェルビーイング（健康で幸せであること）の重要性やウェルビーイングと職場との関連性は、万人には受け入れられないかもしれない。だが、ブラック・ライブズ・マター運動から新型コロナウイルスのパンデミックまで、近年の混乱を乗り越えたこともあり、こうした考え方が格段に受け入れられるようになった。

とはいえ読者のなかには、「心と身体」という言葉を見た途端に直感的に不快感を覚える人もいるかもしれない。前章で不便な思いをしろと言われたのだからなおさらだろう。このようにすぐさま却下する人や懐疑的な見方をする人は、仕事や人生において経験豊富な年長者に特に多い――個性を重んじる若者たちよりもタフな経験をし、自分たちが耐え忍んだ苦痛を、成長に必要な通過儀礼だったと考える人々だ。この考え方にはわずかに真実もある。特に競争の激しい業界では、何世代にもわたって人々はひどい扱いを受けてきた。おまけに昇進するには、長年ひどい扱いをされても（つまり心の傷を負っても）それに耐えられる能力が必要だった。

従業員を大切に育てて成長させる、協力的な企業文化を築く――これらは比較的新しい重要事項で、ほとんどの業界ではまだ発展途上にある。今日の企業の上層部は、そのような環境にいたことがなく、この本の内容にもあまり興味がない管理職で占められている。彼らは数々のひどい処遇が無視され、許される世界で生きてきた。大ざっぱに言うと、その世界では「死ぬほどつらい思いをすれば強くなれる」といった怪しげな哲学のもとに、部下たちをゴミのように扱い、ボロボロになるまで働かせることもできたのだ。

こうして、前世代の人たちは継承者を生み出した。今日のリーダーたちだ。彼らは苦難を生き延び、昇進し、成功できたのは苦難のおかげだと考えている。そして苦労を成長と見なすが、それは自分たちが悲惨な経験を耐え忍び、そのおかげで偉大なリーダーになれたと結論づけるからだ。つまり、偉大なリーダーになるにはひどい経験を受け入れなければならない、というわけだ。こうして自分の経験を合理化することにはある程度共感できる。彼らが経験した「通過儀礼」が成功に直結していなければ、「ゴミのように扱われた」という、あまり魅力的ではない現実しか残らない。その方が真実に近いのだが。もちろん、ネガティブな経験からも学ぶことはできる。だがほとんどの場合、ポジティブな経験やどっちつかずの経験からも同じ教訓は学べるものだ。学校でしごかれなくても、レジリエンスのスキルは習得できる。

このことを最初に書いたのは、本書で「レジリエンス」という言葉が出てきたら、それは「不屈の精神」でも「傷つかない」という意味でもないと伝えておきたかったからだ。もちろん、大切なものを壊すことなく、同じペースと同じ時間数でやり続けられるという意味でもない。

わたしの場合、身体を動かすと脳の働きも良くなる。どんなセッションでも、成長の実感や達成感を味わうために少しだけ無理する方法もわかっているが、あえてやらないようにしている。無理をすると、筋肉が張って身体に悪影響を及ぼし、翌日痛みが生じるからだ。さらには今では、休息が必要な日、自分のために運動すら休んだ方がいい日がわかるようになった。

心と身体を気づかうと約束することは、自分または他人をあまやかすことでも、好きにさせることでもない。今後は一生懸命働く必要はない、ということでもない。繰り返すが、人間は価値があると思うものに対して小さな改善《マージナル・ゲイン》を積み上げたいと考える傾向がある。本書でセルフケアの約束を挙げるのは、セルフケアの領域でマージナル・ゲインを積み上げると、全体的な生産性や効率が飛躍的にアップするからだ。また、マージナル・ゲインにはやっかいな親戚がいるからでもある――収穫逓減《しゅうかくていげん》だ［訳註：利益、生産高、便益などが一定水準を超えると、資本、労力、技能などを追加投入しても成果の伸びが低くなること］。意図的か否かに関係なく、職場の多くは一日24時間／週7日間でフル稼働するようになった。オンとオフの境界線をテクノロジーに侵食された結果、営業時間後や週末でも従業員と連絡が取れるようになったのだ。いつでも連絡が取れることには価値があるものの、従業員が常に「オン」の状態だと、弊害が生じて、その利便性は限定的となるか相殺されてしまう。自分や従業員に無理を強いて、気づかないうちにほころびが生じるだろう。

ウェルビーイングに特化した包括的な資料はたくさんある。リーダーシップの観点からは、個人のレジリエンスに関わる要素が7つある。チームのメンバーに長期間高いパフォーマンスを維持してもらうには、これらに注意を払う必要がある。

1. 健全なマインドセット

健全なマインドセットは成功を決定づける最大の要因であり、IQ、経験、労働倫理が同じような人たちでも物事の達成度に違いがあるのは、このマインドセットによるところが大きいと思われる。

このところ、マインドフルネスを取り入れたライフスタイルが流行っている。実のところ、成功と幸せを手に入れるには今この瞬間に注意を向ける能力が不可欠だ。自分の認知プロセスや感覚に集中できなければ、常に不協和音に満ちあふれた世の中で混乱するばかりになるだろう。そして多くの人は実際にそう感じている。すべてのペースが速く、消費者の注意を引きつけようと企業がしのぎを削る世の中で、マインドフルネスを実践するのは容易ではない。複数のタブを行き来するブラウジングと同様、マルチタスクは効率と処理速度を低下させる。非生産的であることを示唆するエビデンスが多数あるにもかかわらず、マルチタスクは必要なスキルと呼ばれている。

健全なマインドセットがあれば、何が現実で何が空想か、何が役に立って何が役に立たないかを客観的に区別できるようになる。一日中自分にどんなことを言い聞かせているか、その声がどんな響きを持っているのかも。やたら批判的な声ではないか？　助けにならないのではないか？　そもそも正確なのか？　ここでも効果的なフィードバック・モデル（「約束その1」を参照）の重要性に気づくだろう。こうした問いを通して内なる声に疑問を抱くうちに、ものの見方が鋭くなる。そして意図的にしつこく問い続ければ、やがてそれが習慣化して第二の天性となるだろう。その結果、自分の「コントロール癖」に気づいて改善するようになる。つまり、自分がコントロールできるものを見つけてそれに注目し、コントロールできないものを手放せるようになる。「コントロールできるものだけに対処する」――結局のところ、あなたにできるのはそれだけだ。

最後に、あなたのマインドセットが「しなやかマインドセット」と「硬直マインドセット」の間のどの位置にあるかを正直に評価しよう。自分も他者も知性や才能は生まれながらのもので変えられないと思うのであれば、硬直マインドセットかもしれない。失敗するリスクがあると野心がゆらぐ？　能力以上のものを求められると怖くなる？　あるいは、しなやかマインドセットで世間を見ているか？　大抵の場合、人間は努力すれば知識を増やして新しいスキルを習得できるはずだと思うのであれば、しなやかマインドセットかもしれない。あなたは失敗を恐れず、失敗が伴いがちな成長する機会にもチャレンジしようと思うタイプだろうか？

しなやかマインドセットのレンズを通して自分を見つめる方が、メリットが多いのは明らかだ。完璧主義から解放される。弱みをさらけ出せるようになり、コンフォートゾーンの外へと踏み出せるようになる。心が柔軟になって、変化の波を受け入れ、困難な状況に陥ったら新たな打開策を考え出し、理解を広げるための方法――小さな方法も含めて――を模索し、成功または失敗から何かを学んで、それを洞察や将来の戦略に反映できるようになる。

個人的なウェルビーイングのためにも、リーダーはしなやかマインドセットを当てはめて部下や同僚を見ることが重要だ。すべてを一人でやることはできない。一人では勝てない。つまり、チームや同僚たちを信じて頼らなければならないということだ――たとえ少々面倒に感じられることがあるとしても。周囲の人たちの能力とポテンシャルを信じて、思い切って権限を委ねる必要がある。効果的に権限を委譲するにはしなやかマインドセットが必要だ。権限を委譲せずに、進化して目標を達成することはほぼ不可能だろう。

2. アクティブ・ラーニング

言うまでもなく、積極的に学ぶ姿勢を身につけることは土台に過ぎない。レジリエンスを高めるための2番目の要素は、実際に学ぶことだ。人間は生まれながらにして情報を集め、新しい発見を探し、スキルを習得するようプログラムされている。だが、多忙で時間がないときはそうした素質を発揮できなくなり、ストレスや疲れがたまっていると「ほどほど」で妥協したくなる。長時間労働のうえにやるべきことがたくさんあると、他に何かをやる気になれなくなる。だが、読書、スキルの習得、新しいスキル（仕事に関わるものも、そうでないものも）の実践に時間を割くと、充実感が得られて、穏やかで多才な能力を発揮しやすくなるだろう。

3. バランスよく栄養を取る

いたってシンプルな事実がある。時間に追われているとき、人間は身体が欲するものではなく、手っ取り早く食べられるものを食事に選ぶ。おまけにそんな状況にストレスがかかると、すぐに食べられ、ほんのひとときでもほっとする食べ物を選ぶ人が多い。最高のパフォーマンスを発揮するために身体が欲するものを優先するには、規律が必要だ——一日が会議、会議、会議の連続で埋まっている日でも、身体に良い栄養を摂取するために時間をかけて食事をするには規律が必要だからだ。

時間をかけてきちんと食事を取るというごく一般的なこと以外にも、誰でも達成できる食事の目標がいくつかある。一つ目は、朝食は必要だと認識することだ。朝食は、身体にとって一晩中何も食べない断食状態から脱するための重要な食事だ。コーヒーは朝食ではない。バナナは朝食としては不十分だ。バランスの取れた栄養のある朝食で朝をスタートさせれば、一日を通して精神状態が良くなる。朝食は過小評価してはいけない習慣だ。

二つ目に、水を飲もう。たくさん飲むことだ。朝食を取るというアドバイスと同様、決して難しいことではないし、水を飲めと言われたのはこれが初めてではないだろう。体内の水分が足りないとＩＱが低下することが科学的に立証されている。健康な大人でも、コップ一杯の水を4時間飲まないだけで、脳の構造と認知機能に影響する可能性がある。

最後に、悪い食習慣の言い訳にスケジュールを使うのはやめよう。それを公にしてもいけない。今日は一日中何も食べられなかったと人が愚痴るのを、何度聞いたことがあるだろうか。彼らの主張には、自分たちは食事よりもはるかに重要なことをやっていた、しかも没頭していたのだとの含みがある。そして重要なことに没頭する人は、時には自分の身体を犠牲にしなければならないのだ、と。

たわごとだ。そんなことを言ってはいけないし、誇らしげに語ることでもない。そのセリフを聞くと、優先順位が間違っていることがわかる。さらに悪いことに、悪い手本になる。それを聞いた部下たちは、昇進してリーダーになるためには、時には健康や幸せを犠牲にしなければならないと思うようになる。昼食を抜くときは、その誤った判断を責任感の強さであるかのように誇らしげに語って、周囲に影響を与えないようにしよう。

4. 運動

スポーツ競技は万人向きではないものの、身体を動かすことが身体と心の健康に役立つことを示唆するエビデンスが多数ある。ルーティンとして30分間早足で散歩するだけで、心臓と肺の機能が改善し、不安が解消され、気分とエネルギーが向上することがわかっている。日々の通勤時に一駅手前で降りて歩くか週末にコミュニティサイクルで遠出してエネルギーを発散するか、ズンバのクラスに参加するだけで、身体を強化し、心に余裕ができてリラックスし、気になっている課題に落ちついて取り組めるようになる――ブレイクスルーとなるような「ひらめき」が生まれるのに理想的な状態を作り出せるのだ。

5. 時々休憩を入れる

「何かをする」という基本的な行為と同じぐらい重要なのが、「何もしない」ことだ。レジリエンスの5番目の要素は、少し時間を取って……ちょっと休憩することだ。実に多くのハイパフォーマーたちが〝常に全力を尽くす〟ような生活を送っているが、そんな生活は長期間続けられるものではない。以前に、ミーティングの直後に時間をどう費やすかを説明した際に、邪魔しないでくれと言わんばかりの態度で、急ぎ足でオフィスを横切らない方がいいと書いた。あのアドバイスはここでも有効だ。もっとも、だからといっていつでも誰にでも対応しなければならない、ということではない。

一日のなかで休憩を取る方法を見つけることが重要だ。作業ペース、体の姿勢または仕事のやり方をちょっと変えるだけで、ギアチェンジのように効いて、休憩後にペースが上がるのを感じられるだろう。毎日数分でいいから、パソコンの画面や周囲のノイズから意図的に離れる方法を見つけよう。そうしてちょっと「リセット」すると、作業に戻ったときに効率がアップすることに気づくだろう。一日のなかで何度か10分間の休憩を取るだけで、はかりしれないほどパフォーマンスが向上する。

6. 週に一度の疲労回復

疲労回復とは、もっと広い視野で休憩を取ることだ。スポーツ科学者たちは、試合や練習後に積極的かつ戦略的に疲労回復を行うことが、選手のキャリアを伸ばす鍵だと実感するようになった。もっともあなたはレブロン・ジェームズ（バスケットボール選手）やマーカス・ラッシュフォード（サッカー選手）でもないので、ここでの疲労回復とは着圧タイプのスパッツでも寒冷療法でもない。昼寝することでも、ソファでリラックスすることでもない。ここでの疲労回復とは、自分の性格や気質を考慮したうえで、スケジュールのなかに充電して活性化させるための時間を見つけることだ。たとえばジムに通う人もいれば、趣味の読書にふける人もいるだろう。森のなかを一人で静かに散歩することであれ、夜に友達とライブに行くことであれ、最低でも週に一度は疲労回復のための活動に時間を使おう。疲労回復は、やらなければならないタスクをすべて終えたあと疲労困憊して死にそうなときにやることではない。そんなことをすれば燃え尽きて、朝目が覚めたときにリフレッシュした気分を味わえないだろう。

7. よく眠る

最後に、睡眠の重要性を忘れてはいけない。これが最後の要素にして、レジリエンスの基礎となるものだ。6時間以上の質の高い睡眠を取らなくても、最高のパフォーマンスを発揮できるようプログラムされている人などいない。食事と同様に、睡眠を軽視して仕事を優先させることに執着するのであれば、部下たちがあなたのまねをしないよう影響を最小限にとどめよう——たとえそのために夜中にメールを書いても下書き保存し、翌朝送信することになるとしても。最短の睡眠時間でどれだけ能力を発揮できるかを競っても、真のハイパフォーマンスを発揮することはできない。

寝つきの悪い人は、その問題に対処する必要がある。きちんと眠ることもスキルの一つだ。一日の最後に行うルーティンを確立しよう——寝る一時間前から、まずはやらなければならないお決まりのタスク（たとえばワイシャツにアイロンをかける、翌日のお弁当の準備をするなど）から始めて、リラックスできて楽しい（だが刺激が強すぎない）活動で終わるのだ。このルーティンに電話でおしゃべりするとか、テレビを見るなどの活動は入れなくてもいい。疲労回復に効果的な安眠を得るには精神状態を安定させる必要があり、そのためにも寝る時間はできるだけ刺激や興奮する要素を減らそう。

健全なマインドセット、アクティブ・ラーニング、栄養のバランスが良い食事、運動、時々休憩を取ること、疲労回復、質の良い睡眠——レジリエンスのための要素は複雑なものではない。自分の心と身体を大切にして管理することは、読者の能力を超えるものではない。そしてその意味で、この約束はこれまでに挙げた自分に果たすべき約束と一貫性がある。内省の力を使って自分自身をはっきりと見よう。成功することとそのために必要なことを全力でやろう。勇敢に行動しながら、無防備に自分をさらけ出そう。自分のバイアスに警戒しながら行動しよう。言い訳せずに、不便なことを引き受けよう。

話を先に進める前に、ここまでの内容をすべて振り返ってよく考えてみてほしい。そのときに感じたことを念頭に置いて、何かを変えると約束してほしい。一つでいい。何かをやめるか、何かを始めるか、何でもいいから最高の自分になるため、最高の巨人になるために前進できるような変化を一つ選ぼう。一度何かを変えると約束したら、その道を開くために必要なことをやり、確実にその約束を果たすようにしよう。障害を取り除き、誘惑を絶ち、目標を達成するのに最適な条件を作ること――これを「プレコミットメント」という。

わたしが初めてプレコミットメントという言葉を知ったのは、ギャンブル依存の研究をしていたときだ。ギャンブル好きの人たちが大損するリスクを減らすには、一定額の現金だけを持ってカジノに行けばいいという考え方がある。クレジットカードも携帯電話も家に置いていけば、追加の資金を調達できないからだ。車のキーと損しても構わない額のお金だけを持って、家から遠く離れたところにあるカジノへ行く。それだけだ。追加の資金を得る手段を完全に排除できるわけではないが、そのためにはカジノを出て（遠く離れた）自宅に帰り、銀行へ行って再びカジノに戻らなければならない。つまり、悪い判断をしないよう、障害と時間と労力を設定するのだ。こうすれば、慌てて反応的な決断をする可能性が減り、結果を考慮したうえで慎重に判断を下せるようになる。人間はエネルギーをもっとも消費しない道を選ぶよう進化した。面倒というだけで、悪い判断に飛びつかなくなるケースが多いのだ。

わたしの経験からも、プレコミットメントを使ったアプローチは不可欠であり、この方法がわたしを自分自身から救ってくれたように思う。NBAを目指し始めて間もなくして、わたしは生まれながらの怠け癖とジャンクフードへの飽くなき欲求は、NBAのスターになるという夢と相容れないことに気づいた。だが、計画と仕組みがあれば、何とかなりそうだとわかっていた。一日のなかでいとも容易に運動の時間を取り入れる人がいる一方で、わたしのように運動の時間をスケジュールに組み込まない限り、運動を回避するためのあらゆる理由を見つける人もいる。そんなわけでわたしはきちんと運動するために、変更不可能で絶対にやらなければならないトレーニング時間を作った。「時間を作る」といった規律や動機を持ち合わせていない少年にとって、仕組みは強力で必要なツールとなったのだ。

食事についても同じぐらい厳格な仕組みが必要であり、それは今も変わっていない。自宅にキャッシュカードを置いて出かけるギャンブル好きと同じように、わたしもキッチンや自宅に高カロリーなお菓子を置かないようにしている。ドーナツが食べたくなったら（いつも食べたいのだが）、家を出て買いに行くか、取り寄せなければならないが、どちらにしようと考えているうちにどうでもよくなる。その意味では、わたしの怠慢な性格が有利に働く。

NBAの選手だった頃は、毎日練習や試合などでカロリーを消費して、何とか4％の体脂肪率を維持した。と同時にプレコミットメントにも頼り、暴飲暴食に走らないよう、構造化されたおもしろみのない環境を作った。種類が豊富にあると、それだけで誘惑になった――食料品店の棚やレストランのメニューに並んでいる新しい風味、さまざまな風味、数々のおいしそうな商品に食欲がそそられて仕方がなかった。ドラフトで選ばれず未契約のルーキーだった頃は、クリーブランド・キャバリアーズの登録選手に選ばれるために、食事に変化を持たせないことにした。毎日朝食に同じものを食べることにしたのだ。スティールカットのオートミールに小さじ一杯のハチミツを入れたものと、それとは別にピーナツバター大さじ一杯分を食べる。昼食にはグリルで焼いた鶏の胸肉に玄米とブロッコリを添えて食べた。来る日も来る日も、バスケットボールのシーズン中ずっとだ。それを10年間続けた。朝食はオートミール。昼食は鶏肉のあぶり焼き。

食事が退屈で、頭がおかしくなりそうだった。怒りがこみ上げてきて、料理をにらみつけたことが何度もあった。だが、その分わたしはかつてないほど夕食を大切にするようになった。そしてこの食習慣のおかげで、高いパフォーマンスの実現を邪魔する障害を完全に取り除くことができ、NBAで戦うことができた。

プレコミットメントは複雑なテクニックではない。だが、その効果を最大限にするには、深くかつ客観的に自己評価して、正確に自分を洞察する必要がある。繰り返すが、そのためにもいったん立ち止まって、今後やり方を変えたいことを一つ選ぼう。と同時に、その変化に順応するためにどう生活を調整するかについても、時間をかけて考えよう。頭のなかから聞こえてくるやたら批判的なひとりごとに対処するのであれば、効果的なフィードバック・モデルを試して終わりにしてはいけない。その問題を印刷して、作業スペースの目につくところに貼っておこう。ミーティングでより優れた進行役／参加者になりたい場合は、どうすればいいか？　自分のスケジュールを管理して、ミーティングを連続して予約できないようにしてはどうか？　それからミーティングの開始時間の少し前から時間を確保して、議題や個人的な利害関係についてだけでなく、他にどんな参加者が来るかや、彼らに自分たちの悩み、アイデア、意見を話させるにはどうしたらいいかを考えよう。場合によっては、あなたが変えるべきことは睡眠の改善かもしれない。そのスキルを発達させるには、ライフスタイルをどう変える必要があるのか？　デジタル式の安い目覚まし時計を使い、就寝中は携帯電話をキッチンの充電器に置いておくだけで、どれだけのマージナル・ゲインが見込めるか？

自分のため、他のみんなのためにも、何かを一つだけを変えよう。新しい習慣を身につけよう。「小さな」変化でいいから、何かを一つ変えよう。なぜなら、あなたがやることはもはや小さいことではないからだ。今のあなたは巨人だ。そろそろ巨人らしく行動してもいい頃だ。

【ワーク】ウェルビーイング・トラッカー

一日おき、できれば夜寝る前の決まった時間に、次ページの〈ウェルビーイング・トラッカー〉をやってみよう。ウェルビーイングに関する7つの領域について、ここ数日間の状況を評価するのだ。最初の四角い記入欄に、その日にその領域について有意義な活動をした場合は「Y」、しなかった場合は「N」を書き込もう。

「Y」の場合は、その隣の長い記入欄に何をやったかを簡単に書こう。たとえば、「60分間のヨガクラス。友人にせがまれて」など。「N」の場合は、何らかの活動をすることができなくなった理由、妨げとなった事情について書こう。

記録を一週間ごとにまとめ、それを一か月間続けて振り返り、自分のパターンを見つけよう。「Y」と「N」に違う色のマーカーをつけて活動の有無を際立たせ、自分の傾向を掘り下げて分析すれば、翌週からより多く「Y」と書き込むには、何をすべきかがわかるかもしれない。

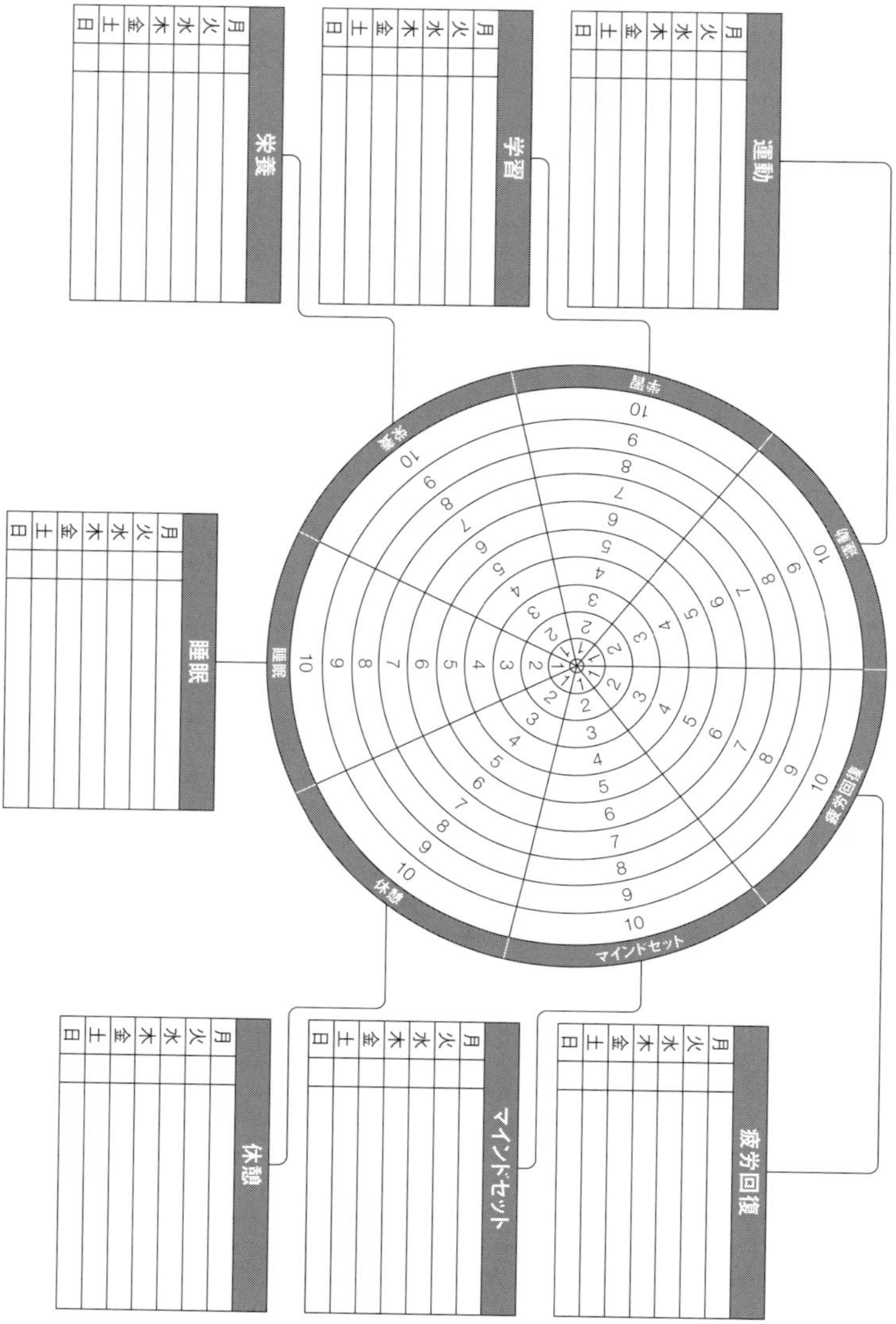

ウェルビーイング・トラッカー

出所:APSインテリジェンス（2021年）

約束その7

人々に最善のことを期待する

これまでの約束は、自分自身との関係にフォーカスしながら内面に向けたものだった——たとえば、自己認識、健全な競争心、勇気と謙虚さ、バイアス、不便なことへの耐性、それから自分の心と身体に対する全般的なことだ。

対照的に、これから紹介するいくつかの約束は、周囲の人々や、あなたの影響を直接的に受ける人々に対する約束だ。多くの読者にとっては、直属の部下はもちろんのこと、従来型の指揮系統のはるか下の従業員も含まれる。だが、真の巨人には、肩書きも、身分も、他者に対する権威的な地位も必要ない。組織内のどの地位にいようとも、真の巨人が適切に支援すれば、人々は力を発揮して存在感を高めることができる。あなたが人々をどんな目で見るかだけでも。

1902年、アメリカの社会学者チャールズ・クーリーが「鏡に映る自己」という概念を提唱した。この理論は、人間のアイデンティティは、周囲の人々からこう見られているようだというイメージによって影響を受け、そうしたイメージによって部分的に形成されるという仮説だ。つまり、自分は他人にこう思われているようだと想像するうちに、自己の一部が形成されるということだ。

アイデンティティは内側から外側へと徐々に広がり、表層化して完成するわけではない。人間のアイデンティティ——少なくとも、自分のアイデンティティの特徴はこうだろうと理解しているもの——はむしろ、自分に対する周囲の反応を記憶し、解釈し、処理した結果を反映したものだ。あなたにどんな影響力があるかを考えてみよう。人々は、あなたの反応を見て、自分はこういう人間だと感じるだろう。つまりあなたには、少なくとも部分的に人々のアイデンティティに影響を与える力があるのだ。

注意しないと、あなたは遊園地のマジックハウスにあるゆがんだ姿を映し出す鏡のようになるだろう。知らないうちに、あなたと接する人たちに嫌な像を映し出してしまうかもしれない。人とどう接するかはきわめて重要だ。相手の自尊心を傷つけ、意図せぬうちに相手のパフォーマンスに悪影響を与えてしまう恐れがある。その反対に、相手に高すぎるほどの自信を植えつけてしまうこともある。リーダーとして、同僚として、巨人として、あなたには他の人たちの可能性や将来の見込みを、できるだけ正確に反映させると約束してほしい。人々が最高のパフォーマンスを発揮できるような像を見せる、ということだ。あなたが映し出す鏡には、まだ眠っている未開発の可能性を引き出す力があるからだ。

幼い頃のわたしは、自分をかっこよくて頭が良い、特別な人間だと思っていた……そうではないと思うようになるまでは。なぜ考えが変わったのかって？　周囲の人たちが映し出す像だけで、それ以外は特に変わったことはない。幼少の頃、わたしがいつも見ていたのは母のあたたかいまなざし、いつも変わらず安心感をくれる存在だった。

幼い頃、母が借りたトレーラーハウスに、妹たちと一緒に乗って休暇を過ごしたことを覚えている。空が荒れ模様の日は、車内に閉じこもって、トタン屋根に雨がたたきつける音をずっと聞いていた。そのような天気の日に、世の中から隔離されたような空間で、それぞれが片隅に陣取って読書に没頭する瞬間が好きだった。みんな熱心に本を読んだ。母は陳腐な歴史ロマンス小説をよく読んでいた。わたしはＳＦ小説に夢中で、7歳になる前からアイザック・アシモフに詳しかった――同年代の子どもたちよりも聡明な少年。少なくとも自分のことをそう思っていたが、それは母がそんな目でわたしを見ていたからだ。わたしはよく、母が誇らしさと称賛のまなざしでこちらを見ているのに気づいた。その目から、自分を正確に知ることができた。賢い子。聡明な息子。母がそばにいるときはいつでも、自分はすごいことができる人間だとわかった。

中等学校に上がる11歳頃まで、このようなプライドと自信がゆらぐことはなかった。自宅からちょっと離れた学校へ通うようになると、クラスメートも先生も知らない人たちばかりで、母とはまったく違う目でわたしを見るようになった。わたしを見たときの人々の反応は3種類に分けられた。悲しいことに、わたしが年を重ねてもなお、この三つの反応に変わりはない。

当時も今も、最初の反応は心底からの恐怖心だ。わたしを見るとみんなが怯える。確かにわたしは異様に背が高かったが、同時に子どもでもあった。金の縁取りがついたこっけいな制服を着て、緊張した面持ちでバスの定期券とブリーフケース（うちのクラスでそんなものを持っていた生徒はわたしだけだ）を握りしめ、国民保険制度を使って無料で入手した不格好なメガネをかけていた。脅威でも何でもない。

何を着ようが状況は変わらないようで、この問題は今も続いている。大柄な黒人というだけで、人が恐れる存在を体現したようなものだったのだ。スリーピースのスーツを着てATMの前に並んでいるだけでも、人々はあからさまに警戒する。

二つ目の反応は嘲笑だ。わたしに向かってあざ笑うわけではない。クラスメートのそばを通るときはみんなは黙っているが、わたしが通り過ぎた途端に笑い出すのだ。どうにも理解できない。身長が高いのはわたしのせいではないのに、いつも身長のせいで嘲笑の的となった。今では、ポカンとした表情でじっと見つめる人にも慣れた。見知らぬ人が友達と話しながらわたしを指差したり、そばに立ってこっそりツーショット写真を撮ろうとしたり――〝カーニバルおたく〟と過ごした時間をずっと記憶にとどめておきたいのだろう（ごくまれに、NBAのファンに話しかけられることもあったが、その際には態度の違いでわかった――ファンははるかに礼儀正しく話しかけてくれる）。

三つ目の反応は、勤勉を心がける少年にとっては不可解で衝撃的なものだった。新しい学校で、みんながゆっくりとした口調で話しかけてきたのだ。まるで遠い異国の島から来たばかりの子を相手にするかのように。わたしは頭の悪い子に見えたらしい。中等学校での初日は、午前中に集会があった。会場でみんなが着席するなか、わたしが最初に言葉を交わした人は大人の男性だった。ラグビー部のコーチだったのだろう、「もちろん、きみはラグビーをやるんだよな！」と熱心に話しかけてきた。

勘弁してくれよ、とわたしは思った。この人は何にもわかっていない。極寒の空の下で凍ったフィールドに立ち、汗だくになって一番でかい標的になるなんてご免だよ。ノー、ノー。

「いえ、遠慮しておきます」わたしはにっこり笑って言った。

当時ですら、脳を損傷しそうな活動は避けた方がいいことを知っていたのだ。

コーチは立ち止まって「こいつは何を言ってるんだ」と言わんばかりの困惑した表情を浮かべ、やり取りを聞いていた上級生にこのようなことを小声でささやいた。

「ラグビーをやらなかったら、何の役にも立たないだろ」

みんなが爆笑した。

ぼくは7歳からアシモフを読んでるんだぞ。誤解してるみたいだけど、ぼくは賢いんだからな！

学校の初日から、誰からも賢い少年として見てもらえなかった。それから何週間もの間、教室で、廊下で、そしてバスのなかで、人々の表情からみんながわたしを怖くて風変わりな原住民だと思っていることがわかった。母に騙されたのではないかと思うようになった。母がわたしを見るときに伝わってくる思いは、わたしが外の世界で人々から日常的に受け取る思いとはかけ離れていたのだ。

学校が始まって一か月ほど経った頃、先生が新しい本をみんなに配った。その話を読んだことはなかったが、共感を覚えて、すぐに夢中になった。授業中に読書の時間があったが、そのクラスが終わっても机の下に本を隠してこっそり読み続けた。昼休みも、バスのなかでも、家に帰ってからも、階段に座って母が仕事から帰ってくるのを待ちながら本を読み続けた。母はいつも鍵の束を持ち歩いていたので、帰ってくると遠くからでも聞き取ることができた。そして母がじゃらじゃらと音を立てながら鍵を差し込んでドアを開けると、わたしが待ち構えるようにして立っていた――わたしは持ち前のドラマチックな演出力を発揮したのだ。それから長年の謎を解く証拠を見つけたかのように、腕を伸ばして母に本を差し出した。

本を読み終えたわたしには一つだけ疑問があったのだ。

「母さん、……ぼくは怪物なのかな?」

わたしが一日中読みふけっていた本はヴィクトル・ユーゴーの『ノートルダムのせむし男』［訳註:現在は『ノートルダム・ド・パリ』というタイトルになっている］だった。

背中は曲がってはいなかったが、わたしは人間以下の存在として扱われるつらさをよく知っていた。同級生の子どもたちはわたしを怖がりながらも、まるで反撃しないとわかっている危険な動物を棒で突くみたいに、臆することなく侮辱しからかうのだった。小説の主人公カジモドをばかにする市民たちと同じように、みんなはわたしを知性が未発達で、感情に疎い子だと思っているようだった。そのことは、毎日同級生たちの表情から読み取れた。

「怪物なんかじゃないわよ。そんなはずないでしょ」母はわたしを安心させようとした。「あなたはかっこいいんだから」

母の言葉には誠実さと愛情がこもっていたが、完全に鵜呑みにすることはできなかった。生まれて初めて、母がわたしに嘘をついているかもしれないと感じた。背中の曲がった男の話をきっかけに得た悟りは、少年期の頃のターニングポイントとなった。新しい現実は不運なものだったが、突然物事が前よりもはっきりと見えるようになった――家族以外の人たちが、なぜわたしにあのように反応するのかわかるようになった。わたしは怪物だった。それだけのことだ。わたしは背筋を伸ばし、頭を高くして歩くようになった。プライドが高いからではない。その反対に、その状況に慣れていったのだ。思春期の間ずっと、わたしは背筋を伸ばして歩き、群衆を通り越してその先を見ていた。自分の居場所がなさそうな世の中に対して、自分なりの方法で背を向けたのだ。視界に入る人々をモザイク処理してはるか向こうを見つめるうちに、人々はただのぼんやりとした背景のようになった。

わたしはひとりぼっちだったが、そうする必要があった。人混みや公共の場はできるだけ避けた。学校、図書館、バス停など、どこかへ向かって歩くときは、目的を意識しながら足早に歩く。人生を豊かにしてくれそうな人にもモザイクをかけた――わたしのことを心から気にかけ、親しくなりたがった人たちだ。機会をつかむことができなかった。またしても屈辱的なジョークを聞かされたり、ポカンとした表情を浮かべられたりするようなリスクを冒せなかったのだ。

これは集団になじめなかったために起きたことだ。周囲の人たちから映し出される像をしっかり見きわめないと、そんな事態になる。世の中との関わり方が変わってしまうのだ。味方になりそうな人を見逃してしまう。後ずさりして殻に閉じこもってしまう。

巨人として、およびリーダーとして、あなたには自分の監督下でそのようなことが起きないよう気をつける責任がある。繰り返すが、それは「いい人」になるために重要だからではない。人に「半人前」のレッテルを貼られるのを放置すると、貼られた人は思うように貢献できなくなるからだ。自分には価値がないと感じるだけで、その人は能力に見合った価値を組織にもたらせなくなるのだ。

期待がもたらす効果を知るには、ドイツ生まれのアメリカ人心理学者ロバート・ローゼンタールが行った一連の実験を見るとわかりやすい。一番有名なのは１９６０年代にカリフォルニア州の小学校の校長、レノア・ジェイコブソンと共同で行った実験だ。彼らは、生徒に対する先生の期待が生徒の成績に影響を与えるかを検証した――つまり、生徒たちへの期待が、自己実現的な予言のように作用するかを検証したのだ。実験は、ジェイコブソンの学校にある18クラスを対象に行われた。各学年は3クラスあり（1年生から6年生まで。対象年齢は6歳から11歳）、各学年の生徒たちを「平均以上の学力」「平均的な学力」「平均以下の学力」にクラス分けした。

新学期の始めに、あとで参照できるよう基準を設定するために生徒たちに非言語的な知能テストを受けさせた。先生たちには、テストの結果から学力が開花しそうな有望な子——その学年の間に驚くほど学力が伸びそうな子どもたち——を特定できるのだと伝えておいた。先生たちはテストの点数は知らされなかったが、学力が開花しそうな「有望な生徒たち」の名前を伝えられた。「有望な生徒たち」はクラスの20％程度を占めた。実際は、名前は無作為に選ばれたもので、テストの成績も学力が開花する可能性を示唆するものではなかった。

8か月後の学年末を迎えたときに、生徒たちに同じテストをもう一度受けてもらった。するとすべての学年で、先生が「有望な生徒」と聞かされた子どもの学力が、対照群の生徒の伸び率よりも大きく伸びたことがわかった。特に1年生と2年生にその傾向が顕著に見られた。このことから、小学校の先生がこの生徒には無限の可能性があると信じると、その認識がかすかではあるがポジティブに作用し、その生徒の学力に影響を与えることがわかる。だがその反対に、ある生徒の潜在能力が低いことを示す情報（間違った情報であっても）を先生に伝えると、先生の認識が子どもの学力に悪影響を及ぼす可能性がある、ということだ。

興味深いことに、以前に実験がらみで行われた類似の研究において、ローゼンタールはこの効果を「無意識の実験者バイアス」と呼んだ。その何年か後には「無意識」と捉えるのをやめ、代わりに「非意図的な個人間での期待効果」、略して「ピグマリオン効果」と呼んだ。自分が彫った彫刻に恋した結果、彫刻に命が宿ったというギリシャ神話に登場する彫刻家にちなんでつけられた名前だ。ピグマリオン効果の研究によって、期待——確かな情報に基づいているか否かにかかわらず——は自己実現的な予言として作用し、特定の生徒の成長を促す一方で、期待されていない生徒が犠牲になるのではないかとの議論が起きた。

だが、研究結果でわかったことは、生徒の学力が向上したことだけではなかった。学年の終わりに、先生たちに生徒たちの教室での振る舞いについて尋ねたところ、先生たちはみな、「有望な生徒たち」のことを好意的に評価していたのだ。「有望な生徒たち」はみな、他の生徒よりもおもしろく、好奇心旺盛で、幸せそうで、大人になったら成功する可能性が高いと見なされた。その一年間で「有望な生徒たち」が学力を向上させたことで、好意的な評価がなされたのだろう。だが、実験群に含まれなかった生徒のなかにも、知能が大幅に伸びて、テストの点数も上がった生徒たちがいた。ところが、概して先生たちはこれらの生徒たちのことを同じような愛情を持って語らなかった。実際、テストの結果が劇的に向上した対照群の子どもたち（「有望」と見なされなかった生徒たち）については、先生たちはしばしば、精神的に安定しておらず、好ましくない行動を取ることが多いと評価した。

二つのグループの生徒たちの結果に違いが生じた理由を説明できる要因は少ない。両グループの生徒たちは同じような学力を持つ集団のなかからランダムに選ばれ、先生たちはどちらのグループの生徒たちにも同じ時間を指導に費やした。主な違いは先生たちの期待と、その期待が生徒にどう反映されたかだけだ。対照群の生徒たちがテストで「C」を取った場合と、「有望な生徒たち」が「C」を取った場合では、見え方に違いがあったのか？　先生たちは、高得点の採点結果を「有望な生徒」に返したときと、そのあとに同じく高得点の採点結果を「普通の生徒」に返すときに、知らないうちにかすかに異なるメッセージを送っていたのではないか？

「有望な生徒たち」の成績がその他の生徒たちよりも伸びたのは、先生の表情に主な原因があるだろう――「有望な生徒たち」とやり取りするたびに、先生の顔には「きみは成功するよ」というメッセージが映っていたのだ。これこそが、あなたが周囲の人たち――特にあなたのリーダーシップを頼りにしている人たち――に送るべきメッセージだ。

「わたしは、あなたへの信頼をたたえた目であなたを見ると約束しよう。あなたが成功するのに必要なものを投影することを約束しよう」

これは嘘をつくことではない――頑張っていない人に「頑張ってるね」と言うことでも、求められるレベルに達していない人に、あたかも達しているかのように振る舞うことでもない。むしろ、判断力をくもらせないことであり、あなたのゆがんだ解釈から生まれた不信感で接して、相手の個性をゆがめないことだ。

マイノリティの人たちに顔を向けるときは、この約束を果たすことがさらに重要になる。彼らは生きている間に何度も不愉快な扱いを受ける。他者から期待されず、不審の目、あるいは冷ややかな目で見られるのに慣れてしまう。繰り返すが、リーダーの伝統的な役割という意味では、「マイノリティ」とは白人や男性や異性愛者以外の人たちにとどまらない。性格や認知スタイルが通常とは異なる人、神経学的機能が正常でない人、国籍、在留資格の有無など、さまざまな要素も関係する。

内向型の人には、言葉を使わずに信頼感を示す必要がある。身体が不自由な人たちも同じで、リーダーから「きみならきっと目標を達成できる」と信じてもらう必要がある。なぜなら彼らは、他の人たちからの信頼感を感じ取っていないか、自分と同じ境遇のお手本となるような成功者が組織のなかにいないかもしれないからだ。さらに視野を広げるなら、マイノリティの人たちは生涯を通して大衆文化から映し出される像にさらされ続ける可能性が高い。大衆文化がマイノリティの可能性を広げ始めたのはつい最近のことだ。仮にあなたが内向型かトランスジェンダー、肌の色が濃いか身体に障害があれば、かなえたい夢があっても、その道筋を見たことがないかもしれない。巨人としてわたしたちがやるべきことは、マイノリティの人たちを含めた、あらゆる人たちとふれあい、こう伝えることだ――「きみが成功する道はあるし、わたしもきみと一緒に歩くつもりだよ」

職場であれ、文化であれ、表現することが大事なのはそのためだ。映画『ブラックパンサー』の公開が迫ってきた頃に、映画館のロビーでそのポスターを初めて見たときのことを忘れないだろう。『ブラックパンサー』のコミックスを愛読しながら育ったわたしは、映画化される日を40年も待った。王座に座っているティ・チャラの画像を、何年もｉＰｈｏｎｅの壁紙に設定していたほどだ。友人たちがトイレへ向かったあと、ロビーでポスターの前に突っ立って、心を奪われていたのを思い出す。すっかり魅了された。美しかった。

わたしはあの世界観に魅了されていた。主人公は家族、助言者たち、主人公を滅ぼそうと画策する敵に囲まれている。よくある構成だが、この映画の背景は斬新で衝撃的だった。いまだに『ブラックパンサー』のことを思うと心がわくわくするが、その喜びをくもらせるのはわたしの内なるティ・チャラを実現できないかもしれないという不安だけだ。ティ・チャラは、わたしが自分のなかに見たい像であり、見る必要のある像でもある。彼は黒人で、彼が暮らす社会では黒人が王位を継承しており、黒人は強力で、賢くて、外向的に振る舞っている。また、複雑で生き生きとしていて、絶え間のない悲劇が繰り返されることもないし、自分の人間性を定義しようと葛藤することもない。

ティ・チャラは役割に応じて、適切に話し方を変える。彼はワカンダの王にしてブラックパンサーであり、外交的手腕に優れた守護者で、君主にして世界のスーパーヒーローでもある。そしてどの大陸にいようが、どんな状況でどのコスチュームを着ていようとも、自分の信念を貫き通し、人々から尊敬されている。わたしも同じように感じるときがある——いい日には、周囲からそのようなイメージを投影されるのだ。ティ・チャラを演じたチャドウィック・ボーズマンほど上品でも魅力的でもないが、わたしは時々タスクリストに並んだ項目をすべて片づけて、クライアントを感嘆させ、チームを高揚させる日があるのだ。そんなとき、みんなはわたしを本物のスーパーヒーローであるかのように見る。わたしはますます活力が出て、最高の気分を味わう。そんな日は有頂天になる。

だが、そんな日は長くは続かない。『ブラックパンサー』のポスターを見かけたほんの数週間前に、まさにそんな日があった。その日はクライアントと打ち合わせをする予定があった。相手は何年も前から一緒に働いてきたプロフェッショナルサービス企業のトップだ。オフィスに早めに到着したわたしは、最上階にある豪華な会議室で待つ代わりに、ちょっと足を伸ばしがてら散策することにした。廊下を半分ほど過ぎたところ、給湯室を通り過ぎたあたりで、一人の従業員に腕をつかまれてわたしの足が止まった。彼はまるで、大切なペットが冷蔵庫の下から出られなくなったぞ、おまえのせいだと言わんばかりの目でわたしを見た。

「ちょっと。炭酸水が切れてるじゃないか」

彼はわたしの腕を放さなかった。

そんなことが起きるなんて信じられないだろう――特にマイノリティでない人には。オフィス内で、身長165センチの男が2メートル5センチの見知らぬ男の腕をつかむなんて、どうしてそんな厚かましくて不愉快なことができるのか？　まるで行儀の悪い子どもを手荒に扱うような態度ではないか。わたしには一つの答えがあった。「特権」だ。念のために言っておくが、この種のマイクロアグレッション〔訳註：偏見や先入観に基づく、マイノリティを傷つける言動や行為のこと〕は、あなたの予想以上に多い。

おそらくあなたは、わたしがなぜ男の腕を振り払って、自分が何者で、なぜオフィスにいるのかを伝えなかったのか不思議に思うかもしれない。それどころか、わたしが愛想笑いを浮かべて謝り、「すみません。誰かに炭酸水を補充してもらいます」と言ってその場を離れたのを不思議に思うかもしれない。わたしはその後、トイレに入って水道水で顔を洗った。おまけにわたしはさらに踏み込んで、オフィスの用務員――制服とバッジからすぐにわかった――とすれ違った際に、炭酸水が切れているから見てもらえないかと頼んだと言ったら、あなたは「なぜそんなことをしたのか」と尋ねるかもしれない。

わたしはこれらをすべてやった――自分を守るために、不当な扱いを甘んじて受け入れて萎縮したのだ。衝動的な反応をそのまま行動に移していたら、気分は晴れたかもしれないが、わたしと仲間たち

――ＡＰＳの社員たちと、この男が今後出会う黒人たちみんな――を傷つけることがわかっていた。

その後わたしは広くて豪華な会議室へ戻った。そこへクライアント企業の代表がやって来て、場所を変えようと提案してきた。その場所へ向かっていると、わたしの腕をつかんだあの男とすれ違った。できるだけ威厳を保ちながら会釈すると、状況を悟った男の顔から血の気が引くのが見えた。あの怪物がいるぞ、炭酸水を補充する雑用係だと思っていたのに、うちの上司と長年の友人みたいに冗談を交わしているじゃないか。彼は自分の勘違いにぞっとしたに違いない。だとしても慰めにはならないし、わたしが正しかったと証明されたわけでもない。あの日、わたしはスーパーヒーローのつもりでオフィスに来た。ミッションには成功したが、子どもの頃と同じように傷ついた怪物のような気持ちでクライアントのオフィスを後にした。

映画館のロビーでティ・チャラの画像を憧れの目で見つめながら、あの男とラグビー部のコーチのことを思い出した。ティ・チャラの崇高な気高さに思いをはせつつ、この人が世の中から軽蔑され過小評価されたら、心のなかの決意をさらに強くするだろうと思った。ポスターの画像から47歳の自分の像を読み取ることができた。トレーラーハウスで読書していた少年の頃からずっと探していたものがそこにあった――周囲のみんなからヒーローとして見られる自分の姿だ。そんな目で見られる日もある――わたしが能力を最大限に発揮したときだ。だが、別の日には背骨の曲がったカジモドの像が映し出される。

巨人としてわたしたちがやるべきことは、周囲の人たちを怪物ではなくスーパーヒーローとして見て、それを相手に認識してもらうことだ。あなたの表情は途方もないパワーを秘めている。誰かが興奮しながら凡庸なアイデアを提案してきたら、あなたはそれをどう扱う？　ぞんざいに却下する？　あるいは、発展させる価値のありそうな小さなアイデアに関心を示すか、このアイデアはまだ機が熟していないけれどわたしは信頼しているよ、と言って希望を与えるか？　あなたは言葉以外にどんなメッセージを送っているだろうか？　言葉にしない期待で、あなたは相手にどうなりなさいと励ましているだろうか？　もっとも影響力があって記憶に残るリーダーは、目を合わせるだけで相手の気持ちを高揚させる。相手に最善のことを期待しよう。そうすればその期待が現実化して返ってくるだろう。

約束その8

従業員を人として認識する

先日、クルーズ船で企業のリーダーシップに関するカンファレンスが開催された際に、わたしは講演を行った。講演の翌日、朝早くに誰かが船室のドアをノックした。ドアを開けると、そこには紅茶をお盆に乗せたスチューワードが立っていた。親切にもわたしのために持ってきてくれたようだ。前日の講演で、わたしが紅茶好きで早起きだという話をしたのを聞いたのだろう。講演で言い忘れていたが、朝起きてすぐのわたしは少々機嫌が悪い。そんなわけで、最初わたしはうつろな目で困惑した表情を浮かべていたに違いない。部下が有意義だと勘違いして何かをしたとき、リーダーは時にそんな反応をするものだ。部下を見てとりあえず何かを言う。「ええと……。わかった。ありがとう」

わたしはお礼を言い、さっさと紅茶を受け取ってドアを閉めようとした。すると彼の視線がわたしを通り越して、部屋のなかへと移った。恥ずかしながら、前日わたしが行った講演がテレビに映っていたのだ。わたしは慌てて言い訳した。いつもは6時半に起きて自分の動画を見たりはしないが、前夜にメアリー・ポータスの基調講演を視聴しているうちにうたた寝してしまったんだよ、と。

彼はうなずき、「そうですか。わたしたちも船室のテレビでカンファレンスの動画を見られるんですよ」と言った。

彼が発した「わたしたちも」という言葉には含みがあった。あきらめの感情とでも言おうか。個人としてではなく、まるで目に見えない底辺層の名もなき代表としてしゃべっているかのようだった。逆に言えば、彼は利己的な目的のために来たのではないということだ。集団的な洞察を共有するために、代表としてわたしのところへやって来たのだ。

「船室のテレビであなたの講演を見て、あなたならわたしたちのことをわかってくれるんじゃないかと思ったんです」彼がテレビを指しながら言った。

彼の話を聞いて自分を恥じたが、表情に出さないよう努めた。二人で立ち話している間、わたしはとっとと紅茶をもらって、ドアを閉めてベッドに戻ろうと考えていたからだ。気を取り直すと、わたしはドアを開けて彼を招き入れた。彼は椅子に座り、わたしは紅茶を二杯注いで、彼と向かい合うようにベッドに座り、二人で黙って紅茶を飲んだ。以前に結婚と家庭の心理療法士になるための訓練を受けたとき、沈黙にはパワーがあることを学んだ。今日の利用文化では、沈黙は過小評価されている。黙々と考えた挙げ句に突然ひらめいたことが、しばしばブレイクスルーや斬新なアイデアとなるにもかかわらず。

やがて、スチューワードはわたしを見ると、ささやくような小声で話し始めた。

「この船内で、わたしたちは見えない存在なんです。お客さまが来ると、通行の邪魔にならないよう壁に身体を押しつけます。支配人がやって来ると、何か悪いことをやっていると疑われないよう、壁に身体を押しつけるんです」

「みんなは、わたしたちを自動販売機みたいに扱うんです」と彼は続けた。「お金を投入するみたいに指示を出し、わたしたちがそのとおりに正確にやるまでイライラした様子で見てます。この船内で一番人間らしく扱われるのは、指示どおりにできなかったときですかね。まるで彼らのほしいものがわたしたちの体内で詰まってしまったみたいに、わたしたちの身体を揺すりたそうにするんです」

彼はさらに船上での生活と仕事に関する力学や政治学を話してくれたので、組織の構造が複雑ながらも何となく理解できるようになった。わたしはクルーズ業界のことを何も知らない部外者だったが、彼が流暢かつシンプルに話してくれたので、彼自身や同僚たち、上司や乗客が毎日どんなことを経験しているのか、全体像がわかるようになった。わたしは目を丸くしながら話に聞き入った。

わずかな〝自由〟な時間中に、この若者と仲間たちはカンファレンスの講演を聴いた。そしてわたしの講演を見て、チャンスだと思ったのだ。そのチャンスを前に、彼は勇敢かつ少々無防備な行動に出た。創造力を発揮するとまではいかなかったが、わたしが飲みたがるだろうと考え、紅茶を持ってわたしの部屋までやって来た。彼はこのチャンスを捉えて、自分と他のスチューワードたちの日々の経験を改善するために、何かしらアドバイスをくれそうな人と接触しようとしたのだ。おまけにかなりのリスクを冒して。彼自身も言っていたが、招かれてもいないのに彼が乗客を訪問することを上司は許さなかっただろう。

あらゆる面で、彼がしたことはリーダーシップだった。

この短いやり取りを通して、あのスチュワードが仕事で責任を負う以上のこと、権限以上のことができることは明らかだった。だが、彼のようなケースはまれではない。企業は「優秀な人材」を集めるには時間もリソースもかかると嘆く――「人材獲得競争が起きているぞ！」と。だが多くの場合、人材はすぐそばにいるのに、ふさわしい役割を担っていない。なぜならその〝人材〟または〝人的資源〟が人として見られていないからだ。多くの労働者は画一化され、分業化されて、ラベルの貼られた箱に詰められて、決められた進路を進むことになる。その進路から逸脱するケースはまれだ。一度給仕の仕事に就いたら管理職にはなれない。一度管理職になったら営業担当者にはなれない。一度営業担当者になったら技術者にはなれない。

わたしたちAPSは、複雑な構造を持つグローバル企業と連携して働いている。そうした組織では、権限の範囲を超えて働くのは簡単ではなく、さまざまな規定を調整する必要があるうえに、膨大な数の従業員がいる。このような官僚主義的な構造のなかでは、労働者を人として認識するのは簡単ではないかもしれない。だが、新型コロナの危機以降、労働者は人間らしく扱われるようになった。将来栄える企業は、この傾向に従うと共に、人材を柔軟に異動させてさまざまな役割を担わせ、これまでとは違うやり方で進化する必要があるという事実を受け入れる企業だろう。こうした戦略の再考が必要なのは、マッキンゼーが行った最近の調査でも明らかだ。同調査によると、2016～2030年の間に世界中で7500万～3億7500万人もの労働者が、職種の枠を超えて仕事を探さなければならなくなるという。[*1]

人間が貢献できる範囲を定める古くて厳格で、時に暗黙に決められている境界線は、イノベーションの理想や破壊的な変化をもたらす思考とは対極にある。境界線はパフォーマンスを低下させ、人々をみじめにする。ルーズルーズでしかない。わたしが協働している組織のほとんどが、自動化や人工知能の開発を進めており、自社のプロセスやテクノロジーを人間らしくしようとしている。その間にも多くの組織では、知らない間に、従業員がロボットになったような気持ちを抱くようになる。自動販売機になったような気持ちになるのだ。クルーズ船で出会った、あの若いスチューワードと同じように。

おまけに自販機はイノベーションに適さないという問題がある。自販機は変化に適応できないからだ。誰かがお金を投入して品物を選ぶと、自販機はその商品を提供してくれる。板チョコを注文すれば、板チョコが出てくる。だが、あなたが選択した商品を吟味して、もっと良いものを推薦することは許されない。板チョコの代わりに、にんじんやポテトチップスを勧めることはできないのだ。仮に商品がなかで詰まって出てこなければ、あとはただ身体を揺すられるのを待つしかない。誤って二枚の板チョコを出しても、一枚を回収することもできない。

従業員を自販機のように扱えば、自販機のサービスしか期待できないが、それで問題ないときもある。だが、組織が短期間の危機的状況を何度も乗り越えながら、長期的に成功し続けるには、自販機以上のサービスが必要になる。だからこそ、人を単なる業務内容として扱わず、唯一無二の個人として扱うと約束してほしいのだ。

職場において人間が画一化されるのは、決して新しい傾向ではない。実際、会社に所属する人たちの呼び名にもその傾向は表れている——たとえば「従業員」「人材」「人的資源」などといった用語だ。こうした用語は人から人間性を奪い、画一化を押しつける。繊細な違いよりもカテゴリーを優先させる。

個人の能力の独自性や重要性を認識していない企業や、過小評価している企業には、こうした用語がなじむ文化がある。どんな人も、組織の一員と認められて仕事に取り組めば能力を発揮できるのに。

とはいえ、人事考課の無駄なルーティン、非効率的な古くさい業務、柔軟性に欠ける効率化目標といった、やっかいなプロセスや方針によるダメージに比べれば、用語によって非人間化する影響など軽いものだ。こうしたプロセスや方針は、組織的に仲間たちを人間扱いしない環境を生む一因となる。おまけに人間を機械、モノあるいは「資源」として扱い始めると、人間に対して暴挙とも呼べることをしでかすことがある。たとえわずかでも人を人間以下だと思った瞬間、その人に対する合理的な扱い方が大きく変わるからだ――しかも悪い方へと。そしてその傾向が乱暴な形で暴走したケースを、わたしたちも見たことがある。差別、奴隷、大量虐殺はいつも、最初に人間以下と見なされた集団がターゲットとされてきた。

職場で人間を画一化して非人間化するとどうなるか、その極端な例も起きている。こうした例は残虐でも暴力的でもないかもしれないが、警戒するほどでなくても、確実に不安材料となる。注目を集めた事件を一つ紹介しよう。2017年にユナイテッド航空がオーバーブッキングした際に、乗客を強引に引きずり降ろした事件だ。航空券は完売しており、乗客の一人デイビッド・ダオ・デュイ・アンは航空券代を支払い、すでに搭乗を終えていた。ところが同社は4人の従業員を目的地の空港まで送らなければならず、席を空けるためにコンピューターで無作為に4人の乗客を選び、降機を促した。ダオが降機を拒否すると、乗務員が空港のセキュリティスタッフを呼んだ。彼らは文字どおりダオを座席から引きずり降ろし、通路を引きずって無理やり航空機から降ろしたのだ。その光景に驚きぞっとした他の乗客が、携帯電話のカメラでその状況を撮影した。その後動画がインターネット上で拡散すると、ユナイテッド航空のオスカー・ムニョスCEOは乗客を排除したのは「乗客を再搭乗させせなければならなかったからです」と釈明し、さらに傷口を広げることとなった。さらにその後、ムニョスは予定されていた取締役会長への昇進が取り消され、ユナイテッド航空は嘲笑の的となり、市場価値が4％——約7億7000万ドル——も下落した。なぜこんなことが起きたのか？

組織が人を人として見なくなったら何が起きるか？　それを示す教科書のような事例が航空業界で起きたことは驚くほどのことではない。長年の間に、乗客はさまざまな面で人間扱いされなくなっていた。そんなわけでユナイテッド航空の乗客排除事件は許しがたいことだが、企業風土が誤った方向へそれるとこのような事態が起きるのは当然であり予測できることだ。いつも乗客を余分な荷物のように扱っていれば、業務に不都合であれば、当然、余分な荷物のように通路を引きずってもいいと考えるようになる。組織が人間——従業員と顧客の両方——をロボットか牛か自販機のように扱うと、目に余るような命令や方針にも従えるようになるのだ。従順で疲れ切った一般職員は、自分のなかの論理的思考、倫理観、道徳観、判断力を黙らせて、命令に従うだろう。経営者に奉仕するために、彼らはお金を払っている顧客を余分な荷物以下の存在として扱う。そんなことをすれば、経営者の評判と価値が地に落ちるというのに。

だからこそ人間性と個性を見失ってはいけないのだ。だからこそ、従業員のなかに業務内容以上のものを見るよう約束してほしいのだ。企業文化がどうなるかは、そうした姿勢にかかっている。従業員が潜在能力を発揮できるか否かもだ。究極的にはこうした姿勢がなければ成功できないだろう。

しかしこの約束を果たすのを困難にする要因がいくつかある。前述したが、人の心を麻痺させる官僚主義的なプロセスや方針は、人からやる気を奪い、むしろ不要なケースの方が多い。さらに、仕事で求められる専門的なスキルを身につけ、職場のルーティンに慣れてくると、自然に感覚が麻痺してくるものだ。習慣化した責務を実行するときは、あれこれ考えずに機械的にこなしがちになる。この有害な状況に、多忙を崇拝する風潮——真剣に働くプロフェッショナルはみな、息つく島もないほど忙しそうに見えなければならないという思い込み——が加わると、事態はさらに面倒になる。

繰り返すが、現代の労働者を取りまく社会のこの皮肉めいた進化を見るのは実におもしろい——人工知能が発達する一方で、型にはまったような労働者が作られているのだから。人間の知能を模倣しようと、これまで以上のスピードでデータを収集・解析して、これまで以上に賢いアルゴリズムを作ろうとしている。そしてその間にも、さまざまな方針、手順、言語、人間の扱い方、人間の多様性や能力を認めない硬直マインドセットによって、人間を画一化された予測可能な存在、究極的には使い捨てできるロボットへと変えているのだ。わたしたちが生きる時代では、頭脳明晰な人たちが人間のような機械を作ろうと努力する一方で、人間をより機械らしくしようとしているのだ。いや、待てよ——もっと悪いことになる！

伝統的に、ほとんどの企業——すべての企業ではない——にはピラミッド型の構造とヒエラルキーがある。頂点にはごく少数の〝エリート〟リーダーが君臨している。彼らは一般的にもっとも高い報酬を得ているが、会社への貢献度は低い。底辺には欠くことのできない平社員がいて、組織を動かすために活動し続けている。下層の平社員は面倒な仕事をやり、その仕事を通してスキルを身につけて重要な技能を伸ばしている。理想的には、この層のなかでもっとも優秀で賢い人が、ピラミッド構造の真ん中――いわゆる〝中間管理職〟――へと昇進する。これら中間管理職が担う役割は、仕事を確実に終わらせ、経営陣をハッピーにし、平社員をほどほどに満足させることだ。

だが、多くの組織で労働者の階層の形に変化が見られる。かつては三角形（▲）だった構造が、底が平らな五角形（⬟）へと変わっているのだ。底辺を少しずつ減らしているのだ。情報処理や基本的な業務は、もはや底辺層の労働力を必要としなくなった。現代社会は、ロボット工学、人工知能、オートメーション、オフショアリング［訳註：海外の国に事業の一部または全体を移すこと］、記述的分析と予測分析――これらが仕事を奪っていった結果、最下層に必要な人間が減ったのだ。

このことは中間層に興味深い問題をもたらしている。底辺層が多くて充実しているということは、スキルを磨き、ゆくゆくは中間層へ昇進することになる魅力的な候補者が大勢いるということだ。退職等により少々人が減っても、管理職へと昇進させる経験豊富な人材はまだたくさん残っている。ところがこの層の人材が減少している今、退職等で社員がさらに減少できる余地は減っている。中間管理職の仕事に就く準備が整った人を探すのが難しくなっているのだ。時間をかけて基本的なタスクとスキルを習得し、職場と業界にまつわる高度な専門知識と高い心の知能指数（ＥＱ）を備えた人材がいないのだ。

その結果、残念なことに、人間に対処するスキル――ましてや統率するスキル――がなく、トレーニングも受けないまま中間層に昇進する労働者が増えている。人にやる気を起こさせる能力も、人に共感する能力も、人と連携する能力も、人の長所を見きわめてそれを伸ばす能力も未発達のままで、管理職の初心者が、その役割を担うポジションに昇進しているのだ。総合的に見ると、「中間管理職」はこのような仕事をうまくできないどころか、そもそもスキルを持っていないのだ。

今こそ、このような従業員を機械のように扱う傾向を変えて、目の前にいる唯一無二の才能を活用しようではないか。そのためには、すなわち業務内容の背後にある潜在能力を見抜くには、一人ひとりを個人として見て、それぞれのニーズに合わせて働きかける必要がある。そのためには、技術労働と同じように感情労働についても真剣に考えなければならない。

通常、技術労働は予測可能で、明確で、日々の業務の中心となる。この労働には仕事を終わらせるためにすべき基本的な業務が含まれる。技術労働をこなすだけで基本的なスキル、知識、認識能力は習得できるし、さらにプロセスや手順、ビジネス戦略や人材管理に関する基本的なことも気づくようになるだろう。

一方で、感情労働は良くも悪くもリーダーが差別化できる領域だ。感情労働に含まれるのは自己認識、注意深さ、心の知能（EQ）、他の人や彼らの働き方への知的好奇心だ。他の人を個人として見て、業務の背後にある彼らの潜在能力に気づいてそれを発揮させることは、感情労働となる。

新型コロナウイルスの発生とその世界的な流行によって、企業は従業員たちの生活面を含めた全体像を認識せざるを得なくなった――そんなことをするのは初めてという企業もある。組織は、家族とパソコンをシェアしながらビデオ会議に参加する従業員に配慮しなければならなかった。さらに、従業員のプライベートな空間を目撃し、彼らが社会から隔離されて狭い家のなかで暮らし、運動不足や睡眠不足に陥り、ロックダウンなどへの不安がメンタルヘルスに影響する様子を毎日見ていた。組織は従業員を人として認識し、一度そう認識すると、もはや生産性を担う構成単位として扱えなくなった。

感情労働という概念は、1983年にアメリカの社会学者アーリー・ラッセル・ホックシールドによって初めて提唱された。職場では感情を抑制して、仕事で求められるとおりに感情を表現しなければならないことを感情労働と呼んだのだ。一番わかりやすいのはサービス業界だろう。顧客と直接やり取りする従業員は、顧客にポジティブな経験をさせ、良い気分を維持してもらうために、感情を抑制して相手に合わせなければならない。だがホックシールドは、「研修と管理業務を利用すれば、経営者は従業員の感情的な活動をある程度管理できる」と言って、職場における感情労働の重要性を説いた。

ホックシールドによると、伝統的に職場での感情労働は男性よりも女性に期待されてきたという――どんな環境でも女性は感情を抑制するのに苦労するものだとの考え方からだ。馬鹿げた発想だが、このような考え方は長年続いてきた。「約束その4」で紹介した、人々が単語から何を連想するか調べた実験を思い出してほしい。被験者たちは女性たちについて、世話をする、母などの言葉を連想した。

人々の成功を後押しするような感情的な環境は、みんなで作らなければならない。だが、全員に一貫して高いパフォーマンスを発揮してもらう必要があるのだから、これは特にリーダーの責任と言える。だとすれば、競合他社、破壊的変化をもたらす存在、市場の脅威、社会政治的な変化以上に、従業員が注力すべきものがあるだろうか？　従業員には、こうした脅威に注力させることもできるし、同僚や上司と最後に交わした会話を思い出しては心配したり、混乱したり、消耗したりすることにエネルギーを使わせることもできるのだ。

感情労働とは、時間をかけて個人のニーズを理解することだ。そしてそれは真剣で無私の仕事だ。〈黄金律〉のような単純なものではない。〈黄金律〉は良きアドバイスというよりも、ナルシストの宣言文に近い。「己の欲することを人に施せ」だって？ それは違う。社会はどんどん多様化し、国際化し、世界各国がつながるようになった。そんな社会のなかで、自分がしてもらいたいことを、世界中の人々も欲していると断言できるだろうか？

では「人が欲していそうなことを人に施せ」はどうか？ こと他人に奉仕するとなると、万人向けの方法などない。もしあるとしても、自分ならどうしてほしいかを考えることではない。感情労働とは、人によって行動や言葉に対する捉え方が異なることを理解することだ。誰とやり取りするにせよ、巨人の握手と同じで、相手の個人的なニーズに合わせてカスタマイズする必要がある。

クライアントとディナーを取っている状況を想像してみてほしい。あなたの会社とクライアント企業から、それぞれ数人が参加している。クライアントの一人が絵画教室に通っている、または知り合いが通っていると発言したとしよう。いつも同僚たちと対等に付き合っているあなたは、ディナーに同席している同僚の一人が絵画をやっていることを知っているとする。しかもかなりの腕前だと聞いたことがある。ディナーの席でそのことを言えば、その芸術家肌の同僚は、自分の作品について話す機会が得られたことを感謝するかもしれない。あるいは、困惑して人目にさらされたと感じるかもしれない。「絵を描くのが好き」程度の知識で、相手のことを知った気になってはいけない、ということだ。

次の章でフィードバックについて取り上げるが、フィードバックこそ個人に合わせたアプローチが必要になる。世の中には、「きみはもっとできるはずだ」と公言される方が、モチベーションが上がる人がいる。そのような人には、会議室の大勢が集まるなかで「しっかりしてくれよ。きみは前四半期にこれと、あれと、あれをやってないじゃないか。きみはもっとできるし、やってくれないと困るよ」とハッパをかけよう。これで奮起する人がいる。同僚たちの前で責任を問われるとポジティブに影響するのだ。他方で、恥をかかされたと感じてやる気をなくす人もいる。そのような人は、ミーティングの後に一対一で話す方がモチベーションが上がるだろう。目撃者が少ない方がいいのだ。アプローチは違っても目標は同じだ——この人にどう働きかければ、最高の力を引き出せるのかと、一人ひとりについて具体的に考えよう。

感情労働に時間をかけて、部下を個人として尊重して扱えば、彼らの潜在能力が引き出されて、あなたが雇ったときに思い描いた以上の働きをしてくれるだろう。求人広告を出したときに要望した以上の働きをして、真のチームメイトになるだろう。チームとグループを分ける大きな違いはここにある。グループでは業務の範囲内の仕事に責任を負うが、チームでは業務の範囲は出発点に過ぎない。

読者になじみの深い職場と、スポーツの職場（特にわたしがいたＮＢＡ）とを比較するのは、正直気が引ける。この二つは多くの点であまりに違い、りんごとオレンジというよりも、野菜とミネラルぐらい違うからだ。とはいえ、スポーツで学んだ真理が一つある。ＮＢＡのオーランド・マジックに入団して最初の年の出来事だった。一見すると馬鹿げていて無関係な話だと思われるかもしれないが、個人の役割の範囲を超えて行動することで、チーム全体に価値を提供できることを示す良い事例だと思う。

わたしがオーランド・マジックに加入したのは１９９９年だが、それ以前にクリーブランド・キャバリアーズで１シーズン、外国で数シーズンプレーした経験があり、いわゆる「ルーキー」ではなかった。だがロッカールームと——これから話す体験談のために言えば——チームの専用機のなかでは、ルーキーとして扱われていた。

おまけにわたしはちょっと変わった人物だと思われていた。今日のＮＢＡほどチームメンバーが国際的ではなかった時代に、外国人だったからでもある。おまけにわたしは博士課程で心理学を勉強していて、少なくともバスケットボール選手たちのなかではこのような兼業は珍しかった（もっとも、ＮＢＡのライフスタイルは学業向きだ。十分な収入と十分な休憩時間があるので、読書や勉強に時間をかけられる）。

遠征先へ向かうときは、20人ほどが広々としたボーイング７４７型機で移動した。わたしのこれまでの経験では、どのチームでもバスや飛行機で移動するときはヒエラルキーに従って席に着いた。そんなわけでオープン戦が始まって飛行機で移動するようになったとき、わたしは1台しかない４人掛けのテーブルに座ってはいけないことを認識していた。テーブル席にはいつもベテラン選手たちが座って、カードゲームをしたり、雑談したりしていたからだ。ところがほんの一、二試合を終えたところで、わたしが搭乗した際に、いつもそのテーブルに座るベテラン選手の一人が、自分の代わりにその席に座ってもいいよと勧めてきた。わたしはその席に座ることにした。だが他に座る人はおらず、一人で座っていた。

飛行機が離陸して水平飛行に移ると、わたしはノートパソコンを開いて勉強を始めた。平静を装ってテーブルに座っていたが、心のなかではみんなに嫌われているのではないかとか、みんなが手の込んだいたずらを仕掛けてわたしに恥をかかせようとしているのではないかと疑心暗鬼になっていた。そのうちにチームメイトの一人が近づいてきて、座ってもいいかと尋ねてきた。「ミーチ、悩みがあるんだけどさ」と彼は言った。

悩みについて聞く前から、何か重大なことが起きたのだとわかった。チームメイトたちは、わたしがチームに付加価値を提供できそうだと気づいたのだ。コート内でのやり取りを除いて、その選手とは簡単な会話を交わしただけだった。にもかかわらず、彼はわたしなら助けてくれそうだと考えたのだ。わたしは仲間外れにされたわけではなかったし、嘲笑の的でもなかった。このテーブルに座らされたのであり、それは年俸とは無関係に、わたしには誰にもできない価値を提供できるからだったのだ。

そのチームメイトの悩みは、妻が彼の女友達をひどく嫌うというものだった。読者なら、彼に共感できるのではなかろうか？

いや、そうでもないか。

地上から3万フィート上空でこの問題について話し合ってから、何週間もの間、帰りの飛行機のなかでも、他のチームメイトたちが助言を求めて4人掛けのテーブルにやって来た。馬鹿げた相談もあれば、ありふれた相談もあった。コーチとの関係はもとより、チームメイトや配偶者、子どもや親戚、取り巻き、ファイナンシャル・アドバイザー、エージェント、それから複数のガールフレンドたちとの関係について、助言をくれと求めてきた。わたしを見て、こいつは使えると発見したかのように。データを見れば、わたしがバスケットボールコートのなかで何ができるか、ある程度予測できる。だがわずか数か月でチームメイトたちは、ドラフトで選ばれなかった敗者の一人だったこのルーキーには、バスケットボール以外の才能があることを発見したのだ。得点したり、リバウンドを取ったりする以外に、心理学の博士課程で学んだことがチームメイトの役に立ったのだ。

業績を上げているチームはこのように機能しているのではないだろうか。業務は従業員がやるべき仕事のスタート地点に過ぎない。オーランド・マジックにいたとき、わたしはありのままの自分が受け入れられ、それでいいのだと励まされたように感じた。このチームにいたときに個人的にもチーム的にも大成功を収めることができたのは、偶然ではないと思う。

組織としては、機械と仕事をする方が簡単かもしれない。だが、この先組織が成功するにはトランスフォーメーション、イノベーション、破壊的変化、そしてレジリエンスが必要だと言われている。どれも人間にまつわる言葉であり、少なくとも現時点ではこれらを体現できるのは人間だけだ。真剣に成功したいと考える組織は、従業員が人間らしくないと感じるたびに、組織の成功にとって重要なこれらの特質を実践できなくなるだけでなく、発揮する意欲も低下していくことを認識しよう。

社員一人ひとりに備わった人間らしく独特で複雑な面を無視して、それぞれの業務の範囲内に押し込めてしまうと、人間らしさを発揮できない不幸な存在を作り出してしまう。こうした複雑な面に光を当てれば、まったく新しい潜在能力を発揮できるかもしれない。予想もできない状況でまったく期待していなかった人が、特別な能力を発揮できるような状況を作り出そうではないか。

社員の業務内容の認識方法を変える必要がある。社会的な場であれ、業務内容であれ、小人が背伸びをして大きな役割を担っている姿をイメージしがちだが、実際は巨人がラベルを貼られた小さな容器のなかで息苦しい思いをしながら働いているのだ。

約束その9

フィードバックを究める

繊細な会話を避けたくなるのにはそれなりの理由がある。特にフィードバックに言えるのだが、このような会話は難しく、エネルギーも消耗する。何と言えばいいかわからなかったり、やり方を誤ったらどうしようと不安になったり。こちらの意図がきちんと伝わらず、相手が腹を立てて感情的になる可能性もある。何かを指摘することで、状況が悪化し、相手との関係が壊れるのではないかと不安になることもある。将来的なダメージを想像して、怖くなるのだ。

人間がこのような会話を恐れるのには生物学的な理由がある。前述したような不安があると、脳のなかの〝感情的〟で〝非合理的〟な部位である扁桃体が警戒するからだ。その結果、一種の「扁桃体ハイジャック」が起きて、人は闘争するか、逃走するか、こわばるかして、うまく行動したり振る舞ったりするのが難しくなる。

幸いにも、適切なタイミングで効果的なフィードバックをすることは、ごく普通のスキルであり、練習と規律次第で改善できる。繊細な会話も慣れてしまえば、扁桃体は脅威と感じなくなるだろう。フィードバックをするのが容易になり、どんどんうまく伝えられるようになる。フィードバックをしなければどうなると思う？　後まわしにするか、中途半端なフィードバックを行ったら？　問題が悪化するのではないだろうか？　あなたの状況も悪くなる。他の人の状況もだ。いずれにせよ繊細な話をしなければならなくなるだろうし、状況がさらに悪化すればフィードバックはさらに困難なものになる。

本章の約束は、効果的なフィードバックを適時に提供することだ。というのも、部下たちが成功するにはそのようなフィードバックが必要だし、もらう権利があるからだ。残酷だと思われるのが心配で建設的な批判をしないでおくことは、部下たちにとってひどい仕打ちでしかない。同僚が自分のやり方が間違っていると気づかず、同じ失敗を繰り返すか、生産性の低いやり方をしているとする。あなたがそのことに気づきながら放置するなら、それよりも残酷なことがあるだろうか？

トランプ前大統領が、靴底にトイレットペーパーをくっつけたままエアフォースワンのタラップを上っていく映像を見たことがあるだろうか。画像は拡散して大勢の人に笑いを提供したが、あれはきわめて示唆に富む瞬間でもあった。一番多く拡散した動画は大統領一人にフォーカスしていて、靴底にくっついたトイレットペーパーの断片を引きずる哀愁漂う姿が映っている。だが、視界を広げて周囲を見まわすと、大勢の人がその様子を黙って見ていることがわかる。大統領が重装備された専用リムジン〝ビースト〟を降りて専用機のタラップを上る間に、周囲にはおおよそ十数人ほどの人々がいた――シークレットサービス、専用機の乗務員、ホワイトハウスのスタッフなど。それなのに誰も何も言わなかったのだ。専用車に同乗していた人も、大統領が歩くのを見守っていた人も、誰もがその恥ずかしい光景が世界中に放送されることを知っていたはずなのに。

この出来事から何がわかるだろうか？　トランプを護衛するメンバーたちがそろいもそろって、この招かれざる客がビーストから降りてタラップを上る間に、護衛しながら何も言わなかった。カメラマンの集団がその映像を世界中に配信していたのに——このことは何を意味するのか？　確かなことは言えないが、考えられる理由はどれも良いものではない。わざわざ助けたいと思うほど大統領を気にかけていなかったか。あるいは、助けに対して大統領がどう反応するか不安だったのかもしれない。例えるなら、ディナーパーティでゲストの歯に青菜がついていることに気づいた瞬間に似ているかもしれない。その状況でどう反応するかで、そのゲストに対する感情がわかる。相手を尊敬し、信頼し、気にかけているなら、何らかの形で相手に知らせるだろう。「キッチンを手伝ってくれない？」とか「仕事のことで大事な話があるからちょっといいかな」などと口実を設けて離席してでも、何らかの形で教えるだろう。

同僚の歯に青菜がついている、または靴底にトイレットペーパーをくっつけたまま歩きまわっているのに、それを黙って見ているのはやさしさではない。また、逆にあなたがそのような恥ずかしい状況にいるときに、誰かが青菜／トイレットペーパーがついていると指摘してくれたら、それを信頼と善意の表れだと思って快く受け止めよう。

繰り返すが、適切なタイミングで効果的なフィードバックを与えることは、誰にでもできる基本的なスキルだ。もっとも、そのためには練習とフィードバックを繰り返し与えることが必要だ。多くの人がその作業に消耗するが、それは前述した理由でフィードバックをためらうからであり、経営者から頻繁にフィードバックを与えなさいといった明確な指示がないからでもある――つまり回避するのが簡単なのだ。組織では年に一度の査定があり、それ以外に年に1、2回ほどの面談があるのが一般的だろうか。

もっとも、そのような人事評価が機能するどころか、機能していないことを誰もが知っている。通常、評価は数値で表される――一年間仕事に邁進したことが1〜5段階評価に縮小される方が気分がいいからだろうか？　おっと、現実的には2〜4段階と言うべきか？　4と評価された場合、それは組織があなたに仕事を続けてほしいということだ（だが昇給はさせたくない）。評価が3だった場合は平均的という意味だが、才能、人格、在職期間が平均的か、あるいは面倒な面談はやりたくないという理由で、ほとんどの人は3と評価される。2と評価された場合は、来年悪い知らせがありそうだから覚悟しておけと言いたいか、状況を改善する機会を与えてくれているのだろう。成績優秀な従業員の数をトップ何％までと限定したがる組織が無数にあるなかで、多くの人に5の評価を与えるのは都合が悪く、またコストもかかる。1の評価に値する人がいれば、おそらく上司がすでに対処しているだろう（ただでさえやる気を奪う「1」の評価が、ますます不要になる）。

こうした手順が、〝相対評価〟でなされると考えるとさらに的外れに思える。各評価点が取れる人数は相対評価で決まっているし、達成度を測る基準はまったく標準化されておらず、客観性もない。

人間は数字ではないし、成績は年度末に集計された数値で正確に測れるものではない。数値を評価する人が従業員との面識がなかったり、直近の出来事に引きずられて評価したり（直近効果）、あるいはどの成果を重要視するかで個人差があったりすると、ますます正確性を欠くことになる。このような形式的な評価は無意味なことが多いし、これを基にしたフィードバックで成績アップをはからせるのは簡単ではないだろう。

適時かつ効果的なフィードバックは、限られた期間内で準備して実行するものではない。コンスタントに行うものであり、小さなことも評価する「マイクロ評価」をはてしなく続けることだ。そのためには、毎朝会社に到着した直後からしっかり目を開いて周囲を観察し、どんなに小さくても重要な振る舞いや行動に目を留め、24時間以内にそれをメモするか、後追い調査することだ。この「マイクロ評価」という概念を導入すれば、フィードバックをするのが当たり前な環境を築けるだろう。フィードバックをする機会ともらう機会が増えて、習慣化していくだろう。絶えず「マイクロ評価」を行えば、正式な人事考課も前ほど困難ではなくなり、インパクトも強まるだろう。

マイクロ評価方式のフィードバックをやるには、小さな出来事もしっかり観察しよう。目の前で起きていることに気づいて評価するといった単純なものではない。重要な瞬間をその目で確認するために、常に油断なく積極的に周囲に注意を払わなければならない。ミーティング、プロジェクト、顧客との電話、プレゼンテーション、報告、電子メールでのやり取りなどはすべて、行動の善し悪しに関係なく、従業員の行動を確認するチャンスと捉えよう。

気になる振る舞いや会話に気づいたら、すぐに後追い調査しよう。あなたが目撃した出来事は何を意味するのか？　その意味だとしたら、どうすればいいか？　十分な情報があってすぐにフィードバックできるときもあれば、質問してもっと事情を把握しなければならないときもあるだろう。関係者の了解を得て、その出来事を学習材料として幅広い人たちに共有して議論できるかもしれない。あるいは公式の査定のとき、またはもっと適切なタイミングでその出来事を後追い調査するために、自分にあててリ

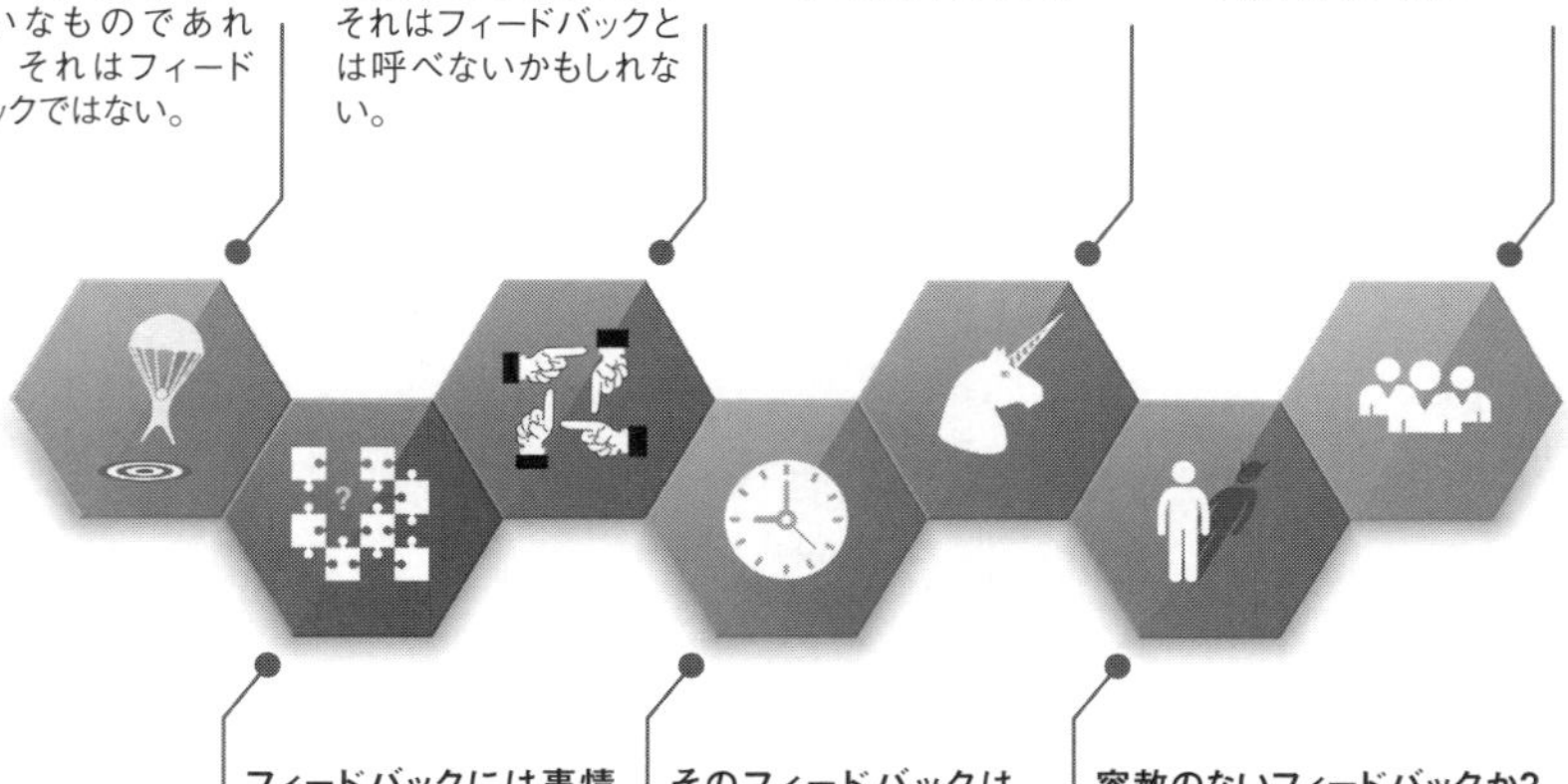
フィードバックの目的は何か?

この対話によってどんな影響を与えたいか? 目的がうわべだけのものか、あいまいなものであれば、それはフィードバックではない。

フィードバックで恩恵を受けるのは誰か?

誰のために対話をしているのか? 受け手か受け手のチームのために話すのでなければ、それはフィードバックとは呼べないかもしれない。

現実的なフィードバックか?

裏づけのある正確なフィードバックか? ただの臆測はフィードバックとは呼ばない。

フィードバックは共有されているか?

フィードバックの基となる意見は、事情に通じた適切な同僚たちに共有されているか?

フィードバックには事情が考慮されているか?

他の要因も考慮されているか? 個人にはどうにもならない外的要因について配慮されているか?

そのフィードバックは今役に立つものか?

今そのフィードバックをすれば役に立ちそうか? 今から言っても遅くはないか?

容赦のないフィードバックか?

気づかないうちに手厳しいフィードバックになっていないか? フィードバックは耳に痛いかもしれないが、残酷なものではない。

効果的なフィードバック・モデル
出所:APSインテリジェンス(2021年)

マインダーメールを送ることもあるだろう。

フィードバックを伝えてもいいか見きわめたいときは、「約束その1」で紹介した「効果的なフィードバック・モデル」を自問するといいだろう。前述したときは、心のなかのフィードバックと他者からもたらされるフィードバックを検証するときに、このモデルを使う方法を説明した。だが、人にフィードバックする前にこのモデルを役立てれば、自分が伝えようとしているメッセージの意味とその価値が明らかになる。

効果的なフィードバック・モデル

フィードバックの目的は何か？

ミーティングの予定を立てるときは、目的を明確にすると時間を有効に活用できる。同じことはフィードバックにも言える。目的を明確にして指摘すれば、核心に触れるフィードバックとして相手に伝わるだろう。具体的にどの振る舞いまたは行動を変えたいのか？　フィードバックの理論的な根拠があいまいか不正確な場合——つまり、はっきりと説明できないものを正そう、または指摘しようとする場合——は、そのフィードバックの方向性は疑わしく、もっと深く考える必要がありそうだ。

フィードバックには事情が考慮されているか？

問題のある行動に影響を与えていそうな要素を見つけようと精査しただろうか？　時間をかけて従業員を知ることが重要なのは、このためでもある。あなたが、従業員が個人的または職業上抱えている問題について最低限のことを知らなければ、その問題が仕事のパフォーマンスや満足度に影響していても気づかないだろう。

フィードバックで恩恵を受けるのは誰か？

この問いには明確な答えがあるはずだ。答えられないとき、さらに悪い場合には誤った答えがあるとき、それは見当違いのフィードバックであり、保留した方がいいだろう。念のために言うと、フィードバックは確かに組織のために行うものだが、伝える瞬間にはフィードバックの受け手のことを第一に考えていなければならない。人格攻撃や個人攻撃はフィードバックではないし、イライラして感情を爆発させることも違う――そんなことをしても、フィードバックの受け手は恩恵を受けないからでもある。

恩恵を受ける人を正確に突き止めるには、あなたの精神状態が安定していなければならない。その場のはずみで誤った判断を下しがちだからだ。その結果、アドバイスする側が自己満足するだけの、役に立たないフィードバックになる。

次の問いに移る前に、このことを強調しておきたい。ストレスがたまっているときは、それがフィードバックに反映されるだろう。ここで危険なのは、自分が抱えるストレスの度合いとその影響を、はっきりと認識できない可能性があることだ。複数の研究によると、不安が増すとメタ認知が鈍るという。メタ認知とは、自分の思考を客観的に考えて認識する能力のことだ――つまり、自分の精神的な傾向や感情的な傾向を把握し、それが意思決定や認知にどう影響するかを認識する能力のことだ。研究者らは、それほどストレスを感じていないとき――ストレス度が10段階中2のとき――、本人はそれを自覚している可能性が高いことを発見した。対照的に、ストレス度が10段階中9のときは、メタ認知力が鈍って、自分のストレス度を4か5程度だろうと勘違いしやすいという。よって注意が必要だ。フィードバックを行う前に、恩恵を受けるのは受け手であること、そのアドバイスはあなたの欲求や精神状態とは関係ないと、安定した精神状態で断言できなければならない。

そのフィードバックは今役に立つものか？

気になる行動を観察したら、ただちに後追い調査をしよう。ただし、最初の行動にフィードバックを選ぶ必要はない。緊迫した出来事であれば、まずは冷静になるべきだし、簡単な「マイクロ評価」を行うよりも、正式な評価をする方がいい場合もあるだろう。とはいえ、たとえまだ機が熟していなくても、とりあえず放置するのはやめよう。ここで役立つのが、自分あてに電子メールを送る方法だ。報告ごとにサブフォルダーを作り、後で参照できるようメモを集めておこう。といっても長く放置してはいけない。この方法のマイナス面でもあるが、目撃した出来事に関するフィードバックは、時間の経過と共に影響力を失う。子犬が敷物におしっこをしたあと、何時間も経ってから叱るようなものだ。それでは行動とその結果の関連性が弱まってしまう。よって、あなたが目撃した出来事には早期の介入が必要だと思ったら、手遅れになる前に、時間を見つけてそのことを指摘しなければならない。

現実的なフィードバックか？

これはいたってシンプルな問いだ。修正したい行動または振る舞いについて、正確かつ包括的に理解しているだろうか？　それは思い込みではないか？　その意図を推測したことはあるか？　疑うだけにとどめておいた方がいいのではないかと考えたことはあるか？　あるいは、不確実であいまいなことを明確化するために、まだ問うべき質問があるのではないか？　全体像がわかるほどの情報がまだないのかもしれないが、推測や臆測に基づいたフィードバックはできるだけ避けよう。

容赦のないフィードバックか？

批判的なフィードバックは心地よいものとは限らないからといって、相手を良い気分にさせるようなフィードバックを与える必要はない。とはいえ、批判的なフィードバックは自尊心を傷つけ、自信や自主性を喪失させる。相手を傷つけ、くよくよさせるかもしれない。そのため、注意が必要だ。また、残酷なフィードバックはいけない。人を傷つけることを目的としてフィードバックをしてはいけない。

この違いは、ラグビーとボクシングの違いに似ている。ラグビーをしていると、選手が脳震盪を起こすことがある。だがラグビーの目的は脳を損傷させることではない。ボクシングでも脳震盪は起きるが、それはボクシングの目的が脳震盪を起こすことだからだ。ボクシングは脳を損傷させること――つまりノックアウト――を目標とするスポーツなのだ。

厳しくて客観的で批判的なフィードバックは、耳に痛いかもしれないが、学ぶべきことを伝えて相手を成長させる。他方で、当人の発達や成長などは考慮せずに能力が足りないと言って、恥をかかせる、または心に傷を負わせるようなフィードバックもある。この二つの間には大きな違いがある。

フィードバックは共有されているか？

そのフィードバックは、受け手かその状況をよく知る人たちが聞いても驚かない内容か？　それはあなたが独断で下した評価ではないか？　フィードバックをするか検討するときは、第三者の意見を聞いてその健全性を確認しよう。問題の行動または振る舞いに影響されている人がいたら、適宜相談するといいだろう。

フィードバックを思いつくたびに7つの問いで確認するのは、やり過ぎだと思うかもしれない。だが繰り返し実践すれば、習慣化するだろう。だからこの質問を順番に覚えて自問することを習慣化して、効果的なフィードバックだけを選び出し、未熟なものや問題のあるものを排除しよう。やがては自問する習慣が根づき、このフィードバック・モデルをごく当然のように使いこなせるようになるだろう。

言うまでもなく、効果的なフィードバック・モデルは各フィードバックの潜在的な価値しか測れない。それをどう伝えるかも同じぐらい重要だ。そのため、ここでは覚えやすくてよく練られた構造を紹介するので指針として役立ててほしい。わたしはこの指針を「フィードバックにまつわる5つのC」と名づけた。5つのCとは好奇心（Curiosity）、礼儀（Courtesy）、明確さ（Clarity）、結果（Consequence）、約束（Commitment）のことだ。5つのCに着目しながらフィードバックを考えれば、問題に取り組みやすい環境を整えられるし、受け手が身構えて聞き入れなくなる可能性も低くなるだろう。

□「好奇心」から始めて、まずは質問する

「こんな出来事があったみたいだけど、もう少し詳しく話してくれないか？」「この状況について、あなたはどう思っている？」などと質問したら、間を置いて相手の答えを待つこと。質問するときと同じように、好奇心を持って相手の答えをじっくりと時間をかけて理解しよう。このやり方なら情報を集められるし、まだ知らない事実があるかもしれないと気づける。双方向型の対話をすると信頼関係を築きやすいし、あなたも独断的な人だと見なされることはないだろう。

□常に「礼儀」正しく振る舞う

その状況または人にどんな感情を抱いていようとも、常に世論の支持を得そうな立場を維持して、模範的なやり方で問題を正しく解決しなければならない。時間を割いてくれてありがとうと言おう。気まずい話し合いや不快な話し合いに発展するかもしれないと伝えよう。だが、皮肉、受動的攻撃行動［訳註：直接的な攻撃はせずに、義務を怠るなどして相手を困らせる行動］、こき下ろし、悪口、声を荒らげるなどの手段に頼ってはいけない。そんなことをすれば、あなたの伝えたい内容があいまいになって、聞き手が身構えるだけだ。丁寧な言葉と礼儀正しさを高いレベルで維持すれば、聞き手は関心を持ち、あなたの話をしっかり聞いてくれる可能性も高くなるだろう。

□フィードバックを「明確」にする

効果的なフィードバック・モデルを使ってフィードバックを練れば、内容が明確か感覚的にわかるだろう。といっても神経質になって緊張感が高まると、明確さを欠きがちだ。そのため、一般化や仮説を用いるのは避けて、具体的なことを強調しよう。実際の出来事を中心にしたフィードバックにし、

相手の人格ではなく態度や行動にフォーカスすること。

人に同じ失敗を繰り返させないようにするには、何が問題を引き起こしているのか、その原因を具体的に挙げる必要がある。肯定的なフィードバックにも同じことが言える。本章で主に批判的なフィードバックについて説明しているのは、批判する方が難しいからだ。だが、肯定的なフィードバックも具体的でなければ効果がない。ごく一般的なほめ言葉は怠慢だし、お粗末なほど見えすいていて、意図せぬうちに相手の反感を買う恐れがある。ほめるときも批判するときも、詳しく明確にするよう心がけよう。

□どんな影響があるか明確にしておく

問題のある振る舞いやパフォーマンスは指摘するだけでは不十分で、それを直したらどうなるかを話し合う必要がある。特定の言葉や行動が何を意味するものだったのかとか、どういう意図だったのかなどと理論的に話し合ううちに、会話はしばしばあらぬ方向にそれてしまう。フィードバックに集中して、問題のある言動の影響や結果について話し合えば、否定しにくくなる。ある行動が他の人なり、ビジネスなりに確たる影響を及ぼしているのであれば、そこには否定できないリアルな影響が出ているのであり、行動を変えるべき理由があるということだ。

□「約束」を取り付ける

フィードバックを伝えるのは、そもそも相手の行動を修正するためか、強化するためだ。このような会話を交わしたら、最後に約束してほしいと伝えよう。約束を取り付ければ、今後何を期待しているかが明確になり、聞き手の責任感に訴えて、継続的に改善するよう促すことができる。それを新たな始まりだと印象づけて、今後の方向性について互いの理解を一新させることができる。

敏腕のベテランマネージャーですら、査定とフィードバックの面談を終えるとくたくたに疲れるものだ。とはいえ、一つのテーマを終えるたびに、すぐに次の話題に移ってはいけない。そのテーマを終える前に、一呼吸おいて、客観的な視点でその瞬間を見つめよう。うまくいったことは何か？　もっとうまくできたことは何か？　それを特定できれば、もう一度同じことをすることも、改善することもできる。習慣化させてベストプラクティスを根づかせることもできるだろう。困難な場面を予測できるようになる。予測できれば、次回はもっとうまく対処できるようになる。

効果的なフィードバックを適切なタイミングで行うという約束を提案されて、読者の多くはためらうかもしれない。だが、これは能力の範囲内でできる基本的な行為を一貫してやると約束することに過ぎないし、それを繰り返し練習するだけだ。何度も実践するうちに、容易にうまくフィードバックができるようになるだろう。

フィードバックは同僚にあげられる最高の贈り物だ。彼らも歯に青菜がついたり、靴にトイレットペーパーがついたりすることがあるだろう。そのような事態になったときに、あなたが尻込みしてはいけない。同僚を愛しリスペクトして、それを教えてあげよう。

【ワーク1】効果的なフィードバック・モデルを使ってフィードバックを評価する

最近あなたが誰かに伝えたフィードバックと、人からもらったフィードバックを、時間をかけてレビューしよう。効果的なフィードバック・モデルで検証して、あなたのフィードバックと、人からもらったフィードバックの質と有効性を評価しよう。

【ワーク2】「マイクロ評価」をやってみよう

次のステップを踏んで、同僚や直属の部下にマイクロ評価をやってみよう。直属の部下だけでなく、同僚や上司の仕事を効率化させるのにも役立つ。一年の間にパートナーに多くのことを気づいてもらい、指摘してもらえたと評価する人が大勢いる。

気になるやり取りを調べる

フィードバックの第一段階は、いろいろなことに気づくことだ。どんなにささいなことでも構わないので、周囲に起きた影響、やり取り、会話に注意を払おう。

気づいた瞬間に評価／内省する

内省や評価に値するような何かが起きたら、それに気づくこと。

影響と学びがあれば、それをきちんと伝える

何かを見るか聞くなどして、もっと知りたくなったことや変えたくなったことが見つかったら、あるいは新たな学びを定着させたいと思ったら、それを伝えよう。

行動に発展させる

重要な学びや影響に基づいていくつか行動を起こす。

メモを取る

件名に同僚の名前と日付を入れて、自分あてに電子メールを送る。フィードバックを伝えなければならないときが来る頃には、その同僚とのやり取りや行動のリストができているだろう。それを活用してフィードバックを練り、内容を充実させて伝えよう。

チームと共有する

フィードバックについて、反省と学びのためにみんなと共有してもいいか許可を得よう。相手が嫌だと言ったら共有してはいけない。相手が了承してくれたら、問題のある出来事であれば、視点を変えて肯定的で学びのある出来事としてチームに紹介する。

マイクロ評価

出所:APSインテリジェンス(2021年)

約束その10

相手に集中する

読者にはもう一つ、同僚たちに対して個人的に約束してほしいことがある。同僚がいる間はずっと誠実に向き合い、あなたが相手を必要とするときや何かをやってほしいとき以外にも、常に彼らと向き合うと約束してほしいのだ。

都合のいいときだけやって来るマネージャーや同僚に対して、この人は自分を利用しているとか、操ろうとしていると感じた苦い経験がある人は多いだろう。受信トレイに彼らからのメールが届いた瞬間に、何かを頼まれそうだと察知する。にもかかわらず、あなたが話しかけると、彼らから歓迎されない邪魔な存在であるかのように、気が進まない様子で対応されることが多い。

というわけで、そんな人間にはならないと約束してほしいのだ。これはつまり、常に無私無欲の状態で人と接し、質が高くて有意義なやり取りをすると約束することだ。オフィスのドアを開け放して、毎日同僚たちとおしゃべりして過ごせと勧めるわけではない。むしろ自分の時間をもっと有効に使ってほしい。この約束を果たせば、同僚との絆が強まってチームワークの文化を強化できるだろう。お互いをよく知り、真の同僚として結びついたチームメイトは、パフォーマンスが上がることが証明されている。

この約束を果たすには、まずは実用的なマインドフルネスを常に実践しよう。繰り返すが、〝マインドフルネス〟と言っても、お香を焚いてお経を唱える僧をイメージしてはいけない。ここで話しているマインドフルネスは、そういう意味ではない。

マインドフルネスは、ただの風変わりなスピリチュアルな風潮ではない。本質的には、何かをやっている間はその物事に意図的に集中して注意を払うことだ。部屋に入った途端に、しばし立ち止まって何をしようとしたのか、その部屋に来た理由を忘れてしまったことはないだろうか？　目的があって携帯電話を手にしたのに、アプリやメッセージや通知といった雑念の沼にはまって、やろうと思ったことをやらずじまいだったことは？

職場の廊下で誰かと簡単な会話を交わしたときや、オンライン会議で小さなグループで話し合ったときに、会話をまったく聞いていなかった、または後で思い返して何も覚えていなかったことが何度あるだろうか？

脳内では無数の思考とやるべきことがこちらの注意を引こうと競い合っており、マインドフルネスを意識しなければ、雑然とした思考に消耗して飲み込まれてしまう。ここでの危険性は二つある。一つ目はわかりやすい危険性だ――頭のなかが雑然としていて注意力が散漫だと、人や出来事や職場に関する重要なニュアンスや詳細を見落とすことがある。同じぐらい有害なのが、周囲の人々への影響だ。あなたが携帯電話かパソコンの画面を凝視したままで対応したら、相手はどう思うだろうか？　相手はあなたを必要としているのに、当のあなたが作業を一瞬でも中断して振り向こうともしなかったら、相手はどう思うだろうか？　「きみはつまらない存在だ、邪魔しないでくれ」。つまり、きみの話はパソコンか携帯電話に表示されている内容ほど重要じゃないし、興味もない、ということだ。あなたの態度は「わざわざ椅子を回転させて振り返るほど価値のあることではない」というメッセージを発しているのだ。

忙しいときでも、周囲の人たちに注意を向けて対応できるシンプルな戦略がある。最初はそっけないとか事務的だと思うかもしれないが、これらを実践すれば、基本的なルールを確立できるし、自分の殻に閉じこもらずに境界線を守れる。

まずは「中断優先タイム」を設けて、短時間だけみんなに対応するようにしよう。うちの組織でこのタイムを設けているが、かなり効果的だ。誰でも、いつでもわたしのオフィスに立ち寄って、邪魔してもいいかと尋ねることができる。わたしに急ぎの用件があってすぐに対応できないときは、一休みできるまで数分待ってもらう。だが、一度対応する準備が整ったら、相手が持ってきたテーマについて全力で集中する。うちのオフィスでは「中断優先タイム」は一回につき2分以内で終わらせることになっている。その2分間で相手はわたしを独占でき、わたしも相手を独占できる。たとえ短時間でも、全神経を集中させると約束するのだから、はかりしれないほどの価値がある。「忙しいときでも、あなたにとって重要なことはわたしにとっても重要だ」と伝えることができる。電子メールでも同じテクニックを使っている。同僚に「邪魔してもいいかい？」とメッセージを送ると、相手は2分だけ時間を割けば良いことを承知したうえで、返信をくれる。

大勢の人たちから時間を割いてほしいとの要望が来て、やるべき仕事に集中できない場合は、チーム内の互助体制を強化する必要があるだろう——特定の人との時間を減らすためではなく、全員のために必要な時間を割くためだ。そのためには学校でよく使われる「まずは三人に訊いてみよう」テクニックが役に立つ。「中断優先タイム」を要求する前に、まずは三人の人に相談するのだ。他の同僚たちと話し合い、既存のリソースと相談しても方向性が見えない場合は、あなたが対応するのが当然の事案となる。とはいえ、最初に精査することをプロセス化しておけば、あなたのところに持ち込まれる相談事をいくつかふるい落とせる。

念のために言うと、「悪い質問はない」という考え方には賛成できない。悪い質問はある。検索エンジンにかければ0・00036秒で答えが出るのにわざわざ人に訊くケースもあれば、当人の前で同じ質問に答えた（場合によっては複数回）ことがあるのに、また訊いてくるケースもある。真剣に考えて答えなければならない質問——要するに重要な質問——はたくさんあるため、まずは重要な質問に時間を割かなければならない。

「まずは三人に訊いてみよう」はとても役に立つ。このテクニックを使うと、みんなは同僚たちのことや、お互いにどうサポートし合えばいいかを考えるようになるし、肩書きや役割とは関係なく専門知識のある人が周囲にいることに気づくようになる。このシステムを導入しても、現在に注意を向ける必要性がなくなるわけではない——むしろ、同僚たちに意識を向けざるを得なくなる。

アプリからライドシェアを申し込むサービスが登場する前、わたしはよく空港との行き来に、昔ながらのカーサービスを使った——特にアメリカに行ったときに。そのなかでも忘れられないドライバーがいる。彼は行動や振る舞いをわたしに合わせてこまかく配慮することで、他のドライバーとの違いを生み出していた。わたしが空港に到着したとき、彼はわたしの名前を書いた紙を掲げていたが、そのスペルが正しかったのだ。そんなケースはまれで、通常ドライバーは「John」の「h」を書き落とすか、わたしの名字をいいかげんに書くことが多い。だがこのドライバーは正確だった。また、彼が「荷物を運びます」と丁寧に申し出てくれたときにわたしが断ると、他のドライバーと違って、彼はしつこく申し出ることも、プレッシャーをかけてくることもなかった（長時間のフライトのあと、わたしは足が目覚めるまで、キャリーバッグを杖代わりに引くのが好きなのだ）。

このドライバーは、わたしが空の旅で疲れていることを察知し、名前を言って握手を交わしたとき以外は、わたしが物思いにふけるのを邪魔せずに黙って車——年季が入ったリンカーン・タウンカー——まで歩いた。車に到着した途端、彼が乗客のプロフィールを見てわたしの身長に配慮してくれたことに気づいた。わたしの脚の空間を最大限に広げるために、フロントシートが二席とも前に引いてあったからだ。このような状況では、ほとんどの運転手はわたしが狭い後部座席で居心地悪そうに座ってからようやく、空間を広げなければと気づく。

空港を出たところで、彼は無線機を取ると「ＰＯＢ」と簡単に言って受話器台に戻した。わたしがＰＯＢとは何の略ですかと尋ねると、彼は満面の笑みを浮かべて「乗客が車に乗った（Passenger on Board）の略です。つまり〝あなたに集中する〟という意味です」と言った。

確かに彼はわたしに集中していた。わたしの名前をマーカーで厚紙に書く前にスペルをダブルチェックした瞬間から、彼はわたしのために準備をした。わたしのためだけに。

通常とは違った彼の対応は、10年以上経ってもわたしの記憶に焼き付いている。この出来事は、他者と過ごすときにちょっと考えて配慮するだけで大きなインパクトを残せることを教えてくれた。実際、たいしたことをする必要はない。少し集中してわずかに調整するだけで、あなたが相手に集中していることが伝わるだろう。相手と同じ空間を共有して、言葉を交わすだけではない。相手に集中するのだ。相手は、自分は安全で価値があり、個人として評価され、尊重され、意見を聞いてもらっていると感じるだろう。

空港であの車に乗って以来、わたしは人と接するときにもっと配慮しよう、おもてなしの心とあたたかさを心がけて、あの運転手のように自然に対応できるようにしようと決意した。それを忘れないよう、ミーティングや交流会に臨む前に、「POB」をマントラのように唱えるようになった。やがてこの略語の単語を置き換えて、きちんと意識して有意義な会話を交わすための三つの要点を表すことにした。新たなPOBは、準備（Preparation）、関心（Orientation）、振る舞い（Behavior）だ。この三つに意図的に集中すると、対面であれ、ビデオチャットであれ、電話であれ、会話にしっかりと意識を集中させやすくなる。

準備とは、心構え、気分、影響を及ぼすものについて、事前に配慮することだ。人と交わる前に意識的に努力して、心のなかの雑念や気が散るものを取り除こう。よく知らない人であっても、これから会う相手のことを考えよう。あなたと過ごす時間で、相手にどんな気持ちになってほしいか？　会話を通して相手にどんな収穫を得てほしいか？

次に、自分の気分を調べてみよう。興奮している？　穏やか？　ナーバスになっている？　直前の会話のときの感情を引きずったままだと、思考や判断力が鈍ることがあるので、感情をできるだけクリアにしてから、次のミーティングなり会話なりに向かおう。最後に、あなたの物腰や表情が相手にどんな影響を与えるか過敏なほど意識しよう。誰もが相手の機嫌を巧みに読み取れるわけではない。あなたがいつも疲れたような表情を浮かべていると、相手はすぐにこの人は退屈しているか、あるいは腹を立てているのかもしれないと誤解するだろう。

関心は、人に対応したときのあなたの態度から簡単に伝わる。人と直接会うときは、相手がやって来るまで机の前に座っていてはいけない。携帯電話の画面を見続けて、相手を待たせてはいけないし、電子メールが来たらすぐにわかるような姿勢を取ってもいけない。携帯電話は視界に入らない場所に置いておこう。すぐ手の届くところに携帯電話を置いたまま会話をしている人が実に多い。たとえ画面を下にして置いていても、通知が入り次第会話が中断しそうだと相手は考える。あなたの注意を引こうと携帯電話と争っていると相手に思わせてはいけない。あなたにとって自分は関心を向けて視線を合わせるほど重要な人間ではないと、相手が感じるようではいけないということだ。

ネットワーク上の世界では画面越しで人と接するが、ここでも対面のときと同じぐらい注意を向けることが重要だ。オンライン上で会話やミーティングをするとき、わたしは絶対に携帯電話の画面を見ない。いつも一人ひとりの顔を見て話すし、必要であればギャラリービューのページを何度もめくって、たくさんの顔を確認している。画面ではなく、参加者全員に集中していることを伝えるためだ。

人と接する前に考えてほしい最後の要素は**振る舞い**だ。集中力を維持しやすい姿勢を取りながら、あなたの集中力が一か所に向けられていると示唆することだ。相手の目を見つめることが重要なのはもちろんのこと、姿勢とジェスチャーも大切だ。相手が居心地悪そうにするかナーバスになっていたら、どうやって気を楽にさせるか？　緊張感を和らげたいときは、ミラーリングという戦略がある。目の前にいる人のジェスチャーや姿勢をこっそりまねると、信頼関係を築きやすい雰囲気を作り出せる。

働き方がより柔軟にシフトしていくなかで、オンライン上での振る舞い方を変えよう――笑みを浮かべる時間をもう少し長くし、うなずき、首を振ろう。そうすれば人々は画面に並んだたくさんの無表情な顔のなかで、あなたが喜んだり、同意したり、異論を唱えているのに気づくだろう。

準備、関心、振る舞い――これは、人に接して話すたびに耳の奥でささやき続けてほしいマントラだ。当たり前すぎてばかばかしくなるかもしれない。あるいは、自分は仕事ができて、長年この仕事に従事していて同僚たちを熟知しているから、そんなに注意して熟慮する必要はないと思うかもしれない。だが、その考えがあだとなる場合もある。有能であるがゆえに集中力を奪われることが多々ある。周囲の人やプロセスに詳しいと、自己満足に陥りやすくなる。

「ＰＯＢ――あなたに集中する」――それを毎回心がけよう。

真剣に人に意識を向けるのと同じぐらい重要なのが、それを継続することだ――スケジュールに組まれた堅苦しいミーティングや、用事があるときだけでなく、常に意識を集中することだ。人間の注意は移ろいやすい。リビドーと同じように、まるで生命があるかのように自由に注意が向いてしまう。ある意味、注意が向く方向をコントロールすることはできない。仮にあなたが何かを考えながら道を歩いていて、サーカスのピエロがズボンも穿かずにベンチに座って新聞を読んでいたらさすがに気づくだろうが、それもほんの一瞬のことだ。

もっとも、無頓着は意図的な行為だ。わたしたちは注意を向けない対象を選んでおり、選ばれた物や人を見れば、わたしたちが何を優先して、何を大切にしているかがはっきりわかる。そして巨人であるあなたが犯す最大の過ちは、その無頓着を武器として使うことだ。あなたは部下にとって身近な存在でなければならない。部下をよく観察して、調子はどうかと尋ねよう──真摯に尋ねることだ。従業員が職場の内外でどうしているのか、常に把握しておこう。といっても部下の生活を詮索したり、心理状態をこまかく管理したりする必要はない。ここで約束してほしいのは、個人の私生活に立ち入ることではなく、何かがおかしいときに気づける程度に人々に関心を向けることだ。

関心のなかには、安全や健康への心配も含まれる。あなたの仕事は、すべての問題を解決することではない。リーダーは道路標識のようなものだ。問題に気づいたらそれに対処するか、必要であれば手助けできる人──人事部のマネージャーや直属の上司──につなげるのがわたしたちの仕事だ。

もっとも、本書で約束してほしいのは、主にパフォーマンスに注目することだ。前述したように、これらの約束を掲げるのは、あなたに成長して最高のパフォーマンスを発揮してもらいたいからだ。そして義務的ではないコミュニケーション──公式の場以外での、仕事とは直接関係のないコミュニケーション──は、成功するチームによく見られる親密さを生み出す。集団の場合は、たとえエリートが集まる集団でも、表面的で機能的なコミュニケーションになりがちだ。必要なときだけ話す、といった具合に。同僚たちは基本的にガントチャートの一コマとして扱われ、必要なときしかお互いに関わり合わない。

真のチームは、そのように機能していない。義務的ではないコミュニケーションを絶えず取っているものだ。といっても一日中スラックのチャンネルで、同僚たちとペットの画像を共有したり、ネットフリックスのオススメ番組についてやり取りしたりしているわけではない。同僚たちの間をふらふら歩きまわって、週末の予定について雑談しているわけでもない。だが真の同僚として、互いとつながる方法を見つけるものだ。自分本位ではないやり方で、常に接触し続ける。

2010年、研究者たちはNBAのチームを対象に調査を行って、身体的な接触行動とチームの勝利との間に関係があることを突き止めた。カリフォルニア州立大学の博士研究員マイケル・クラウスら研究者たちは、82試合から成るシーズンの前半で30チームを一試合ずつ調査して、選手が義務的ではない身体的な接触行動をするたびにそれを記録したのだ。[*1] たとえばグータッチ、ローファイブ〔訳註：ウエストの高さで互いに手を打ち合わせる動作〕、尻叩き、試合の中断中に選手がチームメイトの肩を抱いて相談したケースなど。試合中のコート内での接触、たとえばチームメイトの背中を押して正しい位置に移動させた場合や、相手に向かって倒れた場合などの身体接触は含まれない。その代わりに、チームが集まって相談したときや、選手交代のとき、床に倒れたチームメイトが立ち上がるのを手伝ったときに行われた自発的な接触行動をカウントしたのだ。機能的だが義務的ではない接触行動、相手とつながって「POB。きみに集中しているよ!」と伝えたいときの行動だ。

シーズン終了後、研究者たちはシーズン前半の一試合で記録された個人およびチームの接触行動の回数と、シーズンを通した各チームのパフォーマンスを比較した。シーズン前の期待、選手の年俸、サンプル試合の時点でのチーム成績を考慮して照らし合わせたのだ。その結果、どう考えても接触行動が個人とチームのパフォーマンスを向上させているとしか思えないことがわかった。接触行動は全員に恩恵をもたらしていたのだ。接触行動は協力的な行動の合図であり、信頼関係を築いていた。当然かもしれないが、これは特筆すべきことではないだろうか。

小さな接触が驚くほど大きな成果を生む、ということだ。だからといって、尻を叩けと提案したいわけではない。そんなことをすれば問題になるだろう。どんな文化にも、その文化のなかで育った個人にも、それぞれの愛情表現がある。愛情を示すジェスチャーや、愛情を受け取るジェスチャーもそれぞれ違う。ＮＢＡの選手たちは、ハイタッチや尻叩きで愛情や友情を表現する。互いを励まし、気持ちを高揚させるために下品な言葉も喜んで使う。それが彼らの愛情表現だからだ。

リーダーとしてのわたしたちの課題は、部下たちが理解できる愛情表現を使って接触することだ。その方法は無数にある。年度末の査定を待たずに、目的のあるフィードバックを行ってはどうか。それも接触だ。ミーティングのあとに誰かを隅へ呼んで、その人の貢献に対してお礼を言うこともできる。それも接触だ。相手の目をしっかり見て、具体的な仕事を挙げて「きみは組織に違いをもたらしている」と話してもいい――そしてごく日常的に調子はどうかと尋ね、相手の返答を気にかけてあげよう。それも接触だ。

特別な日にちょっとしたプレゼントを贈るか、手書きのメモを渡すこともできる。称賛に値する行動を取った社員がいたら、その上司にそれを伝えてもいいだろう。どんなやり方も接触になる。いろいろな種類の接触に、人はそれぞれ異なる反応を示すものの、共通して見られる特徴がある。接触からは全員が恩恵を受ける、ということだ。彼らはあなたがそばにいることで恩恵を受け、互いがそばにいることで恩恵を受ける――ただしそのためには彼らの言語で話さなければならない。

人と接するときにもっと注意を向けると約束することは、メンバー同士が親しい文化を作りやすくなるよう接触点を作ると約束することでもある。親密な文化は過小評価されているものの、チームの成功に欠かせない要素であることが証明されている。研究者たちによって、さまざまな業界では親しみやすさと有効性との間に関係性があることが証明されてきた。ソフトウェアの開発会社を対象とした調査では、何度も一緒に働いた経験があるチームの方が、プロジェクトを終えたときに欠陥が少なく、予算や期限を忠実に守り、クライアントからの肯定的なフィードバックも多かったという。チームのメンバー個人の経験値よりも、チームメイトたちが一緒に働いた時間数の方が、パフォーマンスを予測しやすいというのだ。[*2] ロバート・S・ハックマンとブラッドリー・スターツは、この調査結果を報告した記事のなかで、同じような洞察を書いて、親しみやすさの重要性を説いている。[*3] 十分休息を取ってはいるが初めて一緒に仕事をする乗務員チームの方が、疲れているがなじみのある乗務員チームよりもミスが多いとのエビデンスもある。実際、商用航空で起きる事故のほとんどは、乗務員たちが初めて一緒に働いているときに起きる。同様に、医療分野でも、複数の病院で勤務する外科医は、施術のレベルにばらつきがあることがわかっている。おそらく、各病院のサポートチームとの関係性がパフォーマンスに影響するのだろう。

もっとも、ご存知のように、ある種の親しさは怠慢な状況を生み出す。いつもと同じ業務を機械的にこなすと、マインドフルネスを忘れて、人々を当たり前だと思うようになる。人や意見を排除するようなこれまでのやり方に執着すると、逆効果になる。

だが、相手にきちんと向き合うことで生まれる親しさは信頼の礎となる。イノベーションを促してくれる。そうやって生まれる環境では、人々が気軽に話し合い、自由にアイデアを交換しながら一つのアイデアへと一体化させ、新しくてわくわくする方向へと進むようになる。各人の総和よりも大きいものが生まれる。その結果、たとえ一人が抜けても、グループをつなぐ強い絆がその隙間を埋めるようになる。

後続の章で、組織文化の形成を後押しする方法をいくつか紹介する。だがその前に、本章で提案したいくつかの約束と、あなたと同僚たちとの関係を時間をかけて振り返ってほしい。

【ワーク】あなたと同僚との関係を考える

次の問いの答えを考えてみよう。答えをメモしておいて、時々振り返っては約束をきちんと果たしているか確認しよう。

- □同僚たちがあなたを見るとき、そこに映っている自分のイメージは何か？　そのイメージは同僚にどんな影響を与えているか？
- □同僚を見たときに、知らなかった一面が見えたら、そこからどんな可能性が生まれるか？　同僚たちから期待や業務内容といった制限を外したら、彼らはどうなると思うか？
- □人々を向上させるために、あなたはどれだけの時間と労力を割いているか？　違いを生み出すために、フィードバックを行っているか？　そもそもフィードバックをやっているだろうか？

あるいは忙しすぎて、彼らの靴底にトイレットペーパーがくっついていても、それを指摘する暇などないと思っていないだろうか？

□同僚たちにきちんと注意を傾けているか？　彼らと接するたびに集中しているか？　組織にとって重要な親近感となじみ深さを築くのに十分なほど注意を傾けているか？

誰もが無限の可能性を持っている。そして人とのやり取りはすべて、その可能性を発揮させるチャンスとなる。人とつながる努力をしよう。人々のパフォーマンスを向上させ、自信が持てるよう尽力しよう。良い人たちと良い関係を築けば良い結果が、最高の人たちと最高の関係を築けば、最高の結果が得られる。

彼らは成功の鍵となり、失敗を回避するための鍵となるだろう。だが、それはあなたから始まる。彼らにベストを尽くしてもらうには、あなたがベストを尽くさなければならない。そして彼らにはその価値がある。

約束その11

組織文化に責任を負う

近年、組織の「文化」に再び注目が集まっているように思う——おそらく職場や組織内で何かがうまくいっていないのだろう。人々はバラバラになり、幻滅している。腐敗や不正行為に慣れていき、皮肉にも、福利厚生の削減、長時間労働、非人間的な扱いを新しい規範として受け入れている。組織文化が衰退していることは広く認識されており、航路を正すには組織文化を回復させなければならないだろう。

新型コロナウイルス感染症の世界的な流行はもとより、#MeToo運動、ブラック・ライブズ・マター運動、難民問題といった意識の高まりや、従業員たちが気候変動や情報プライバシーと安全性などに関心を持つようになり、さまざまな運動に加わるようになったことから、取締役会の会議室から学校に至るまで、文化の影響力について話し合い、対処しなければならなくなった。

それはそれでいいのだが、企業のトップと話すと、しばしば彼らが自身の影響力と、彼らが改善したがっている文化とを無関係だと捉えているように感じる。経営者は組織文化をまるで空気のようなものであるかのように語る。まるで個人としての自分たちからはかけ離れたもの、自分たちに支配できる範囲を超えた大きな何かのように。自分にできることは、必要なものを調達することぐらいだと考えているようだ。週に数回豪華な朝食を提供したり、休憩室に卓球台を置いたり。お金を払って専門家を呼んで多様性について講演してもらったり、グループ瞑想会を開いたり。手軽なソリューションで、最高の結果が出ることを期待している。

だがこれはひどい誤解であり、責任放棄という危険な行為だ。確かに、文化を改革するには戦略的な投資や意図的な努力が必要だ。結局のところ、文化とは社員一人ひとりによる無数の選択が積み重なったものだ。

人間は選択する。そしてそうした選択が文化を形作る。

人間は、文化は定義できることを信じたがらない。一度定義してしまうと、文化のことを真剣に考えざるを得なくなるのを恐れているのだろう。オンラインの討論会で、あるコンサルタントがこのテーマについて話すのを聞いたことがある。コンサルタントは自信満々にこう明言した。「文化を定義するのは不可能です。煙みたいなものですからね。そこにあるのはわかっていても、捉えるのは不可能です」

この意見を聞いたときは、思わず拍手してしまった。プレゼンテーションは完璧で、ほら話の達人の芸当を見ているような気持ちになった。彼の意見はすべてもっともらしく聞こえたが、まったくのでたらめだった。収益目標や他の取り引きを定義するのと同じように、文化を定義することはできない。しかし文化や文化が従業員の経験に与える影響は理解できる。

文化とは、人々が選択したものの副産物だ。人によって影響力は異なるものの、誰もが違いを生み出している。

人間が選択し、選択が文化を作る。

上層部の反対側の層では、一般社員たちがもっと強い無力感を口にする。マフィンやジュースの配給を承認する権限すらないのに、どうやって組織文化に大きな影響を与えられるのか?と。組織図のなかの目立たないところに位置する自分たちが、インクルージョンや多様性や公平性に関する懸念を訴えるのか? 文化を形成している組織的な力があるし、その力に働きかけるには自分たちはあまりに無力だと主張する。だが、これも間違っている。おまけにこれも責任放棄に他ならない。文化は組織全体に影響を及ぼすものだが、きわめて個人的で深く個人に根づいている。人は毎日、お互いにどう接するかを選択している。そしてそのような選択が文化の経験を定義するのである。

文化と直接的かつ実質的なつながりがあることを否定すると、悪い振る舞いを間接的に容認するようになる。文化に対する責任から逃れると、その文化のなかではびこっているネガティブな要素が容認され、見過ごされるようになる。小さな違反行為を目にしたときにそれを放置することを選択すると、違反行為が頻発し始め、ますます助長されるだろう。やがて、そうした振る舞いは「文化の一部」として常態化していく。あたかもその振る舞いに対処するタイミングが一度もなかったかのように。まるでその文化がずっと続いていて、今後もずっと続くかのように。

組織文化を見るときは、その組織の文化を定義するのは、組織内でよく見られる行動ではなく、容認されている悪い行動だと認識しておくといいだろう。会社または社会のなかで、誰かが不適切な行動をしても制裁されず、逆に報いられようものなら、文化がリセットされる。新しい基準ができて、そのような悪い行動が容認されるのだ——ある個人にとっては行動を改める必要がなくて好都合な基準だが、組織のパフォーマンスや社員の技能が低下することになるだろう。

文化は、最悪の行動がどこまで許容されるかによって定義されるのだ。

政治から企業、その他に至るまで社会のさまざまな機関に目を向ければ、それとわかる実例がいくつもある。たとえばスポーツの文化を考えてみよう。何百万人ものファンや関係者に愛されている文化だ。人々はお気に入りのクラブを熱狂的に応援し、卓越したアスリートを英雄として絶賛する。スポーツが支持する価値観を体現するような行動——フェアプレー、チームワーク、規律、鍛錬、スポーツマンシップ、たくましさ——を称賛する一方で、スポーツのあまり魅力的でない現実も気乗りしないながらも受け入れるようになる。選手の問題行動には「チッ」と舌打ちするが、大抵の場合、試合の良い面と共に悪い面も少しだけ受け入れるようになり、悪い面もお気に入りのスポーツに欠かせない要素だと大目に見るようになる。悪い面もスポーツの文化の一部だから、変えられないのだろうとあきらめる方がずっと容易だ。

スポーツが公言する価値観に違反する行為があっても、見過ごされてしまう。スポーツの一番の利害関係者——アスリートとファン——の利益を損なうような影響力が容認されてしまうのだ。おまけにこうした行為は、アスリートたちの成長段階でも早い時期から始まる。青少年のスポーツには、一目でわかるような問題が散見される。たとえば、過剰な競争心を持つ両親が、高圧的な態度で自分たちの期待を子どもに背負わせるケース。何十年も前に特定のスポーツで出した結果以外には確たる資格がなく、子どもを育成する能力が欠けているコーチ。過剰なまでの専門化。お金もうけのために、まだ競争する段階にも達していない幼い子どもたちをスカウトする、エリートチームやトラベルチームの激増ぶり。スポーツで挫折した子を持つ親なら、こうした問題の現実を話してくれるだろう。しかも誰もがこの問題に対して無力だと感じている。それがユーススポーツの文化だからだ。

アメリカの大学では、スポーツ文化にある有害な問題が特に顕著に見られるものの、いとも簡単に容認されている。近年、アメリカの大学はアマチュア選手のためにわずかな「生活費」を与えることが認められたものの、年間10億ドルもの収入を得ている全米大学体育協会は、現代版のプランテーションのような方法で若者たちを搾取する社会的雰囲気を作り出している——学生たちに食べ物、宿泊施設、〝教育〟を提供するのと引き換えに、わたしの経験からしてもプロのアスリートに引けを取らないような過酷なスケジュールを消化させる。もちろん、学校の厳しいカリキュラムも消化しなければならない。そのうえ、個々の学生たちが自身のスキルから利益を得られないよう、厳しい制約がある。

興味深い事実がある。全米経済研究所によると、全米大学体育協会の総収入は年間8億ドル超にもなるが、奨学金や生活費などの形でアスリートの手に渡る金額は、そのうちの7%以下だという。[*1] アスリート志望の学生たちは、所属組織に利益をもたらしながらも、その貢献に対して公正な報酬をもらえないだけでなく、アルバイトで稼ぐこともできない——禁止されているからだ。大学での成績は得てして後まわしにされ、学籍を維持するのに必要な成績を収めることが目標となる。大学最後の試合を終えたあとの人生設計についてはほとんど配慮されない。ほとんどの学生は、大学での試合を終えた瞬間から人生が始まるというのに。学生アスリートはいちかばちかのゲームの駒に過ぎないのだ。そしてスポーツの勝者は、大学の金庫、高給取りのコーチたち、契約スポンサー、気まぐれに手のひら返しをするエージェント、それからキャンパスにいる熱狂的なファンだけだ。

これは若者を第一に考えた環境ではない。学業面での不正行為やもっと深刻な事態を招きやすいのがこうした環境だ。ご機嫌取りや支援者たちは、プログラムに従いますと誓ったあとは、何かが危険なほどゆがんでも、その徴候に気づかなくなる。偽の成績表が一斉に配られるとき。大勢のコーチたちが共謀して組織的な贈収賄、横領、汚職に関与するとき。若手選手の育成で定評のあるアシスタント・コーチが、幼い選手たちに性的虐待を行っているとき。尊敬されているコーチが、本来なら守らなければならない選手たちをレイプしているとき。これらもすべてスポーツ文化の一部なのである。

スポーツ文化には人種差別的な側面もある。スタンドの観客が浴びせる侮蔑的な言葉やチャント、それからクラブのオーナーや運営、コーチングスタッフといった代表的な面々にマイノリティがほとんどいないことからもわかる。同性愛嫌悪の側面もあるが、その原因はおそらくLGBTQ+コミュニティに不寛容な環境で育ったアスリートが圧倒的に多いからだろう。

スポーツは戦場文化によって蝕まれている。勝つためなら長期的な健康リスクもやむを得ないと、けがを恐れず前進しようとするひたむきな戦士たちがあがめられる。このような戦場文化を受け入れると、他の状況であれば愚かで馬鹿げていると見なされる行為を招いてしまう。コーチは、モチベーションアップという名目で選手を叱責して無理強いし、罵詈雑言を浴びせてハラスメントをしても制裁されない。こうした行為はアスリートを強くすると思われているからだ。大学の言語学の教授が、有名なコーチと同じように学生アスリートを扱ったらどうなるか想像してみてほしい。教授が学生に近づき、飛沫や息がかかるほど近くまで顔を寄せて、「クソ動詞を活用させろ！　何度言えばわかるんだ？　クソ動詞を活用させろって！」と怒鳴るところを。

数年前に、日本の駅伝予選会の動画がＳＮＳのタイムラインで流れた。動画には駅伝選手がみせた勇気と英雄的行為が映っていて、コメントには畏怖と尊敬の気持ちが書き込まれていた。その選手は飯田怜という名の19歳の選手で、ゴールまであと３・５キロのところで転倒して右脚を骨折した。２００メートル先でチームメイトたちが見守るなか、飯田は激痛に耐え、流血する膝を道路にこすりつけながら、残りの距離をはいつくばって進む。ようやく中継点にたどり着いて次の選手にたすきを渡すときに、立ち上がろうとしたものの再び地面に倒れた。

「すごいガッツと決意だ。この子の強さと断固とした決意は言葉で言い表せない」とか、「真のチャンピオンの心意気を過小評価してはいけない」とのコメントがある。

率直に言って、こうしたコメントは正気とは思えない。恐れを知らぬ戦士のメンタリティを大絶賛するような文化を助長する考え方だ。このようなメンタリティのせいで、戦士たちはごくわずかな報酬と引き換えに、破滅的な結果を招く恐れのある危険を顧みなくなる。こうして戦士たちは、しばしば自分自身にとっての最大の敵となる。自分を救おうとしなくなる。悲しいことに、彼らの活動を促し支援している人たちのなかには、利害関係者たちも含まれる――選手たちに代わって長期的な悪影響に耐える必要のない人たちだ。だが、それがスポーツというものだ。それがスポーツ文化の一部なのだ。

だが、それは文化の問題ではない。選択の問題だ。権力構造の上下を問わず、さまざまな人たちが選択した結果なのだ。トーナメントの開催地という栄誉を、女性を抑圧し、ＬＧＢＴＱ＋の人々の権利を暴力的に弾圧する国に与えることを選択する人々がいる。２０１６年、コリン・キャパニックは人種差別を批判するため、国歌斉唱の際に起立しなかった。祝日の日にみんなで夕食を囲んだ際に、ある叔父がキャパニックのメッセージと意図について誤った説明をしたが、それを正さず放置することを選択する人がいる。大学のアメフトコーチを、州内でもっとも高給取りの「公務員」にすることを選択する人がいる。子どもたちのサッカーの練習試合で、10代の幼い審判に怒鳴りつけることを選択する人がいる。そうした行為をみんなが何もせずに放置すれば、それも文化だ。

「スポーツ」それ自体は本質的に何ものでもない。元々は同性愛嫌悪でも、男らしさでも、人種差別的でもない。ちょっと優れたリーダーシップがあり、全般的に良い選択をすれば、スポーツはわたしたちの望みどおりのものになれる。選択を変えれば、違う結果が生じるだろう。

スポーツの例をしつこく繰り返すのは、わかりやすい実例だからだ。一般的に社会はこう判断しているようだ――スポーツ文化には最終的に肯定的な影響力があるが、古くから解決できずにいる欠点があり、それも競技の一側面として残り続けるだろう、と。わたしたちはスポーツの良い面も悪い面も受け入れつつ、自分には状況を少しでも良い方向へ改善させることなど無理だろうと、自身の選択を（しばしば積極的に）過小評価する。

職場でも同じことが起きる。組織文化に実質的に加担している人は、その文化の特徴から距離を置くのがうまい。APSの同僚たちと一緒にクライアント企業に伺うと、わたしたちはしばしば管理職の人たちに、「ご自身の振る舞いは組織文化の価値観と一致していると思いますか？」と尋ね、匿名で答えてもらう。すると大抵の場合、約80％が「はい。わたしは文化的価値観に従った行動を取っています」と答える。ところが同じグループの人たちに、社内の他の人たちの行動は組織の価値観と合致しているかと尋ねると、「はい」という回答はわずか30%にとどまる。残りの70%は「いいえ。他の社員は弊社の価値観にふさわしい行動を取っていません」と回答するのだ。

今のわたしは心理学者の域内で活動しており、数学は得意ではない。しかし数学者でなくとも、この数字からやっかいな断絶があることを読み取れる。組織の文化に貢献していると主張している点では、大多数の人が一致しているようだ。しかし、その大多数が誰なのかは明らかではない――なぜなら回答者たちの80%は、組織内の悪しき文化の責任は自分ではなく、他のマネージャーたちにあると主張しているからだ。要するに「自分に非はない――あいつらのせいだ」と言っているわけだ。

だが、実際はこの人たちのせいでもある。なぜなら、誰もが解決の一助であるのと同様に、問題の一因でもあるからだ。その責任から逃れることはできない。誰もがみな組織文化の擁護者だと認識し、巨人としてその責任に背を向けないと約束してほしい。身近な文化を形成しているのは、わたしたち一人ひとりの選択なのだ。

わたしの家の向かいには、小さなオフィスビルが何軒か建っている。バルコニーからは、ビルの中庭で従業員たちが休憩中に携帯電話をチェックしたり、同僚とおしゃべりしたりする姿が見える。なかには喫煙者が少なからずいて、時折、よく考えもせずに吸い殻を歩道の縁石に向かってポイ捨てしている。吸い殻は道に落ちて少し転がり、持ち主がビルに戻っていく間に、ひっそりとフィルターに向かって燃えていく。

吸い殻がポイ捨てされると、いつも誰かがそれを目にする。社会的にやや軽率なこの行動を見て、彼らは一瞬困惑するものの何もしない。時には二人の人がたばこのポイ捨てを目撃し、どうすることもできず悲しそうに目配せし合う。吸い殻はすぐそこにある——足元からほんの数インチしか離れていない。にもかかわらず、彼らは肩をすくめて静かに舌打ちすると、ビルに戻るか、自分がやっていた活動に戻る。それがこの中庭に広がる文化であり、おそらくオフィス内でも同じだろう。中庭にやって来る人たちは、小さなゴミが散らばっていても問題はないという選択をしているのだ。

結局のところ、悪い行いといえども傍目にはささいなことだ。わざわざ口をさしはさむのは過剰な反応ではないか？

一週間の間、毎日中庭を眺めていると、月曜日には数個の吸い殻が落ちていたが、水曜日にはジュースの空き缶とサンドイッチの包み紙が加わり、木曜日にはゴミ箱に入りきらなかったダンボールと、ゴミ捨て場まで運ぶのを面倒だと考えた誰かが捨てていったマットレスまで加わる。金曜日になると、最初の休憩でたばこを吸い終わった人が、吸い殻一つを捨てたところで中庭の散乱がこれ以上悪化することはないだろうと、ゴミの山に吸い殻を投げ入れる。

数分後、中庭でマットレスが燃えている。今やみんなが心配そうにしている。人々はビルの窓からその光景を見ている。何人かがビルから出てきて燃えるマットレスを囲んで、大声で怒鳴っている。「誰がやったんだ？　なんでこんなことになったんだ？　誰がこれに対応するんだ？」

彼らはようやく、問題が大きすぎて自分たちの手に負えないと判断し、消防車の到着を待ちわびるようになる。そして消防車が到着する。消防隊員が消火にあたるなか、何軒かのオフィスからバケツとモップを持った清掃人たちが消火後のゴミを始末する。その日の終わりに、オフィスを出る人たちが満足そうな顔で「めでたし、めでたし」とうなずき合っているのが見える。

これは、悪い行動を何週間も放置すると何が起きるかを教えてくれるたとえ話だ。無数の職場で、まったく同じ力学が働いている。誰かがうっかり、または軽率にゴミを投げ捨てる――チャンスを逸する、不適切な発言をする、ひどいことを言うなどの行為に置き換えてもいい――そして、たいしたことはないと自分に言い聞かせる。きっと誰かが拾ってくれるだろう、と。

だが、一度ゴミが散らばり始めると、人々はそれに慣れていく。リーダーが少々のゴミを容認すると、部下たちはゴミを放置しても大丈夫だろうと考えるようになる。そして放置されたゴミは、歩道に捨てられた吸い殻よりも速いスピードでたまっていく。専門の関係者（人事部か法務部）が介入して、散乱状態が一時的に改善されるかもしれないが、選択が変わらない限り、その文化が居座り続けて、再びゴミが散乱するようになるだろう。

ゴミが落ちているのに素通りしてはいけない。何かを見たら、対処することだ。何をするかは、組織のなかの地位によって違うだろう。だが、誰でも何かできるはずだ。全員がその文化に責任を負っていることを自覚しよう。

わたしがこうして結果責任について語ると、大げさな運動や革命的な行動を呼びかけていると解釈する人がいる。権力者の顔につばを吐きかけるとか、線路に横たわって、当然の要求が満たされるまで動かないといった行動だ。だが、そのような約束をしろと言っているわけではない。組織に怒りをぶつける必要はない。たとえ組織が公正さや正しさの基準を満たしていないと思っても、ほとんどの人は自分の仕事を犠牲にする余裕も、失職する危険を冒す余裕もない。おまけに、平気でゴミを捨てる人が高い地位の人だったら、何もできないかもしれない。しかし、ゴミ拾いは誰にでもできる。対決する必要はない。若いアスリートの話に戻すと、審判を務める学生を叱りつける親と対決する必要はないが、試合が終わったあとに審判にあたたかい言葉をかけて、役目を果たしてくれてありがとうと言うことはできる。

同様に、職場で不愉快な行動やいいかげんな行動を見かけたら、その行動による悪影響が起きないよう対処しよう。何が起きているかも、それをやっているのはきみたちだけではないこともわかっているとみんなに伝えよう。みんなとやり取りする際に何を選択するかで、あなたが文化にどう取り組んでいるかを示すことができる。あいさつするとき、握手するとき、関心を示しながら受容的な態度で相手を見るとき。職場には孤独や不安や心配ごとで悩む人が大勢いるが、自分のことを真剣に考えてくれる人と中身のある会話を交わすだけで、力がみなぎってきて一日を乗り越えられるようになる。彼らは、やっかいで面倒なことが起きたらどうしようと不安に思いながら一日を迎える。だが、「調子はどう？」と真剣に聞いてくれるあたたかい笑顔が一つでもあれば、世界はがらりと変わる。そうした笑顔は、荒波を越えるための救命ボートになりうるのだ。

クライアントを訪問するたびに、わたしはいわゆる「サービス業」の人たちと会話するようにしている——警備員、受付係、清掃業者など、権力を持たない人たちだ。わたしがちゃんと彼らを認識していることを知ってもらいたいのだ。ほとんどの組織では、彼らは代わりが利く脇役と見なされる、目に見えない存在だからだ。ビジネスランチがあると、これら名前のない人たちが会議室に来て、飲み物や食べ物、使い捨てのカトラリーや食器類を並べてくれる。重要な商談を行っている地位の高い人たちが、彼らの存在を気に留めることはめったにない。給仕係が来ては去っても、うなずくことすらない。彼らは歯車に使う潤滑油であって、歯車ではない。なぜなら、人々が彼らがそのような存在と見なし、そう扱うと選択したからだ。多くの職場でそれが文化になっている。

そんな文化に嫌悪感を覚えたため、わたしは特に上層部の人がいるときに、そうした文化に反する行動を取る選択をする。ビジネスランチを中断して給仕の人にお礼を言い、彼らをちゃんと認識していると伝えるために一人ひとりとアイコンタクトを取る。時間もかからないし、反体制的でも反抗的でもない。わたしはただ、人はこう扱うべきだと思うことを人前で示しただけだ。たとえそれで一時的に気まずくなるか、オフィスの常識に反していようとも。たとえそれが既存の文化にそぐわない行動だとしても。誰にでも吸い殻を拾う権限があり、誰もがその役割を共有している。その考え方がしっくりこないかもしれない。公平ではないと思うかもしれない。結局のところ、吸い殻を道に捨てたのは他の人だ。そして他人のゴミを拾ってまわるのはあなたの仕事ではない。

ひょっとしたらあなたは他のところで良心的に行動しているかもしれない。リサイクルしたり、残飯で堆肥を作ったり、きちんと後片づけしたり。たとえゴミを拾うことに同意したとしても、「それに何の意味があるのか。どうせ他の人がゴミの山を築くだけじゃないか」と疑問に思うかもしれない。そのような考え方をする人は、すぐに考え方を厳しく改める必要がある。CEOであろうが、前述したサービス業の従事者であろうが、あなたは文化の擁護者だ。そしてその責務を果たすと約束してほしい。

人は選択する。そして選択が文化を作る。

今日、あなたはどんな選択をしたか？　明日どんな選択をするだろうか？　この問いの答えは重要だ。重要じゃないなどと、あまく考えてはいけない。

約束その12

組織の現在地を客観的に分析する

　わたしは企業のミッション・ステートメントや信念・信条を並べたリストをたくさん読む。仕事のために読み始めるのだが、だんだん病的に読みふけるようになる。その意味では、ツイッターに似ている。特に何も考えずに読み始めるのだが、予想どおり美辞麗句にあふれた底なし沼にはまり、毎回のようにログインしたときよりも嫌な気持ちになる。

　わたしがミッション・ステートメントを読むのは、大抵の場合、見込み顧客や顧客の競合他社のことを知りたいからだ。そうして読んでいると、あまりに馬鹿げた文言や妄想的な文章に出くわし、思わず同じ業界の他の会社の「会社概要」や「経営理念」をインターネットで検索して、同じようにイライラする文言をうたう企業がないか探すことがある。大抵の場合、そんな会社が見つかるものだ。

　大多数の企業では、公約と実行動との間にかなりのギャップがある。「約束その11」で、スポーツ文化の腐敗的な側面にスポットを当てたが、権威ある機関では、そうした現実がどううたわれているのだろうか？　アメリカでは、「学業に基づく高校生競技」を支持する代表的な組織に全国州立高校協会（ＮＦＳＨＳＡ）がある。同協会のミッション・ステートメントの「信念」のところには、彼らが考える競技の役割が列挙されている。曰く、高校生競技は「敬意、誠実さおよびスポーツマンシップを促進する」「将来グローバル・コミュニティに加わるための準備ができる」など。だが、奇妙なことに、リストの最後の項目――こちらの方が重要だと思うのだが――は、「××する」といった断定的な言い方ではなく、「××しよう」と書かれている。曰く、競技を「楽しもう」とあるのだが、これでは熱意がまったく感じられない。

全米大学体育協会（ＮＣＡＡ）のサイトを覗くと、核となる「優先事項」が三つ並んで表示されている。「学業」「幸せ」「公正」だ。実際の競技は、これらの神聖な優先事項をサポートするための副次的な構成要素に過ぎない、ということらしい。実際、ＮＣＡＡの内規には「学生が大学対抗の競技に参加することは、趣味（avocation）である」と明確に記されている。趣味？　奇妙な言葉を選んだものだ。そう思わないだろうか？　『メリアム＝ウェブスター辞典』には、「avocation」とは（1）「職業の他に、主に楽しむために行う付随的な活動。趣味」、または（2）「定職。職業」と定義されている。[*1] レベルは問わず、何らかの形で「アマチュア・スポーツ」に参加した経験のある人に、スポーツを「趣味」としてやっていたか訊いてみるといい。相手は「いいえ」と答えるのではないか。とはいえ、2番目の定義も当てはまらない。なぜならＮＣＡＡは、学生アスリートの「本業」つまり職業は、競技ではなく学業だと主張し、わたしたちもそう信じ込まされているからだ。さらに、状況的にも競技は職業にも仕事にもなり得ない。なぜなら仕事であれば賃金が発生するからだ。「学業」「幸せ」「公正」。それがＮＣＡＡ

の主張のすべてであり、人々にそう信じ込ませている。背後で行われている試合やトーナメントは何百万ドル規模の産業ではなく、大切な「趣味」に過ぎない、というわけだ。

ＦＩＦＡのウェブサイトを見ると、最近懲戒規則が更新されて、ゲイやレズビアンのアスリートを守るという項目が追加された。「人種、肌の色、民族、国籍、社会的身分、ジェンダー、障害、性的指向、言語、宗教、政治的見解、金銭的な豊かさ、出自、その他の身分や、その他の理由により……侮蔑的、差別的あるいは軽蔑的な言動で個人や集団……の尊厳や品位を傷つける者」に厳しい制裁を課すとうたっている。[*2] これをうたっているのが、２０２２年にサッカーのワールドカップをカタールで開催しようとしている、あのＦＩＦＡなのだ。カタールは、同性愛者が死刑に処せられる国であるにもかかわらず。

大会の開催地を決める際には、組織の原則や価値観は譲歩できるらしい。確かに、国際オリンピック委員会（ＩＯＣ）も同じ哲学を共有している。オリンピック大会はスポーツ精神の頂点として宣伝されており、ＩＯＣのミッションは「スポーツを人間の調和のとれた発育に役立てることにある。またその目的は、人間の尊厳を保つことに重きを置く平和な社会の確立を奨励することにある」などと延々と語られている。しかし、ロシアが近隣諸国を脅かし、さらに国内のＬＧＢＴＱ＋の人々を黙らせようと敵対的な法案を通して彼らを抑圧しているにもかかわらず、２０１４年のオリンピック大会の開催国をロシアに選んだ。これはＩＯＣのミッションにふさわしいとはどうにも思えない。さらに、中国では１００万人以上のイスラム系少数派民族が収容所に入れられているにもかかわらず、中国は前回大会から20年と経たずに二度目の開催地に選ばれた。２０２２年に北京オリンピックが開かれる頃、この国はどうやって人間の尊厳を保っているだろうか。

世界各国を旅行したことで、わたしが学んだことを伝えておきたい。どの国であれ、政府と国民を混同してはいけない、ということだ。

ここで触れた数か国の政府だけでなく、非道な処置が取られた国のリストには、最近ではイギリス政府やアメリカ政府、EUの何か国も容易に追加できるだろう。イギリスではウィンドラッシュ事件［訳註：第二次世界大戦後にジャマイカなどからイギリスに移住した移民たちが、2018年に誤って拘留されたり、強制送還すると脅迫されたりした事件］が起き、アメリカでは難民の子どもたちが檻に閉じ込められた。こうした国々の国民すべてが「悪い」わけではなく（わたしの祖国も含めて）、政府の行動が国民の顔に泥を塗っているのである。

だが、これらの実例はビジネスの世界で蔓延している不合理をあからさまに示したものでもある。会社がうちの組織はこうですと宣伝する話と、その職場の人々が実際に体験していることとの間には異常な断絶がある。如才ない組織は、願望的なミッション・ステートメントを掲げることで、偽りの表明をすることを回避している。つまり、現状を評価するのではなく、いつか実現したいことを表明しているのだ。この傾向は特に人材の多様性《ダイバーシティ》&受け入れ《インクルージョン》て活かすことに関わる問題で顕著だ。虹色に輝く未来を語る方が心地いいし簡単だ。未来では、誰もが「人格」で判断され、みんなが調和しながら平和に働いている。こうして多くの組織が夢想的な明日に焦点を合わせるが、それは現在の状況がまったく刺激的ではないからなのだ。

しかし、ほとんどの組織は偽りのストーリーを公に語ることをあまり気にしていないようだ。こうした組織のミッション・ステートメントと「会社情報」のサイトには、社員一人ひとりが大切にされ、サポートされ、成長する機会を平等に与えられる世界が描かれている。言い換えると、組織は本書で挙げたのと同じような約束を提案して、入社希望者を募っているのだ。ところがいざ入社してみると、彼らはすぐに美辞麗句に騙されたことに気づく。間もなく彼らは退職するか、退職戦略を練り始めるのだが、すると組織側は「ひどいじゃないか？　まったく、ミレニアル世代は気まぐれだ！　すべてを手に入れようとしている！」とぼやき始める。だが、彼らはすべてを手に入れたいわけではない。組織が提供すると宣伝したことを経験したいだけだ。

さて、組織が現状を完全に客観的な視点で語るものと期待するほど、わたしは世間知らずではない。そんなことをしたら悲惨なことになる組織もあるだろう。しかし、組織の誇大な宣伝に加担する必要はない――特に組織に改善してほしいと願う人は。リーダーシップには（繰り返すが、リーダーとはマネージャーの地位にいる人だけでなく、リーダーシップを実践している人も含める）組織の全体像を明確かつ正確に評価することが求められる。そのためには、「約束その1」で話したのと同様に、じっくりと内側を検証しなければならない。自分自身を観察するのと同じように、自分の組織も批判的かつ誠実に見ると約束してほしい。

心のなかで対比してもいいだろう。自分の組織のバラ色の未来をはっきりと具体的に思い描けなければならない。だが、その未来像を実現するには、目指す未来と同じぐらい透明で生き生きとした形で、「現在」を現実的に評価できなければならない。よって、ここでは現在について、つまり従業員やチームの本当の姿について、澄んだ目で見ると約束してほしいのだ。自分たちをもっと正確に描写し、物事の現実に気づかない振りをするのをやめると約束してほしいのだ。

実力主義が機能していないこと、月並みな現状、そして理想に到達するには改革が必要だと認めると約束することでもある。信頼できる調査によると、自分たちの組織が最善の状態で機能していないという事実（実力主義ではないという事実を含む）を社員が受け入れない限り、パフォーマンスと社員の経験が最大限に発揮できるようなポジティブな変化は起きないという。

もちろんあなたは、うちの組織は違うと主張するだろう。自社がそんな組織に該当すると認めることは、社内が不平等で同じような人ばかりいる理由を、彼らがたまたま他の人たちよりも仕事ができるからだと信じることと同じだ。重役の会議室に入ったときに、そこに白人男性ばかりがいたとき、わたしはいつも彼らにその現実を疑問視してくださいとお願いする。「これは何％の確率なのか？」と。つまり、仕事に最適な脳が白人男性の頭のなかに詰まっている確率は、一体何％なのか？

実力主義という概念は、現状としてではなく将来的な願望として認識される限りは問題はない。現状をありのままに見て、リーダーたちの無能ぶりと、（意図的か否かに関係なく）組織的な精査が欠けているために、長い間に不公平な競争の場を生み出したことを認識すると約束してほしい。この事実を否認すれば、現状を改善しようと方策を練っても、懐疑的な人たちによって「ソーシャル・エンジニアリング」だの「逆差別」だのと糾弾されるだろう。

実力主義を含めた、あらゆる前進を阻む大きな障害は、グループのなかに確実にはびこる「ほどほどさ」だ。一つはっきりさせておきたいのだが、会社の実績に影響を与えるのは、新人、技術を学んでいる人、新しい役割に適応しようとしている人や、社内または社外で問題を抱えている人ではない。ここで強調したいのは、卓越した能力がありながら意図的に平均的な能力で働いている人のことだ。たいした成果を上げられなくても支障はないという理由で、わざと手を抜く人がいる。終身雇用されている如才ない人が、仕事を熟知しているために、こっそり手を抜くケースもある。他にも、ずさんな管理のために組織に幻滅し、全力を尽くして良い結果を出すことができなくなる人もいる。

他にも理由はたくさんある。「何てひどいことを言うんだ」とわたしを批判する前に、この人たちには名前があることを思い出してほしい。「働かないおじさん」とか「妖精さん」と呼ばれるこの人たちは、「ほどほどにやる」という格言を完璧に実行し、最大限の努力をしようとしない。この人たちが占める割合が非常に高いこと、さらには無関心なり管理不行き届きなりといった理由で、彼らが組織を蝕むこともわかっている。

「ほどほど」で十分なときもあるだろう。だが、破壊的な変化が次々と起こり、日ごとに困難が増すばかりの世界で競争して勝ち抜くには、「ほどほど」では太刀打ちできない。みんなが全力を尽くさなければならない。普段あまり考えずに口走ってしまうインパクトのある強力な言葉どおりに行動しなければならないということだ。わたしはよく「リーダーシップ」の実例を聞くが、実際はただの「人材管理」だったりする。また、単なる「同じ会社の人」を「同僚」と呼ぶケースもある。「同僚」とは、同じビジョンを共有する仲間のことだ。ガントチャートに名前が並んでいるだけで、プログラムどおりに一日中電子メールでやり取りするだけの人は「同僚」ではない。「同じ会社の人」だ。

この言葉を正しく理解することが重要だ。正しく理解すれば、自分の組織の状態について幻想にふけらなくなるだろうから。社員たちは本当に「協力」しているだろうか？　実際は「プロジェクトを一緒にやっている」か、もっと悪い場合は「ホワイトボードに名前が並んでいる」だけではないか？ 時に経営幹部は、協力とは仕切りのないフロアで働くことだと実にシンプルに考える。だが、協力はもっと奥深いものだ。対等な連携のもとでサポートし合い、チャレンジし合うことだ。組織全体を改善することをお互いの目的とすることだ。都合が悪いときでも、すぐに自分の利益にならなくとも、組織に貢献することだ。昇進や昇給といった形で報われなくても、心のモチベーションによって志気が高まることだ。おまけに協力とは見返りを求めてやるものではなく、自ら進んでやるものだ。誰にどんな貸しがあるかを記録することは協力ではない——見返りを期待して誰かを手助けすることではない、ということだ。むしろ、サポートが必要そうだと見越したら、たとえ相手が最初に断ってきても、しつこくサポートすることだ。前述したように、協力はチームワークの重要な要素であり、チームワークとは計画的な利他主義の状態を維持することである。

チームは協力して働くが、プロジェクトを一緒にやるだけではない。うちの組織にはチームがあるなどと思ってはいけない。その言葉もいつも誤用されている。人がチームについて話すときは、大抵の場合、それは個人が集まったグループを指す。こうしたグループは団結力や効果に幅広い違いがある。タスクが同じなだけでそれぞれが独自に判断して動く「個人の集まり」もあれば、一つの集団として機能する「最適なチーム」もある。この二つの間には、「名ばかりのグループ」「機能的なグループ」「緊急に結成されたチーム」などがある。

組織の人と会うと、わたしはこのグループの区別について話し、「御社のグループはどれに当てはまると思いますか？」と尋ねる。匿名で答えてもらうのだが、回答者の大多数は自分たちは「機能的なグループ」に属していると答える。実際にその分類に属しているからではなく、どんな範囲であれ真ん中が安全に思えるからだ。自分たちを下の方に位置づけると組織に欠陥があると思われるし、高い方に位置づけるとそんなはずはないと思われてしまう。そんなわけで、ほとんどの人は率直かつ批判的に見るのではなく、自分たちの「チーム」は「機能的なグループ」という安全な領域に該当すると思い込もうとする。この領域なら、最終的に問題なさそうだし、都合もいいし、改善するために少し努力するだけで済む。

もっとも頻繁に返ってくる答えは「機能的なグループ」だが、どこにでもこのグループ分類の両端を選ぶ異分子が数人ほどいるものだ。「個人の集まり」のなかで独自に判断して動いていると自認する従業員は、どんなシステムや環境にいても、自分は完全にひとりぼっちだと考える。サポートが必要なプロジェクトに関わっていても、それが利益の上がらない地味なプロジェクトならば、彼らはひとりぼっちだ。問題があって誰かに相談したくても、ひとりぼっちだ。こちらの端の従業員はそんなことを感じている。グループ分類の反対側を選ぶ人たちは、野心的な幻想を抱いている。大多数の人たちが、「チーム」がつく二つの名前のどちらも選べないのに、「最適化されたチーム」だと主張するこれら少数の異分子たちが、そのようなチームの一員であるとは思えない。

「ほどほど」で満足できる人は、「グループ」でも満足できるのだろう。たとえ限定的で表面的なグループの集まりであっても、組織は従業員、プロジェクトの実行、そしてリソース管理さえすれば日々の業務を維持できる。だが、波乱を乗り越えて成長するには、チーム、同僚、協力、リーダーシップが必要だ。これらに満たないものでは、激しさを増す競争、地政学的な不安定さ、サイバー攻撃、デジタ

6つの主要なキャラクター

前衛	熱心な人で、現場で人々を率いる。組織の構築に役立つ存在だと自認している。
理性的な支持者	前衛の統率に従うが、リーダーを吟味したうえで組織の構築に積極的に関わる。
ペシミスト	組織に対して自分が大きく貢献しているのか疑問に思っている。計画とそのなかでの自分の役割を信じなくなっている。
無気力な人	自分の働きが組織にとって重要かをもはや気にしなくなった人。他のことのためだけに仕事を続けている。
保身を優先する人	「ふまじめな反対者」。ひそかに最低限のことだけをやって、現状を維持しようとしている。
反対分子	組織のいかなる計画もぶち壊そうと、ひそかに行動する。警戒心が強く、巧妙で、組織のなかで目立たない。

ル技術による破壊的イノベーション、不安定な市場、オートメーションの増加、社員と顧客の双方からの期待の変化に直面したときに、適切に対応できないだろう。

地殻変動が起きている。そして絶え間なく続く劇的な変化に適切に対応するには、自分たちが何者で、何に取り組んでいるのかを直視しなければならない。わたしはさまざまな組織を訪問するが、グループだけでなく、どんな組織にも共通のキャラクターがいることに気づいた。

こうしたキャラクターを「6つの主要なキャラクター」と名づけた。詳しく言うと、「前衛」「理性的な支持者」「ペシミスト」「無気力な人」「保身を優先する人」「反対分子」だ。これらのキャラクターたちは、ヒエラルキー、在職期間の長さ、経験、専門的な知識とは関係なく、あらゆるレベルで見つかる。誰がどのキャラクターなのかを特定して、彼らを理解できれば、彼らにとって刺激になるような経験を積ませ、優柔不断な人を刺激し、批判的な人々を中立的な立場にさせられるだろう。

言うまでもなく、グレーゾーンはあるし、誰もが常にどれかの分類にピタリと当てはまるとは限らない。だが、「6つの主要なキャラクター」の分類描写は、10年以上かけて四大陸と多数の業界から集めたデータと考察に基づいて作られたものだ。わたしの経験からも、このフレームワークを通して組織を評価すれば、今までとは違うアプローチが見つかるだろう。画一的なやり方でうまくいかなかった組織も、この方法なら成功するかもしれない。

留意してほしいことが一つある。これはヒエラルキーをリスト化したものではない、ということだ。たとえば、「前衛」は「理性的な支持者」よりも〝良い〟わけではない。どちらも不可欠な人だ。各カテゴリーに属している他の人たちも、そこに属しているからといって非があるわけではない。よって何も判断せずに読み進めてほしい。

前衛

あなたを誰よりも熱心に信奉してくれる人、それが「前衛」だ。このカテゴリーに属する人は、現場の最前線や組織文化の刷新計画に意欲的に働く傾向がある。どんな役割であれ、改革事業に参加したい、そしてその働きぶりを認められたいと考える。しなやかマインドセットの持ち主で、エビデンスを山のように積まなくても、改革案を〝全面的に〟推進してくれるだろう。といっても彼らは、何も考えずに集団に合わせて行動する人でも、ありきたりなおべっか使いでもない。組織の矛盾を敏感に察知し、組織内で周知されていること（基準、価値観、ルールなどすべて）と現実との間にズレがないことを期待する。もし物事が期待どおりに行われ、一貫性のある倫理的なリーダーと固く信頼できる関係を築いていると感じられれば、彼らは労を惜しまず働くだけでなく、あなたの最強の支持者となって、業績を上げるために尽力するだろう。たとえ管理職の肩書きがない「前衛」でも、疑念のある人や計画に納得していない人を導いてくれるだろう。

このようなアーリー・アダプター・タイプの人は、変革計画の初期段階で参加させるのがベストだ。アイデアと戦略が完全に固まってから彼らを引き入れ、変革のために戦ってもらうのでは遅い。彼らはすべての段階でリーダーの意見を聞きたい、自分の意見を聞いてもらいたいと考える。常に行動に加わりたいのだ。つまり情報を共有し、権限を与えられ、信頼され、試練に立ち向かいたがるということだ。その要望が満たされない場合――除外されているとか、重要視されていないと感じた場合――彼らはすぐに「前衛」から「反対分子」へと転じるだろう。あるいは退社を選択するかもしれない。

理性的な支持者

「前衛」の後に続くのが「理性的な支持者」だ。改善されようともいまだ現実的な世界では、「理性的な支持者」は組織の大多数の割合を占める。熱心かつ不可欠な支持者であり、ごく自然に疑念が生じても、社内での一貫性のある経験、信頼できる仲間たちとの固い絆、そしてリーダーと確たるつながりが一つでもあれば、疑念が消えるだろう。計画や戦略を詳しく説明されなくても、支持してくれるだろう。とはいえ、将来のビジョンが論理的かつ妥当なもので、よく練られていて、組織の利益のために最善のものだと確信できなければならない。改革や決定がどんな影響を及ぼすかを矛盾なくはっきり伝えれば、彼らのモチベーションは上がる。彼らに必要なのは、疑念や不安をしっかり説明してくれる信頼できる人（通常は、肩書きのあるリーダーと肩書きのないリーダーの両方）だ。さらに、自由に自分の意見を主張したり、不安を口にしたりできる機会があることを重視する。

これらの条件が満たされれば、「理性的な支持者」は用心しながらも自信を持って従順に従い、不安の多い時期や個人的に不都合であっても我慢してくれるだろう。これらの条件が満たされず、リーダーのサポートや透明性も不十分であれば、彼らはすぐに気づき、組織的な欠陥があると心に留めるだろう。こうした問題点が次々と見つかると、「理性的な支持者」は支持するのをやめて、ペシミストに転じる可能性がある。

ペシミスト

かつては「理性的な支持者」だったが、二度と騙されまいと決意した人、それがペシミストだ。人や事業が改革を約束しながらも失敗したことで、何度も痛い目に遭ってきた人たちだ。新しいアイデアが組織や個人の利益になりそうだと思えば、モチベーションが上がるタイプだが、もはやその気力を失っている。信頼できる仲間やマネージャーが納得のいく説明ができなければ、彼らは新しいアイデアにわくわくするどころか、ストレスや不安を覚えるだろう。

ペシミストのなかには、能力や専門知識を出し尽くして働いている（またはそう思い込んでいる）人たちが少なからずいる。苦労して身につけた知識を学び直せとか、ストレスを感じながらこなしている役割を再構築しろなどと新たなプレッシャーをかけられなくても、目の前の仕事に圧倒されている。幸いにも、ペシミストは悪意に駆られて何かをすることはめったにない。ペシミストが抵抗または妨害したとしても、それはストレスに対処・克服するための行動であって、反抗心から来るものではない。ペシミストの心を動かすことは可能だ。絶望している状態は気持ちのいいものではないからだ。現在の状況から脱出するための方策で、実践的かつ段階的で、すぐに効果や利益が出そうな計画があれば、彼らは積極的に検討してくれるだろう。

ペシミストたちにかつての自分を取り戻してもらうには、組織は、一貫性があって堅実かつ有益で透明なメッセージを発信し続けなければならない。そして、それを行動に移すことだ。

そのためには直属の上司からのサポートと信頼が必要だ。特にペシミストは大局的な視点を失っていて、指針となるビジョンがあいまいなようだ。だからこそ、「前衛」や「理性的な支持者」との間に信頼関係を築かせることが重要となる。サポートといっても、「あまやかす」だの「差別的な過保護」などと揶揄してはいけない。「またしてもミレニアル世代か！」などと言ってはいけない。組織の成長を妨げるキャラクターのなかでも、ペシミストはもっとも心を動かしやすい。ペシミストを味方につけるために、これは実践的で必要な方法なのだ。

では、もしペシミストを「あまやかす」あるいは「過保護」に扱わなかったらどうなるか？　彼らの心の隙間に、「保身を優先する人」や「反対分子」が喜んで付け入るだろう。ペシミストを放置しておくと、これら2種類のキャラクターの影響を受けやすくなる。何気なくつながっているだけでも、彼らの思考がどんどん根を張って大きくなるため、しっかり対応しなければならない。これは、改革を通して明るい未来へと舵を取りたい人たちと、組織の停滞を長引かせて利益を得たい人たちとの戦いであり、自分たちこそが正しいと互いに相手を納得させようとしているのだ。

無気力な人

「保身を優先する人」と「反対分子」についてはすでに少し触れたが、これらのキャラクターを詳しく説明する前に、まずは「無気力な人」について取り上げたい。「ペシミスト」と違って、「無気力な人」は絶望から脱出する道筋が示されるのを待っているわけではない。自ら関わりを持とうとしない人たちだ。つまり大人でありながら、背中を丸めて目を閉じ、両耳に指を突っ込んで何も聞くまいとしているのだ。「ペシミスト」は消極的で距離を置きながらもより良いものに憧れるが、「無気力な人」はそうした行動を取るだけのエネルギーがない。防衛機制で無関心を用いて自分を守り、「経営者に正当に評価される」には、自分の仕事のなかでも責任の重いものだけに注力すればいいと考える。個人や組織の成長に対する関心を失ったわけではない。なかには、新しいことや違う何かにチャレンジするときの不安やストレス、能力不足といった感情に耐えられない人もいる。他にも、経営者があんなことを約束したのに、実際は違うじゃないかと失望しながらも、安定した地位のおかげでかなりの恩恵を受けている人もいる。コストと利益を簡単に比較した結果、価値だの改革案だのといった話題は無視して、その代わりに（時には高い基準で）業務を完了させれば、みんなからフルで計画に参加しろとは言われないだろうとの結論に至った人もいる。

これは残念なことだ。「無気力な人」は、かつては組織文化や改革を受け入れて、意欲を燃やしていた過去があるかもしれないからだ。それが今となってはただの夢物語で、個人的に損しそうなギャンブルに見えるのだろう。このタイプの人たちに失望と古傷に触れるリスクを冒してもらうには、納得のいく完璧な理由と、次々と成果を上げられるチャンスがいくつもあると明確に示す必要がある。すると彼らは「ほどほど」では済まないハードな仕事を、組織のなかで自分より地位が低くてやる気満々の人に任せるだろう。彼らが待ち望んだサポートが一度も得られないまま、彼らを置き去りにして組織はどんどん前へ進んでいく。

こと「無気力な人」に関してはあまりいい情報はない。彼らにうまく再起をはからせるための指針がないからだ。ただ、優秀なライン・マネージャーの下で長期的に堅実な経験を積み重ねることができれば、彼らは変わるかもしれない。彼らが唯一親近感を覚えそうな人は「保身を優先する人」だ。「保身を優先する人」は組織の成長の足を引っ張るか、少なくとも歩調を合わせようとしないものの、確信と目的を持っているため、「無気力な人」に深い安心感を与えるのだ。

「無気力な人」は「保身を優先する人」たちと頻繁にやり取りしている可能性が高い。彼らの管理下にある場合は、個人的な成長が阻害され、改革やレジリエンスに必要なしなやかな考え方ができなくなる恐れがある。とはいえ、「無気力な人」をおだててやる気を出させようとすると、彼らはさらに疎外感を覚えて被害者意識を膨らませるかもしれない。そんなわけで「無気力な人」は心を動かすのが難しい人たちで、それぞれの〝価値〟には見合わないほどの忍耐力が必要になる。この後で紹介する2種類のキャラクターと同様に、「無気力な人」の影響力を止める最善の方法は、彼らの後に続きそうな人たちの進行を遅らせることだ。というのも、一度このカテゴリーに落ちてしまった人を再起させるには、卓越したリーダーシップが必要になるからだ。

保身を優先する人

「保身を優先する人」は、別名「働かないおじさん」とか「妖精さん」とも呼ばれ、無気力の段階を超えている人だ。世慣れた人だが、誤った善悪の観念に導かれて異議を唱え、現状維持に全力を尽くす。彼らにとっては現状維持の方が都合が良く、改革などしようものなら、自分たちの仕事が増え、居心地が悪くなり、犠牲を強いられそうだからだ。残念ながら、多くの組織では「保身を優先する人」の人口がもっとも多い。経験豊富だが野心的ではなく、平凡で時に無関心な労働者で、巧みに制度を悪用する――「ほどほどに働く教え」を完璧にマスターしていて、信奉者でもあるのだ。「保身を優先する人」は変化や改善計画に反対する。特に組織文化の変化や、自分の仕事とは〝無関係〟なもの（たとえば技術の刷新、後輩社員の指導、リーダーシップ開発、包括的な取り組みなど）に反対する。彼らは査定に影響することだけをしっかりやる。おまけに査定をするのは、長年一緒に働いているマネージャーか、ろくに話したこともないマネージャーかのいずれかだが、どちらにせよ、仕事に追われていて査定どころではない人たちであることも熟知している。

このカテゴリーの人は簡単に見つかるとは限らない。新しいリーダーが就任するか、組織的な大改革が行われて初めてその存在が明らかになることもある。彼らは会社の使命や価値観を暗唱でき、想定済みの計画においては熱心な従業員を演じる（たとえば、クライアントや自分よりも立場が上の人の前で）。しかし口先ばかりで行動は鈍い。グループのなかでは勤勉で献身的なメンバーに見えるが、人に見られていない場面で変化の足を引っ張るような行動を取る。上級管理職に就くと、自分と同じような人が大勢いることに気づくだろう。保身を優先する人は成績こそ良いものの、面倒なこと、努力しなければならないこと、自分にとって面倒なだけで価値がなさそうな変化を受け入れたがらない。

このカテゴリーに属する人は、組織文化にかなりの悪影響を与える。その数は膨大で、影響力のある強いマネージャーのなかにもいるため、強力な勢力となる。この勢力が定めた風潮は組織内に浸透して暗黙の基準となる。「約束その11」で組織の文化は、容認されている悪い行動によって定義されると述べたが、これは彼らのことだ。不適切な振る舞いを行ったり、許容したりするのは得てしてこのグループに属する人たちだ。

「保身を優先する人」は、口では言わないものの、高い目標の達成や意欲といったものは「あったらいいね」程度のものだと、はっきりと態度で示す。さらに彼らを見ていると、少なくとも業務のいくつかを惰性でこなしたからといって解雇されるわけではないことがわかる。「保身を優先する人」は、組織全体が沈む前に退職するか、無傷のままで逃げだそうと内心で画策しているものだ。

まさかと思うかもしれないが、ストレスや競争の増加、さらには破壊的変化によって、ますます多くの人が「保身を優先する人」へと転じていく。組織が存続するうえでこのグループは最大の脅威のように思えるが、各々はサバイバーに見られる。このグループの人に再起を促すことは可能ではあるが、難しい。なかには、マネージャーか親切そうな人にそそのかされ、〝手ほどき〟を受けて堕落した人もいる。多くの人は、自分はこんな種類の人間ではないと思っているが、再起するには新たなきっかけが必要だ。立ち直れば、「保身を優先する人」たちと一緒に浪費した時間を償おうと、新たな熱意にあふれて仕事に打ち込むだろう。

反対分子

最後に紹介するのが「反対分子」だ。どんなに劣悪な環境であっても、「反対分子」は小さくても重要な少数派を構成しているものだ。このグループに属する人は、かつてはきちんとした正式な手段を使って変化の道を模索したことがあるかもしれない。しかし、意見を聞いてもらえず、不満が募って、足を踏み外したのだろう。「反対分子」が現れやすいのは、組織的な失敗が繰り返されたあとや、過激な変革期のあと（たとえば新型コロナウイルスが世界的に流行したあとや、ブラック・ライブズ・マター運動後にインクルージョンが強調されるようになったときなど）だ。彼らは、上層部が表明している価値観が自身の社内での経験と合致しないと巧みに指摘して、自分たちの反体制的な妨害行動を正当化する。たとえ前向きな方向へ舵取りする正当な機会が与えられても、「反対分子」はその反対の道を選び、こうした努力を弱体化させようとするだろう。さらには、自分たちの状況を改善させると共に、成功させる価値のなさそうな体制や戦略や成果を阻止しようと、巧みにこっそりと「破壊工作」を行うだろう。

「反対分子」のメンバーは、同じ考え方の共謀者と行動することもあるが、そこへ「保身を優先する人」が暗黙のうちに共犯的な行為を行って、影響力が増すことがある。この二者は危険なほど強く結びついていて、感受性豊かな従業員に有害な影響を及ぼす可能性がある。だが、「反対分子」はめったに意見を主張せず、特定するのが難しい。もっとも、彼らを特定できなくても、その影響は明らかだ。組織の計画が予想外の挫折によって頓挫したら、それは「反対分子」によるしわざかもしれない。

このグループの人を変えるには、膨大なエネルギーが必要になる。かつては熱心に働き、それなりの成績を収めていた人もいるだろう。しかし今では、引退に近い年齢になるか、安泰な地位を築くか、あるいは他の組織で同程度かより良い仕事に就く準備ができるまでは、変化をこっそりと押さえ込もうとする。「反対分子」をどうマネージメントするかで、組織が真の前進に向けてどれだけ真剣に取り組んでいるかがわかる。

成績優秀で終身雇用の目立つ社員でありながら「反対分子」でもある人にどう対処するかで、あなたが組織をどうしたいかがわかる。

組織にはダイナミックに変化する能力と、機敏に反応する能力が必要だ。破壊活動が広まり始めたとき、あるいは広まる前からそれを予測できなければならない。そのためには、リーダーは組織の中央にどのキャラクターが何割いて、どれだけの影響力を持っているかを、詳細まで把握しておかなければならない。「前衛」の数を大幅に増やす、または「反対分子」を駆逐するのは不可能かもしれない。だが、こうしたキャラクターを見つけ出して手段を講じ、好ましくないグループの一部でも再起をはかるようになれば、大きな実を結ぶかもしれない。

マッキンゼーの調査によると、全社的な新規構想が失敗した原因の14%は予算不足にあったが、それよりも内部からの妨害活動が占める割合の方が大きいことがわかったという。マネージャーが会社の方針に反する行動を取ったケース（33%）と、従業員が直接的または間接的に抵抗したケース（39%）を組み合わせると、かなりの割合になる。[*3] 要するに、変化を成し遂げるには、失敗の原因のうちで72%も占める従業員に目を向け、効果的に管理し、やる気を出させ、活用することが重要だ。

だが、社員がどんな人なのかを理解しなければ、やる気を起こさせることはできない。組織のなかで協力を正確に定義できなければ、協力体制を強化する方法は見つからない。うちの会社はすでに実力主義制度が敷かれていると勘違いしていては、実力主義に移行できないだろう。

自分の組織を批判的に評価するのをためらわないと約束してほしい。従業員アンケートの主観的な解釈、生産性評価、顧客獲得数、あるいはウェブサイトに掲載されている大げさでナンセンスな文言をベースに、従業員の能力や本質、あるいは組織文化を決めてかかってはいけない。「働かないおじさん」を軟化させるには、コストではなくエネルギーが必要だ。グループをチームへと変えていこう。ミッション・ステートメントに恥じない行動を取ろう。どれから始めるにせよ、まずは自分の現在地を客観的に分析することだ。このステップを省略することはできない。

約束その13

自己開示ができる環境を築く

数年前、わたしはある女性にコーチングを行っていた。当時、彼女はあるプロフェッショナルサービス業界の4大企業の一つで共同経営者に就任して2年が経過していた。初めて会ったとき、わたしたちは一時間ほど楽しく話し、一緒に働くことが決まった。ところが二度目に会ったとき、彼女が話し始めてすぐに、何かが違うことに気づいた。すぐに彼女の話に割って入った。「ちょっと待った。ウルヴァーハンプトンの出身だったのかい！」とわたしが言った。

わたしは心底驚いた。彼女の話し方が初めて会ったときとは違っていたからだ――少なくとも違う訛りだった。ロンドンの中心地のどこかで話されているような、ごく一般的な話し方だったのだ。

ウルヴァーハンプトンはイングランドのウェスト・ミッドランズ大都市圏にある工業都市で、「ブラック・カントリー」の外縁に位置している。産業が盛んだった1840年代に、この地域のあちこちにあった炭鉱や工場や製造所から黒煙が立ち上り、大気汚染が起きたことからこの名前がついた。

この地域出身の人は、しばしば「ブラック・カントリー・スペイク」と呼ばれる独特な方言で話す。一般的に、温厚でもてなし上手だが、知的なイメージのない人たちだと思われている。といっても、これはわたしの勝手な偏見ではない。たとえあなたがウルヴァーハンプトンや、わたしの故郷ストックポートで生まれ育った人でなくても、その地域に住んでいるというだけで特有のネガティブな性質と訛りが不当に結びつけられることは想像できるだろう。

わたしの質問に対して、彼女はウルヴァーハンプトン出身だと認めたあと、仕事中は――実際には、外出するたびに――訛りを出さないようにしているのだと語った。それ以上は話したがらず、「たいしたことじゃないから」と言った。

わたしはそこで終わらせる気はなかった。「仕事とプライベートで話し方を変えるのはたいした負担だと思うけどね。どういうことなんだい？」

彼女は抵抗するのをやめて、「ウルヴァーハンプトン出身の女性はここでは共同経営者になれないのよ」と言った。彼女が成し遂げたことは、ストックポート出身で読書が好きな肥満体型の少年がＮＢＡの選手になるのと同じぐらいあり得ないことなのだ。だが彼女は実現した。そしてその地位を守るために、毎朝玄関の扉を閉めてロンドンの地下鉄の駅へと歩き始める瞬間から、夜帰宅するまで、外見を維持しなければならないと思い込んでいた。努力しなければならないし、とても疲れるわ、と彼女はもらした。

この卓越した女性が、出身地を悟られないためにどれだけ多くの労力を費やしていたか想像してみてほしい。来る日も来る日ものしかかる精神的な負担を想像してみてほしい。しかも、何のためにやるのか？　商品をたくさん売るため？　顧客を満足させるため？　破壊的変化のなかで組織を導くため？　いいや、どれでもない。彼女が犠牲を払っているのは、社会的に均一性が求められる環境に溶け込むためだ。彼女が費やした労力は、多くの価値ある目的のために使うこともできただろう。だが実際には、組織の成功や進歩とは関係のない、無意味でつまらない期待に応えるために使われたのだ。

まったく違う人物を演じるためにどれだけのエネルギーが必要になるか、少しだけ考えてみてほしい。しかも欠点が一つもなくて信頼性が高く、完璧なバックグラウンドを持つ人を演じるのだ。そんな人物像を作って維持し、質問されても体面を保ち、全員——少なくとも人生のなかで出会った人たち——の期待に沿うよう振る舞い続ける。

人間のエネルギーには限りがある。エネルギーは、組織の目標や目的に集中させることもできるし、二方向に分けることもできる。たとえば、目標と、組織に溶け込むための不必要なタスクの二方向に使うのだ。仕事に向けられなかったエネルギーの断片はすべて、他のことのために失われてしまう。

インクルージョンの文化がきわめて重要なのはそのためだ。この文化があれば、自己開示がしやすくなり、組織のパフォーマンスも上がる。

もちろん、インクルージョンは倫理的に絶対必要なものだ。世間からどんな人材を雇用しているか厳しくチェックされるなかで、組織のイメージを維持するためにも必須だ。とはいえ何よりも、自己開示しやすい環境はパフォーマンスを向上させるための基本的要素だ。そのため、ここで「自己開示ができる環境を作り、それを土台として、職場で日常的なインクルージョンを促進するという約束を守ってほしい」と提案するのは、そのように人を扱う方がいいからではない。むしろ、社員の潜在能力をすべて引き出すには、そう接するしかないからだ。

「日常的なインクルージョン」と「自己開示ができる環境」という言葉の意味を明確にしておこう。まずは前者から始めよう。そもそもインクルージョンは標準でなければならない。インクルージョンは選択するもの、つまり行動によって作られ維持される状況だからだ。その反対に、多様性は集団の宿命といえる。現代社会では多様性は避けられないものであり、増える傾向にある。しかしインクルージョンは選択肢であり、わたしたちが毎日行う選択に深く根づいている。

インクルージョンが実践できない組織は、干渉型の方法で補おうとする傾向がある。このような組織は、インクルージョンは限定的でひとかたまりの問題であり、一度見つかれば、限定的でひとかたまりの問題と同じ方法で解決できると考える。たとえば、大ざっぱなカリキュラムか研修計画を練り、近い未来に開始日と終了日を設定する。それからスタッフの何%かをインクルージョン計画に投入する。場合によっては、コンサルタントか講演家を招くといった具合だ。これで問題に対処して解決だ。終了。

自分の首を絞めることを承知で言うが、そんなことをやってもうまくいかない。わたしは自分の専門知識はもとより、APSの同僚たちの優秀さを高く評価している。にもかかわらず、あなたの職場に日常的なインクルージョンの文化を植えつけられないだろう。インクルージョンは細部に宿るため、この「日常的」という要素が不可欠なのだ。インクルージョンは退屈でやっかいで単調なものに宿る。インクルージョンを邪魔する「他者化」のほとんどは、かすかで巧妙に行われる。「他者化」とは、何らかの点で自分とは違う人物を前に、よく考えもしないで無神経な言葉を言い放つことでも、一緒に働きたくないと拒否することでもない。インクルージョンは注意深く練った計画をスプレッドシートにまとめて、みんなで共有して取り組めば何とかなる、というものでもない。計画やスプレッドシートでは、日常的なインクルージョンは根づかないだろう。

日常的なインクルージョンが実現するのは、人々が自分はいつも認識され、意見を聞いてもらえ、唯一無二で一人前の個人として重要視されていると自信を持って言えるときだ。人々に囲まれながらも、ひとりぼっちだと感じるときほど孤独なものはない。排他的な環境では、みなそう感じるものだ。

1990年代前半、研究者のウィリアム・カーンは「心理的安全性」という概念を提唱し、それを「セルフイメージや地位やキャリアに悪影響が及ぶのではないかと恐れることなく、自分の一面を見せて、それを活用できることだ」と定義した。[*1] 研究者のエイミー・エドモンドソンは、チームのなかの心理的安全性という枠組みで掘り下げ、「対人関係のなかでリスクを冒しても安全な環境だという共通の理解があること」と述べている。[*2]

心理的に安全なチームは「やさしい」わけではない――成績の振るわない人が、精査の目から隠れるための場所ではない。それどころか、精査の目から逃れる場所がほとんどない、荒っぽくて挑戦的な環境だ。人々が初期段階のアイデアを共有しながら、みなが等しく客観的に議論、提案、サポートを受けられるものと期待できる環境だ。

心理的に安全な空間はユニークな空間で、人々は他人に何らかの影響を与えたら、その影響について個人的に責任を持つべきだと考えている。

心理的に安全なチームは、同僚が出したアイデアが最終的に不採用になったからといって、それを同僚の能力不足だと混同するようなことはしない。

このような空間では、社員たちは価値を提供するために全員が同じ方法で働く必要はないと考える——たとえ誰が優秀かを競うなかで、緊張感や摩擦が生まれる瞬間があるとしても。

日常的なインクルージョンがある環境には、こうした心理的安全性が不可欠だ。心理的に安全なチームでは、メンバーたちは安心感を覚え、自由にお互いを信頼し合えるようになる。しっぺ返しややり込められるのではないかと恐れることなく、解決策を探し求めるなかで自由に意見を言い、知恵を提供できる。

インクルージョンの側面のなかで、もっとも誤解されているのが自己開示だ。「カミングアウト」とは、主に性的指向を公にする行動を指す。しかしそれ以外にも、人にどう受け取られるか確信が持てないまま、自分に関する新しい情報やほとんど知られていない情報を公開すれば、それもカミングアウトになる。

人間にとっては、自分のアイデンティティよりも貴重なものなど、ほとんどない。複雑で幾重にも重なるアイデンティティのなかでも、人に知られていない面を共有することは、あたかも「ファベルジェの卵」［訳註：ロシアの宝石職人ファベルジェがイースターエッグを模して作った宝飾品のこと］を見知らぬ他人に差し出すようなものだ。繊細で大切な真実を提供する行為だが、ひとたび差し出せば、それがどう扱われるかコントロールできなくなる。できることといえば、自分と同じように相手も細心の注意を払ってそれを扱ってくれますようにと願うことだけだ。

誰かが打ち明け話をしてくれたとき、あなたはその人がわかったと思うだろうが、それは誤りだ——少なくともそれで終わりではない。自発的に〝自己開示ができる環境〟は常に、情報の提供者に関する声明であるのと同様に、その情報の受け手に関する声明でもあるのだ。〝自己開示ができる環境〟は、情報の受け手に対して、「わたしはあなたの振る舞いを見ましたし、あなたの話も聞きました。その結果、あなたに一部の情報を与えてもいいし、あなたならわたしと同じぐらい敬意と注意を払ってそれを扱ってくれるものと信じています」という深遠な表明でもあるのだ。この信頼感、つまり無防備になれることが、組織の絆を深めるうえで非常に強力なのだ。

成功するチームになるには、このような〝自己開示ができる環境〟が必要だ。人々は大丈夫だと信じて行動し、チーム側も信頼が裏切られることはないとメンバーたちに請け合わなければならない。成功するチームでは、人々が信頼し合う必要があるが、それは何かに対してお返しすることが義務化されているからではなく、信頼は信頼を生むという自然界の秩序があるからだ。これを実現できるのは、自己開示しても制裁もあざけりも疎外されることもない文化だけだ。と同時に、正直にミスを認めても後々まで傷として残らない文化でもある。メンバーが自分の個性的な一面が公にされたら、利用されるか、ばかにされるのではないかと不安でいっぱいになるようでは、チームはうまくいかない。

職場で自分をさらけ出せる自由は、プラスアルファ――「あったらいいね」的なあたたかくてぼんやりとしたもの――程度のものだと思われがちだ。しかしそれは、あたたかみを演出するために、オフィスを1990年代のベネトンの広告のようにすることではない。組織はいつもそうやって解決しようとする。褐色の肌をした人、アジア人、同性愛者と思われる人、障害のある人までも集め、これらの人々を並べて写真を撮り、ウェブサイトの多様性&インクルージョンのページに掲載するのだ。全員が明るい笑顔を浮かべていて、あたたかくて受容的な組織だと伝わってくるような写真だ。

高いパフォーマンスを発揮するには、根本的に〝自己開示ができる環境〟をベースとする日常的なインクルージョンが不可欠だ。複数の調査によると、組織のインクルージョンへの取り組みを高く評価する従業員は、組織全体に対する好感度も高く、この二つには強い相関関係があることがわかったという。組織が積極的に多様性とインクルージョンを推進していると考えている従業員は、自分の職場を労働水準が高い部類に入れる割合が80%も高くなるのだ。さらに、自分のチームは刷新的なソリューションを生み出すために多様な意見を出し合うと回答する割合が84%も高いという。[*3]

また、多様性とインクルージョンを備えた企業は、これらの面で後れを取っている競合他社よりも優れていることを示すエビデンスがたくさんある。『ウォール・ストリート・ジャーナル』紙の最近の調査では、多様性とインクルージョンへの取り組みが高く評価されている企業は、評価が低い企業よりも5年後および10年後の株価収益率がはるかに高いことがわかったという。[*4] 同様に、アメリカ社会学会のメタ分析によると、ジェンダーと民族の多様性が1%上昇するだけで、総収入がそれぞれ3%と9%上昇するという。[*5] 人によって異なる意見、視点、経験を持っているという認知の多様性だけでなく、このような人口統計上の多様性も不可欠なのだ。世の中に対する視点が異なる人たちを議論の場に引き入れれば、彼らはあなたの意見に異議を唱え、論理の欠陥を指摘し、見落とされている好機を指摘してくれるだろう。

とはいえ、視点が異なる人たちを議論の場に集めるだけでは、ベネトンの宣伝みたいな画像をウェブサイトに載せるのと変わらない。国際経営開発研究所の名誉教授で組織行動と国際ビジネスの専門家のジョセフ・ディスティファァーノが主導した調査によると、多様性のあるチームが均質的なチームをしのぐのは、適切なリーダーシップに主導されたときだけだという。[*6] 二つのチームのリーダーシップが同等だった場合、均質的なチームが勝つ可能性が高いということだ。その理由は、多様性のあるチームに日常的なインクルージョンを促すのは容易ではなく、均質的なチームよりも質の高いリーダーが必要だからだ。リーダーシップのスキルが上達しないままで多様化をはかれば、バイアス、不注意な言動、軽率な思い込み、排他的なグループの形成といった問題が起きるだろう。こうした問題が起きると、個人や集団が最高のパフォーマンスを発揮できなくなる。もっとも、リーダーには幸いなことに、そのような悪い結果になってもリーダーシップ不足が原因だとは言われないだろう。その代わりに、その結果とメンバーの多様化が関連づけられ、多様性こそが問題だと疑われるだろう。

均質的なチームを率いることは比較的容易だ。同じような人は同じような解決策に応じるため、基本的な技術と管理職のスキルを使いこなせれば何とかなる。メンバーのどの点が均質なのかを問わず、どのチームにも当てはまる。だが、内向的な人と外向的な人、クリエイティブな人と構造化思考の人、あるいは文化、言語、地域といった背景の異なる人たちが交ざっている場合、型にはまったやり方では通用しない。多様性のあるグループでは、メンバー同士が配慮しながらやり取りする必要があり、リーダーがグループ内の人間関係を調整しなければならないだろう。こうしたグループのリーダーと仲間たちは、均質的なチームなら無視しても何とかなることでも、チーム形成を維持するためにさまざまな側面をケアしなければならない。コミュニケーション、トーン、やり方、モチベーション、表現、バックグラウンド、経験などの違いに対応できるよう、戦略を練る必要がある。

多様性のあるグループの課題を解決できるのはマネージャーではない。リーダーだけだ。繰り返すが、マネージャーは技術的なスキルや管理職のスキルを使って、組織の指示を実行し、タスクを完了させ、ビジネスの存続に努める。しかし真のリーダーは感情労働のスキルも駆使する。彼らは、周囲のさまざまな人たちが効率的に作業したり、同僚や組織の目標のために尽力したり、さらには内外のストレス要因が軽くなるような感情的かつ心理的な状態を導くために働いている。

1983年に、研究者のアーリー・ホックシールドが最初に感情労働を定義したが、そこからさらに拡大された定義によると、相互に関連し合う5つのスキルが必要になる。ホックシールドによると、感情労働とは「他者の感情を適切な状態にするために、自分の感情を誘導または抑圧して表面的な外見を維持する」能力だ。[*7] かなりエネルギーを消耗しそうだなと思った人は、正解だ。おまけにもっと多くが求められる。

まずは**エモーショナル・リテラシー**だ。これは、自分の感情を把握すること、他者の感情に共感すること、自分の感情をコントロールする方法を学ぶこと（これは次に紹介する「感情抑制」に関わる要素でもある）、さらには同僚たちと純粋で適切な感情的なつながりを持つ能力も含まれる。かつては、この最後の要素は「ちょっと要求が多すぎる」と思われていたが、ポストコロナの社会では、同僚たちを感情的側面もあるリアルな人間として見なければならないと認識されるようになった。

次に**感情抑制**がある。このプロセスを通して、人々は自分の感情が周囲に及ぼす影響を調整したり、周囲の人々の感情が自分の行動に与える影響を調整したりする。たとえば、自分が今何を感じているかや、他者の言動によってどんな感情がわき起こっているのかを正しく解釈する能力から、集団の雰囲気と、その雰囲気によってどんな反応が起きそうかを認識して調整する能力なども含まれる。あなたは部屋の空気を読めるだろうか？　その空気や、その空気によって誘発される行動に対処できるだろうか？　部屋の〝温度〟をあるべき温度のままで維持できるだろうか？

次は**メタ認知**だ。メタ認知は複雑で、率直に言ってわたしの専門外でもある。もっとも、専門外だと告白することで、わたしはメタ認知のスキルを発揮しているとも言える。メタ認知の主要な要素は、ある状況において――ここでは、リーダーシップの感情労働について――自分の知識や能力の限界を認識したうえで、その知識を増やすには、あるいは能力アップをはかるにはどうしたらいいかを考えることだ。ジョン・D・ブランスフォード、アン・L・ブラウン、ロドニー・R・コッキングは、共著『How People Learn（人間はどう学習するか）』（未邦訳）のなかで、ある分野における自分の強みと弱みを把握している人は、「学習戦略やリソースを積極的にモニタリングし、特定のタスクやパフォーマンスを自己評価する」と書いている。[*8] つまり、自分の能力の限界を知っていれば――つまり、能力の限界が日々どう変動するかだ――能力的に無理なことには手を出さないよう気をつけるだろう。少なくとも、タスクをこなすにはリーダーとしての感情労働のリソースが足りないと認識できるだろう。絶え間なく内省して、自分の精神と感情の状態を把握することはきわめて重要だ。内省を通して、自分の意思決定の質や、コミュニケーションのトーンとその効果がわかるからだ。

他にも**反応抑制**という要素もある。実際に多様なメンバーがそろったチームにいると、なじみが薄く、時に居心地の悪いテリトリーに足を踏み入れることがある。そんなときに、条件反射的に反応してもうまくいかない。多様性はいつでも均一性よりエネルギーを消耗する。だが、より高い順応性、イノベーション、創造力をもたらし、破壊的変化に直面したときにより良い結果を生み出せる。

多様性のあるチームにいると、同僚として、またはリーダーとしての力量を試されるだろう。それぞれが異なるやり方で何かをするだけで、いらだつかもしれない。人間には、無関係な刺激につい反応または行動しないよう自分を抑えるための、エグゼクティブコントロールという際立った能力がある。ここで重要なのは無関係な刺激ということだ。反応抑制といってもどんな刺激にも反応しないことではない。反応制御とは、ある行動には反射的に反応する必要がないことや、別の行動には反応はしなくとも熟慮する必要があるといったことを把握し、心得ておくことだ。

次は**対人関係での警戒心**だ。これについてはいくつかの章、特に「約束その4」で詳しく説明した。これは自分の影響力や「規模」を異なる角度で捉え直すことだ——同僚であれ、リーダーであれ、自分の役割や経験に関係なく自己認識を再構築して、自分にとっては取るに足らない行為でも、想定以上に他者を傷つける行為かもしれないと考えることだ。怒りの爆発はもとより、単に誰かを無視しただけとか、誰かを疎外したケースまで、「対人関係での警戒心」とは、巨人と同じように自分が周囲に与える影響を意識することだ。

このような感情労働のスキルを持つ人たち（共感力があって対人関係の力学を使いこなせる人）が集まった多様性のあるチームに参加する、またはそんなチームを構築して、メンバーたちに衝突しても建設的に解決するよう促せば、それが成否を左右する分岐点となる。そのようなチームは、統制のとれた均質的なチームを凌駕するだろう。だが同じチームでも、熱意のないマネージャーが率いると、均質的なチームを超えられないだろう。

排他的な行動は毒となってイノベーション、生産性、連携を邪魔する。その悪影響は技術不足による成績不振や常習的な欠勤ほど目立たないものの、包括的な取り組みを行わなければ同じような状況に陥るに違いない。日常的なインクルージョンは広く導入しなければならないだけでなく、人種や民族などの点で保護が必要な人たちを採用し、雇用を維持し、育成するためにも必要だ。これにはいくつかの理由があるが、どれも明らかなものばかりだ。

1番目の理由は、無視しても嫌悪感が収まらないような醜い現実だ。「マイノリティ」には法律によって「保護対象」と見なされる人が含まれているが、ほとんどの場合、組織の全従業員のなかでわずかしかいない。しかも、彼らの占める割合が多いのはサービス業や管理職だ。よって現実的に、この本を読んでいるあなたが組織に所属する従業員なら、あなたの組織はマイノリティの人たちを雇った経験または知識が少ない可能性が高いだろう。それだけで、マイノリティの人たちは不利な状況に置かれる。彼らが置かれている環境では、マジョリティの社員たちが同じような経験やバックグラウンドを共有してそれを当然と思い込み、マイノリティが世間の人たちから異なる目で見られていることなどを考えたことも、議論したこともないのだから。一般的に、マジョリティを占めるのは白人の異性愛者だが、隠すこともなく異性愛者だと言うだろう。マジョリティの人たちの特徴が何であれ、そこに含まれない人たちは疎外感を覚えている可能性が高い。

そんなわけでマイノリティの人が仲間に加わったときに、その人にチームに加わったと実感してもらうには、当然さらなる努力が必要になると予測できるだろう。とはいえ、マイノリティの人たちが帰属意識を感じられるような環境を作るため、通常の努力では足りないのには別の理由もある。組織はそのような環境を作るのがうまくないからだ。

このことは、2020年に黒人のジョージ・フロイドが白人警官に殺された事件に対する反応からもわかった。感動するほどあたたかみがあって善意に満ちたプレスリリースを発表したものの、多くの組織は社内にいる人種的マイノリティのために包括的な文化を作ろうにも、ノウハウがないことに気づかされたのだ。

まったくひどい有様だ。といっても、これは個人的な経験から実感したことだけではない。もっともわたしは包括的な環境を作っていると自信を持って言えるが。マジョリティに属さない従業員に訊いてみると、すぐに軽んじられた経験、疎外された経験、疎外感を覚えた経験をいくつも話してくれるだろう。個人の体験談だけでなく、いくつかの調査結果でも、マイノリティの従業員の3分の1以上が「他の人に親近感を覚えたことがない／めったにない」と答えたという。さらに45％は、「職場で問題を抱えているとき、それを解決するために必要なサポートが得られない／めったに得られない」と答えている。そして20％は、「役に立っていると感じられない／めったに感じられない」うえに、「問題にうまく対処できない」と答えているのだ[*9]。

日常的なインクルージョンは、誰もが与えることができる基本的な贈り物だ。「誰もが貢献できる独特な個性を持っている」と信じることだ。それは外見や長年の思い込みの向こうにあるものを見通すことでもある。小説『メアリー・ポピンズ』のなかで、メアリーがバンクス家に引っ越してくる場面がある。メアリーは旅行カバンを開けると、なかから帽子掛け、壁掛け鏡、植物、フロアスタンドまで取り出した――どれも実用的だが、旅行カバンに入っているとは想定できないものばかりだ。これは脳を表す秀逸なメタファーだ――こんな小さなもののなかに、無限とも言えるほど大量の情報や知恵が詰まっているなんて、信じられないときがあるほどだ。さて、従業員にも同じような方法で仕事をして、問題を解決してほしいのではないだろうか？　どんな経験があり、旅行カバンにどんなスキルが詰まっていようと、役に立つものを持っているなら、それをテーブルに出してほしい――わたしたちはそれが見たい。ソリューションの一つの案として、それを見る必要がある。

もちろん、すべてをさらけ出すことにはリスクが伴う。メアリー・ポピンズがカバンから持ち物を取り出したときに、他の物もこぼれ落ちたかもしれない。たとえばＡＤＨＤの薬。ダンジョンズ＆ドラゴンズのボードゲーム。『コーラン』の本。妻の写真。アイデンティティという、もっとも神聖な持ち物にまつわる大小さまざまな断片だ。

意見を自由に言うよう促されたときに、アイデンティティの断片がこぼれ落ちてしまうかもしれない。だが、そうした断片がばかにされたり、けなされたり、からかわれたりすることはないと確信できる環境でなければ、人々は意見を言うのをためらうだろう。かくして、カバンの中身を全部出して、ソリューションやイノベーションに役立つものがないかじっくり調べる代わりに、彼らはしぶしぶカバンを開いて用心深く何を提供するか選ぶだろう。貢献したくないのではない。自己開示できる環境ではないため、自分が異質だと示すものを出さないよう、注意して行動しているのだ。ヘタすれば、自分がそのグループに「ふさわしい」か疑われてしまうからだ。

グループは「ふさわしい」かどうかにこだわる。この人はグループにふさわしい人か？　自分たちと合うか？　この人は本当に仲間なのか？　わたしたちのやり方と合うか？　他方で、チームは「ふさわしい」かどうかなど気にもしない――少なくとも、日常的に耳にする意味での「ふさわしさ」など重視しない。チームが目を向けるのは価値観や取り組みや技術的な能力であり、「ふさわしさ」という表面的な基準ではない。

残念ながら、実に多くの組織では「ふさわしさ」の定義が機能不全に陥っている。組織に「ふさわしい人」という概念は、あらゆる段階でインクルージョンに不利に働く――人材の採用から、雇用の維持、後継者育成、さらには組織が獲得したいクライアントや顧客の範囲に至るまで。そしてふさわしさを基準に選別することは――つまり、表面的に自分たちと「似ている人」を選ぶことは――危険な意味で従業員を安心させるメッセージを送ることになる。自分のいる環境では、異質な人について考えたり、関わったりする必要がないと感じている人にとって、そのメッセージはこう聞こえるだろう――

安心してください。平穏な状態をかき乱すようなことはしませんから。あなただって、自分のいつもの考え方や言葉遣いや行動に注意するために余計なエネルギーを使いたくないでしょう。そんなことをさせるつもりはありませんから。

偽の伝統主義者にはこう聞こえる――

許しがたいことを擁護するあなたの巧みな弁論を聞きました。わたしたちも同意します。現状を維持することは、個人の安らぎを守ることです。たとえ現状を維持することが、個人またはチームのパフォーマンスの向上に不利に働こうとも、このようなやり方でみなさんの安らぎを脅かすようなことはいたしません。

平凡だが人種差別的ではない中間層には、こう聞こえる――

みなさんはいつもどおり優秀ですね。みなさんは申し分なく優秀で、我が社のポリシーやプロシージャーや弱点をよくご存知ですから、波風を立てることなく必要最低限のことをやってくださるでしょう。我が社はそれで構いませんし、「ふさわしさ」を重視する方針によって、みなさんが多数派であることに変わりありません。おめでとうございます。このまま続けてください。

そして最後に、スキルもトレーニングも足りないマネージャーにはこう聞こえる――

今までどおり、スキルもトレーニングも足りないマネージャーのままでいて構いませんよ。多様性とインクルージョンのコンプライアンス・ガイドラインについては最新情報を提供しますが、リーダーシップ研修は見返りの少ない投資です。いずれにせよ、リーダーシップ研修など必要ですか？　我が社にふさわしくない人材のために、あなたのスキルを試すようなことはしませんから。

組織に「ふさわしい人」という基準は機能不全に陥っているものの、利己主義的な理由でサポートする者が大勢いる。ところが、この基準は多様性とインクルージョンとは相容れないため、二つの深刻な理由で優秀な採用候補者が減ることになる。

一つ目は、組織にふさわしくない人は面接の過程で落とされることだ。学歴や職歴といった特定のバックグラウンドが「基準」を満たさないように見える／聞こえるとか、それ以外の表面的なミスマッチが原因だ。こうして彼らは除外される。二つ目は、自ら応募するのをあきらめる人たちだ。彼らは組織に適していて才能もあるが、求人広告の行間を読めるほど優秀なため、そのような組織には来ない。もっとも、最近ではリンクトインや、〈rollonfriday.com〉や〈glassdoor.com〉といったウェブサイトで、従業員たちの会社に対する本音をチェックし、応募をやめてしまう。

「ふさわしさ」とは何かを考え直して再定義しよう。これが、日常的なインクルージョンと自己開示ができる環境を備えた文化を作るための第一歩となる。もっと機能的な定義、たとえば候補者の価値観や道徳規準、組織の目標や戦略的な目的と合うことをベースにして定義すれば、（〝少々〟みんなと違っていても）熱意と十分なスキルを持つ人の採用が増えて、組織を強化できる。この方法なら、熱を帯びた議論で不和が生じたり、組織の進化に伴う不安が生じたりしても、受け入れてもらえるだろう。リーダーが成長し、多様性と共存しながら成功できるようになる。求人の「必須」条件を設定するときに、特定の人たちを不当に傷つけないように気をつけよう。仕事のスタイルではなく、仕事の成果に注目したものにすることだ。目指すべきは、その種の「ふさわしさ」だ。

だが、ほとんどの職場では今も「ふさわしい人」は、「自分に似ている人」とか「一緒にいて安心感のある人」に置き換わりがちだ。そのような環境では、異質な人は職場の許容範囲に収まるために、あるいは自分自身や異質な面に注目が集まらないようにするために、どんな苦労も惜しまないだろう。職場になじむか、少なくとも目立たないよう、いつもと違う自分を演じるだろう。些末なことに思えるかもしれないが、実のところ、彼らが能力のすべてを出し切ることはないだろう。本来なら必要ないのに、彼らは不自然な方法で自分の外見、心構え、感情、そして言葉遣いを検閲している。そして小さすぎる服に身体を押し込んで窮屈だと感じながら、職場で一分一秒を過ごしているのだ。これでは息が詰まるし、仕事どころではない。

一日の終わりに、特に着心地の悪い服を脱いだときの安堵感を思い出してほしい。日常的なインクルージョンが提供するのはそのような安堵感だ。表面的な制約に邪魔されることなく仕事に取り組む機会、安全で意欲をかきたてられる心の空間、人々がありのままの自分でいられて、自分をさらけ出せて、自由に貢献できる環境。一人ひとりをありのままに快く受け入れれば、包括的な環境が適切なチーム形成を促して、イノベーションを育むようになる。

わたしは実生活と、バスケットボール選手としてのキャリアとの関連性を軽々しく語らないようにしているが、それでも1999〜2001年にかけてオーランド・マジックで過ごした数年間が、個人としてもチームとしてももっとも充実した時期だったのは偶然ではないと思う。ヘッド・コーチのグレン・リバースこと〝ドック〟は、インクルージョンと自己開示ができる環境の重要性を正しく認識していた。当時のNBAのコーチのなかでも、時代を先行していたのだ。ドックは、選手たちが多面性をさらけ出せるような文化を築き、全員がその文化を受け入れた。わたしは詩とSF小説をこよなく愛する変なイギリス人で、博士号を取るために休憩時間はいつも本を読み、論文を書いていた。異質な人間だった。だが、この風変わりな言動や学業での野心が、不利に働くことはなかった。実際、受け入れてもらえたのだ。わたしはチームプレーヤーであること、チームのビジョンのために献身的にプレーすることを明確にしていた。コートでも、ウエイト・トレーニング・ルームでも、試合動画を見て分析するフィルム・セッションでも、努力を惜しまなかった。自分の役割を果たした。そしてその代わりにコーチとチームメイトは、わたしが自分らしくいることを許してくれた。全員が、お互いのためにそうした。チームのなかで一番特異な選手はわたしだったかもしれないが、他にも変わった人や、複雑な人がたくさんいた。

バスケットコートの外にいるときの自分がリスペクトされたことで、コートのなかでのパフォーマンスも向上した。周囲の目を気にしたり、周囲になじもうとしたりしてエネルギーを消耗する必要もなかった。自分が陰で何と言われているのか被害妄想に陥ることもなかった。裏切られるか、だまし討ちに遭うかもしれないと思ったこともない。当面の仕事であるバスケットボールに全力を注いだ。おまけに、チームがわたしの変な訛りと趣味を受け入れてくれるのなら（彼らにとってはかなり異質だっただろうが）、わたしの他の一面も認めてくれるに違いないと確信できた。

そんなわけで、やがてチームメイトたちに同性愛者だと告白したときも、たいしたことではなかった。「カミングアウト」という行為は誤解されている。ほとんどのLGBTQ+の人たちは、ある日突然全員に打ち明けたりはしない。ごく少数の信頼できる人だけに打ち明け、徐々に広げていくものだ。わたしは10年前に最初の本を書いた際に〝カミングアウト〟したが、そのときはすでに何百人もの人たちに打ち明け済みだったのだ。本は話題になって幅広い人々に読まれたものの、それももう昔の話だ。人生には絶えず新しい人たちが入って来るし、わたしの過去を知らない人もいる。そんなわけで、今もわたしは時々カミングアウトをしている。相手が壊さないものと信じて、大切なファベルジェの卵を差し出しているのだ。

オーランド・マジックのチームメイトにカミングアウトしたのは、地上から3万5000フィート上空でのことだった。チームの専用機に乗って遠征先へ向かうところで、わたしは大学の勉強に集中していた。ふとノートパソコンから顔を上げると、みんなが席に座っていないことに気づいた。選手たちはみな飛行機の前方に集まり、かたまってしゃべっていた。わたしは勉強に戻って、みんなに気づかない振りをした。自分のいないところで、チームのみんなが何を話そうが興味はない振りをしていた。

ところが、数分後にベテラン選手の一人が中央の通路を通ってこちらにやって来て、わたしのそばで足を止めた。「ミーチ、きみはあんまり女性の話をしないな」

わたしは彼を見上げてにやりと笑った。「そうなんだよ」

すると彼は「かっこいいな。ちょっと訊いただけだ」と言った。それだけだった。ミーチはゲイだ。確認終了。

彼はチームメイトたちのところへ戻って、その話を伝えたようだが、いずれにせよたいした反応はなかった。みんなはそれぞれの関心ごとに注意を向けた。それはとても重大で意味のある転換点だったが、驚くほどシンプルに終わった。チームに合流して以来、わたしはチームメイトに自分の特異性を打ち明けることに徐々に慣れていった。カミングアウトできたのは、打ち明けて後悔したことが一度もなかったからだ。そんなわけで、とても壊れやすくて大切な自分の一部を打ち明ける瞬間が来たときも、思い悩むことなく差し出した。

衣装をゆるめていって、すべてを脱ぎ捨てたときの安堵と喜びときたら！　自己開示ができる環境に日常的なインクルージョンがある文化には、たくさんのメリットがあるのだ。だが、こうした文化に強硬に反対する人が大勢いる。進歩やイノベーションを妨げることなどお構いなしで、快適な特権を享受している人たちだ。彼らには、平等とインクルージョンは抑圧のように感じられるかもしれない。彼らの力を過小評価してはいけないし、彼らの影響力の前にひるんでもいけない。

この約束を守り、職場に日常的なインクルージョンの精神を植えつけることができれば、その違いを実感できるだろう。簡単ではない。だが、変化を目の当たりにするだろう。反対派もその変化に気づき、あなたの努力を行き過ぎたポリティカルコレクトネスと言って否定しようとするだろう。だが、彼らの馬鹿げた意見に動揺してはいけない。実のところ、あなたの目の前にあるのは実力主義の始まりだ。反対派の領土にとっては脅威だが、みんなにとってはチャンスでありギフトでもあるのだ。

約束その14

ずっとここにいたいと思えるような環境を作る

オーランド・マジックを思い返すと、あのチームには漠然とした特色、言葉にするのが難しいのだが好調なチームに特有の何かがあったように思う。簡潔に言うと、絶対に離れたくないと思えるチームだった。

経営陣、コーチ陣、チームメイト、それからサポート・スタッフに至るまで、全員が連携してチームが成功するのに欠かせない伝統的な条件を満たそうとした。信頼。透明性。個人の働きかけ。心理的安全性。明確で一貫性のあるコミュニケーション。その結果できあがるのは、独特の安心感があって成長を促す環境だった。楽しい環境。他のところへは行きたくないと思えるような環境だ。

2000年のわたしはオーランド・マジックを退団できる立場にあったし、出るべきだったと言う人もいるだろう。FA（フリーエージェント）となったわたしのところには、ロサンゼルス・レイカーズからオファーが来た。オーランドが提示できる契約よりも期間が数年長く、年俸も数百万ドル以上高い金額を提示された。このオファーを受ければ、プレーオフに進出できても優勝は無理そうなチームから、本物の優勝候補チームへとステップアップできるし、シャキール・オニールやコービー・ブライアントと一緒にプレーができる。〝ラリー〟や〝マジック〟のように愛称で呼ばれ、将来の殿堂入りが確実と言われる選手たちと一緒にプレーできるのだ。

レイカーズなら、経済的な安定と優勝争いに加わるチャンスが約束されたも同然だ。しかしわたしがオーランドを退団して失うものを、レイカーズが提供できるとは限らなかった。わたしには組織への忠誠心があったが、あらゆる意味で本当のチームと出会うことはめったにないと気づくほど世間ずれしていた。チームをあきらめることなどできようか？

NBAでは、成功または失敗したときのチームの反応で、自分が真のチームに属しているかどうかがわかる。他の職場でも同じことが言えるが、2万人のファンが見守るバスケットボールコートのなかでは一目瞭然となる。真のチームでは、シュートが決まると——連係プレーでつないでレイアップが決まろうが、即興でやった難易度の高い曲芸的なシュートが決まろうが——得点した選手が、直前のパスをくれた選手を指差す。するとアシストした選手は、今度は自分がパスを出せるようおとりになってくれたチームメイトを指差すだろう。そして自陣側のコートに戻ると、5人の選手全員がグータッチをしたり、背中をポンと叩き合ったりするだろう。ツーポイントシュートを決めた選手は群衆の喝采——つまり観客のリスペクトと賛辞——を一身に浴びながらも、チーム全員で喝采を共有しようとする。公の場で成功を共有するのだ。それを見ている人たちには、バスケットボールはチームの努力の賜だと伝わるだろう——たとえそうでなかった場合でも。たとえシュートが決まったのは、個人の卓越した技術によるものだったとしても。

エリート級のアスリートたちが同じユニフォームを着ているだけのグループでは、そのような反応は起きない。同じ状況だった場合、シュートを決めた選手は観客の方を向き、太陽光を吸収するソーラーパネルさながらに、観客の喝采を一身に浴びるだろう。得点に貢献した他の選手たちに謝意を示すことはない。他の選手を指すのは、シュートミスかディフェンスでマークを外したときぐらいだ。観客の前で失敗を指摘するのだ。わずかにあきれ顔をすることもある。あからさまにしかめ面や嫌な顔をすることもあれば、いらだったように腕を振ることもある。「なんでそこでスクリーンプレーをやってるんだ？」「膝じゃない、胸に向かってパスをよこせよ」「ディフェンスにつくときにもっと早く身体を回転させられなかったのかよ？」。すべてのファンに向けたメッセージはこうだ。「おれはヘマをしたが、ドジった奴が他にもいることもわかってくれよな」

真のチームでは、シュートミスやパスミス、あるいはディフェンスのローテーションでミスしたときは、公の場で責任を共有する。大きな失敗をした選手は、胸を叩いて「ぼくの責任だ。ぼくのせいです。ぼくが悪い」と合図するだろう。するとチームメイトが首を振って、「いや、ぼくの責任だ。ぼくが悪い。きみは問題ない」と言うだろう。おまけにそのチームメイトはミスに関係している場合もあれば、そうでない場合もある。だが真のチームでは、そんなことはたいしたことではない――少なくとも人前では。なぜならチームは〝グループ〟が知らないことを知っているからだ。長い目で見れば、一人がすべての責任を背負うとチームの機能が低下するということだ。ミスの重みは、人前で一人で背負うには重すぎる。押しつぶされてしまう。全員でその重みを背負えば、みんなはチームなんだなと実感できる。

オーランド・マジックのチームでは、わたしはまさにその種のサポートを楽しんだ。ちなみに、この「楽しむ」と言葉を使ったのはわざとだ。どんなに才能豊かな個人の集まりでも、統制のとれた最高のチームには到底かなわない。おまけに相手は楽しんでプレーしている。一流選手が集まったグループと違って、真のチームの一員であることの喜びは何物にも代えがたい。苦しい時期を一緒に乗り越えるとき、並外れたチームになる。一緒に勝ったとき、チームは比類なきものとなる。

最後に約束してほしいことは、絶対に離れたくないと思えるような環境を作ることだ。ようやく人々から理解され、意見を聞いてもらい、自分の価値を認めてもらえる場所を見つけた、と思えるような環境を作ってほしい。建設的なフィードバックがもらえて、たとえ失敗しても見捨てられず、ひとりぼっちにされることもなく、形式的な「ふさわしさ」を持たなくても所属できる場所。本書で取り上げてきた材料——インクルージョン、信頼、心理的安全性、気配り——をすべて合わせてから「楽しさ」を適量振りかければ、強力な混合物ができあがる。食べるとやみつきになるものだ。人々が反応するのは、それが貴重でめったに出会えないものだと気づくからだ。

それを初めて味わったときのことを覚えている。見知らぬ人との出会いがきっかけで起きた、偶然のような出来事だった。10代の頃、わたしはよくストックポートのアパートからマンチェスターにある図書館までバスで通った。本をたくさん借りたあと、〈グレッグス〉に立ち寄ったものだ。〈グレッグス〉はイギリスで展開するフードチェーンで、〈ステーキ・ベイク〉と呼ばれる、グレイビーソースと牛肉を詰め込んだ小さなパイを売る店だ。ステーキ・ベイクはとてもおいしいが、栄養価は低く、一度にたくさん消費するものではない。だが、当時17歳のわたしは手が大きくて、指の間に一つずつはさむことができた。そんなわけで片手に何冊かの本、もう片方の手に3、4個のステーキ・ベイクを持って帰りバスに乗り込むのが常だった。

ある日、わたしは例によって本とステーキ・ベイクを両手で持ってバス停に向かっていた。その頃には、スタスタ歩く方法も、意識を集中して、周囲の人たちの笑い声や恐怖と不安の入り乱れた表情を避ける術も身につけていた。つまり、自分が異常だと意識させられることなくA地点からB地点へと移動できるよう、周囲をモザイク処理していたのだ。ところがその日に限っては、年上の男性がわたしの進路に侵入して、わたしを止めた。この人はきっと「上空の天気はどうだい」と尋ねるか、おもしろくもないジョークを言うに違いないと思った。わたしの身長をめぐっては、あらゆる種類のくだらないコメントを聞かされたものだ。だがこの男性は違った。「きみさ、バスケットボールをやったら際立つだろうな」と言ったのだ。

その言葉があまりに強力だったため、その言い方も正確に覚えている。男性は「バスケットボールをやるべきだ」とは言わなかった。人からきみは何かをすべきだとか、何かになるべきだと言われると、きみにできるのは〝それ〟しかないからねと遠回しに言われているような気がするものだ。50歳のときに、見知らぬ人からバスケットボールをやったらどうかと言われたことがある。皮肉なうえに、失礼で気が滅入るような提案だ。でもその男性はそうは言わなかった。「バスケットボールをやってみないか?」とも言わなかった。そう訊かれたら、わたしはこう答えただろう。「読みたい本が5冊にステーキ・ベイクが2個残ってるんで、家に帰りたいです。あなたはバスケットボールを続けてください。それじゃあ」

だが男性は「バスケットボールをやったら際立つだろうな」と言ったのだ。訳がわからなかったが、興味をそそられた。母と妹たち以外に、人から何かに向いていると言われたことはめったにない。ところが、わたしが際立ちそうなものを提案されたのだ。男性はぼくを見ても怪物だとは思わず、可能性を秘めた子だと思ったのだ。際立つって言いました？　その話を聞かせてください。

男性はバスケットボールのことを少し説明してくれた。イングランドのほとんどの人たちと同じく、わたしもバスケットボールという言葉すら聞いたことがなかった。男性は基本的なことを簡単に説明してくれたあと、同年代の子どもたちがバスケットボールをやっている地元の体育館のことも教えてくれた。

約一週間後、その体育館へ行ってみた。学校ですべての男子学生に配布されるラグビーの練習着を来て、足にはゴム底のズック靴（キャンバス地のシンプルなローカットシューズ）を履いた。その日は雨が降っていて、わたしはしばらく外に立ってガラスのドア越しになかを見ていた。シューズがキュッと鳴る音、ボールが弾む音、それから中等学校生ぐらいの子どもたちのおしゃべりと笑い声が聞こえた――わたしがずっと敬遠してきたものばかりだ。それから『不思議の国のアリス』のウサギの穴に足を踏み入れるみたいだなと思いながら、ドアを開けたことも覚えている。わたしはどこへ行くのだろう？何をやってるんだろう？

わたしが足を踏み入れたのは本物の体育館だった。誰かがわたしに気づくやいなや、みんなの動きが止まった。みんながこちらに顔を向けて、一、二秒ほどその場で凍り付いたように止まり、ボールがバウンドしながら転がっていった。わたしはきびすを返して帰りたくなった。全員の目がわたしを凝視していて、血に飢えた群衆が襲いかかってくる直前のように見えたからだ。ところがそのとき、一人が大声を上げた。「きみはうちのチームだ！」。するとみんなが叫び合いながら、こちらに走ってきた。「違う、うちのチームに入るんだ！」「だめだ。うちのチームだって！」「うちがもらうんだ！」

みんながわたしをつかみ、文字どおり自分たちのチームに引き入れようと引っ張った。こんな形でうちに来てくれと請われるのは、何とも奇妙な感覚だった。心臓がドキドキして破裂しそうだった。と同時に罪悪感もあった。バスケットボールに触ったこともないし、チームメイトになってもたいして貢献できそうになかったからだ。身長が高ければバスケットボールで活躍できると思われがちだが、YMCAのピックアップゲームですら、背が高いだけで思うように競り合えない不器用な選手はたくさんいる。背が高いことは役に立つが、何万時間も練習して技術を磨かなければ意味がない。そして入るチームが決まったあと、わたしはそのことを証明することとなった。

初日は、ゴツンという音とパチンと手を合わせる音の連続だった。誰かがボールをパスしてくれても、ミートできずにゴツンと胸にあたった。手を合わせるのが遅すぎて、ボールを受け止められないのだ。ゴツンと当たってからパチンと手を合わせる。次にパスがまわってきたときは、ボールを受け止めたものの、どうしていいかわからなかった。そんなわけで、ボールを受け止めたことに意気揚々としながら、他の選手に取られないようボールを頭上に掲げて突っ立っていた。「シュート！　シュート！」。チームメイトたちはリングを指したものの、やがてわたしが指示を理解していないことに気づいた。わたしはシュートの意味を知らなかったのだ。「あそこにボールを投げて、網のなかに入れるんだよ！」

次に夢のようなことが起きた。わたしはリングに身体を向けてボールを放った。時が止まったみたいな瞬間だった。ボールはふわりと宙に浮き、くるくると回転しながらリングの横を通り過ぎ、それからバックボードの横も通り過ぎて、結局どちらにも当たることなくコートの外へと飛んでいった。夢のような瞬間が訪れたのは、少年がボールを取ってきて笑顔でみんなにこう言ったときだ。「すごいぞ。初めてシュートしたのに、2メートル弱しか外れてないぞ！」

今ならキャロル・ドゥエックの功績のおかげで、いかにも〝しなやかマインドセット〟らしい反応だねと言われるかもしれない。つまり、規律と勤勉さがあれば大成する可能性があると認めてもらえたのだ。だが当時は、思いやりだと感じた。たとえわたしが失敗しても、あの子たちは続けろと言ってくれた。もっと一緒にやりたがった。わたしの失敗など気にしていないようだった。みんなの目を見るたびに、その目にはわたしの可能性が映っていた。恐怖心やあざけりの感情が映ったことは一度もない。怪物を見る目ではなかった。そこにはわたしの成功を願う人たちがいた。できるならわたしみたいになりたいと願っている人たちだった。こんな光栄な光景を見たのは初めてだった。

何よりも、わたしをバスケットボールへと導いたのは、受け入れられ支えられているという感覚だった。のちにわたしはスポーツがくれる学習の機会や、スポーツがもたらす幸運を学ぶこととなる。だが、わたしの心に火をつけたのは、最初に感じた帰属意識だった。

練習が終わると、わたしたちは靴を脱いで床に座り、笑ったり、お互いのことを尋ね合ったりした。それから少年たちがわたしにNBAのことを話してくれた。世界でもトップクラスのバスケットボール選手たちが競い合う場所なのだという。わたしはいろんなことを想像し始めた。体育館に座っていたときのあの感覚を絶対に失うまいと、すでに決意していた。薄汚くて汗くさい体育館で即興のメンバーで試合したときにあれだけ感動したのだから、ＮＢＡだとどう感じるのだろう？　絶対に突き止めなければ。そんなわけで初めてシュートを打ってから一時間と経たずに、新しい友人たちを前にわたしはＮＢＡでプレーすると宣言した。誰一人として疑問を抱かなかった。誰一人としてわたしの頭がおかしいとは思わなかった。「そうだ、やるべきだよ！」とみんなが言った。熱意に圧倒されるほどだった。「やろうぜ！」。みんなはわたしの旅に付き合いたがった。わたしの成功に一役買いたがった。

この感覚を絶対に終わらせたくない。ここを離れたくないと思った。靴下のまま体育館の床に永遠に座っていられただろう。本来わたしは、本とパイを用意して何かにもたれながら何時間も過ごすのが好きだった。ところがこの新しい世界で必要なのは、野菜と汗とウエイトトレーニングだ。――ずっと避けてきたものばかりだ。しかし、あの感覚を手放したくなければ、生活を変えなければならない。

これがインクルージョンの力だ。ストックポート出身の肥満少年が、まったく興味がなかったスポーツ、退屈とすら思っていたスポーツの世界最高峰を目指そうと思えるほどの力がある。これもまたインクルージョンの驚異的な力なのだ。最終的にどこへたどり着こうがたいして重要ではない。自分の興味や性格とは合わないものもあるだろう。自分の価値を認めて鼓舞してくれる人たちに囲まれると、人は死ぬほど退屈な仕事も高い水準でこなせるようになる。自分のキャリアを偶然見つけることはよくある。若い頃に存在すら知らなかった分野、自分がそんな道を歩むなんて夢にも思わなかった分野にたどり着くのだ。幸運にも、あなたを育て挑戦するよう促してくれる人たちと真の絆を作れる環境を見つけられれば――つまり楽しく主体的に動きながらも、ひとりぼっちだと感じない環境を見つけられれば――どんな仕事も退屈だとか単調だとは思わないだろう。たとえそれが商品の補充だろうと、データの入力だろうと、穴のなかにボールを投げることだろうとも。目的地は重要ではない。人はただ、その人たちと一緒にずっと旅をしていたいだけなのだ。

そんな環境はとても大切でのめり込みやすい。そのため、ちょっと危険な環境とも言える。良いことも悪いこともあったが、バスケットボール選手としてのキャリアを通して、わたしはいつもこのスポーツを知ったばかりの頃に感じた純粋な楽しさと仲間意識を再び取り戻そうとした。それはまるで、麻薬常習者が初めて薬物に夢中になったときの高揚感を求めるのに似ていた。幸いにも、家族とコーチがサポートしてくれたおかげで、わたしは道から外れることはなかった。みんながいなかったら、わたしはあの高揚感を得るため、あるいは高揚感に浸るために大胆な手段を講じたかもしれない。授業をサボって体育館に入り浸っていたかもしれない。パフォーマンス向上薬に手を出したかもしれない。個人的にもメリットの多い別のチームから高い報酬を提示されても、断っていたかもしれない。いや、待てよ！それをやったんだった！［訳註：アメイチは結局、1700万ドルを提示したレイカーズのオファーを断り、年俸60万ドルでオーランド・マジックでもう一年プレーすることを選択した］

人々が絶対に離れたくないと思うような環境を作ると約束してほしい。野心的な任務だが、十分に実現可能だ。人間は誰かの後をついていきたいと考える。巨人の手で守られたいと願う。暑さを遮ってくれる巨人の影の下で、安全なすみかを確保したいと思っている。そして誰もが、何らかの方法でそれを提供できるのだ。

自分の価値の大きさと深さを知っている人には、並外れた魅力がある。親近感を築いてくれる人。わたしたちを駆り立てながらも、心から幸せを気づかってくれる人。そういう人たちからは絶対に離れたくないと思う。そしてわたしたちが一生懸命働くのはそんな人たちのためであって、自分のことを便利な機械としか見てくれない人のためではない。それが人間本来の感情であり、これからもずっと変わらないだろう。

1940年、チャーリー・チャップリンは映画『チャップリンの独裁者』を公開した。政治的な風刺映画で、チャップリンは外見が驚くほどよく似た二人のキャラクターを演じている。一人は貧しいユダヤ人の床屋、もう一人はヒトラーに似た独裁者だ。これはチャップリンが初めて作った発声映画《トーキー》で、シンプルだが深くて情熱あふれるメッセージが伝わってくる。映画の終盤に、いかにもコメディらしい展開で床屋が独裁者と間違えられて、大勢の群衆の前で演説をさせられる。床屋はステージ上に立つが、最初は緊張してしまう。だが、勇気をふりしぼって話し始めると、徐々に演説に集中して態度を変化させ、独裁者に代わって独裁政治を非難する。

「わたしは人間を支配したいとも、征服したいとも思わない」と彼は言う。

「できるならみんなを助けたい。誰だって助け合いたいと思っている。人間とはそういうものだ。お互いの不幸ではなく、お互いの幸せを糧に生きていきたい。憎みあったり、軽蔑しあったりなどしたくない。この世界にはすべての人を受け入れる余地がある。そして大地は豊かで、みんなを養うことができる。自由で美しい生き方もできるのに、われわれは進むべき道を見失ってしまった」[*1]

助けたい――これこそが人間の衝動だ。すべての人を受け入れる余地がある。しかしどう進めばいいのかわからなくなったのだ。

「強欲が人々の魂をむしばみ、憎しみで世界を分断し、われわれを不幸や殺戮へと行進させる。われわれは高速化を実現したものの、そのなかに閉じ込められてしまった。富をもたらす機械によって、われわれは満足しなくなった。知識は人を冷淡にし、賢さは人を無情で薄情にする。われわれは考えてばかりいて、感じていない。機械よりも人間性が必要だ。賢さよりも思いやりとやさしさが必要だ[*2]」

もっとも重要なのは、このように人間性を深く正確に理解することだ。このことは1940年当時も重要だったし、2040年も同じだろう。こうした理解なしには、本書で述べたような環境は作れない。それからもう一つ。このような環境を作るのは人々を満足させるためではない。これがもっとも成果を上げやすい環境だと証明されているからだ。この現実も変わらないだろう。

多くのことが変わるだろう。変化はすでに進行中だ。何年後かには都市の中心部に高層ビルを建てて、一つの会社で何千人もの従業員を働かせる必要がないかもしれない。臨時雇用者やプロジェクトワーカーが増えるだろう。短期労働者やテレワーカー、気分やクライアントやプロジェクトによって場所を転々とするデジタル遊牧民《ノマド》が増えるだろう。業界や職種のなかでも、資格や候補者リストの面々が変わるだろうし、マッキンゼーによると世界中で3億7500万人もの人々が現在の職種や役割から外れて、持続可能な仕事を探さなければならなくなるという。[*3] もちろん、給与や福利厚生の種類や内容、さらには組織のデザインも劇的に変わるだろう。

そんなわけで、人々が自分の時間を費やして働く場所を決めるときは、働きやすいと感じられることが重要になる。この会社に決めて、あのマネージャーやあの同僚たちと一緒に働くとどんな感じがするだろうか？

繰り返すが、これも「過保護世代」の問題ではない。誰もが懸命に働かなければならない事実に変わりはないが、困難に直面したときに、真の同僚たちによるチームとの一体感を経験できるチームが勝つだろう。

将来、こうしたやり取りをパソコンの画面越しに行うようになっても、人間関係やチームとの一体感が重要なのか？と疑問に思う人もいるだろう。

もちろん、重要になるだろう。

どんな業界でも人間らしく働くことは重要だし、またそうあるべきだ。人間らしさなど必要なさそうに見える業界でも同じことだ。たとえば病院では、リモート技術を用いて特定の治療ができるようになるだろう。インターネット接続とVRゴーグルがあれば、どこか一つの病院に常駐しなくても、ロボットや臨床医や患者にアクセスできるようになる。つまり医師が働き場所を決めるときは、地理的条件よりも、誰と一緒に働くかが重要になるということだ。どの外科グループが一番給料が高いかや、勤務時間を快適に過ごせるかはもちろんのこと、もっとも認知負荷が少ない場所や、自分の経験を含めたさまざまなことにもっとも高い付加価値を提供してくれる場所が重要になる。

一緒に働く人たちとの物理的な距離が広がるなかで、皮肉にも対人スキルの価値は高まる一方だ。人間らしい真のリーダーシップの重要性が高まっているのに、そんなリーダーシップを実践するのは難しくなる一方だ。巨大なオフィスタワーに全従業員を集めれば、少しの間全員につながりを感じさせられるかもしれない。廊下やエレベーターで人が来るのを待って気づかいを示したり、ランチをケータリングしてもらったり、午後にサプライズケーキを配ったり、退社後に飲みに行ったりできるだろう。しかし従業員が他国や国内各地に散らばっている場合、このようなつながりを作って維持するには強い意志と努力が必要になる。

数年後、数十年後のことはまだわからないが、未来の働き方は確実に人間性重視になるだろう。テクノロジー、イノベーション、人工知能（ＡＩ）は進化し続け、驚異をもたらし続けるだろうが、どれも人間が監視し続ける必要があるだろう。役割は変わり、なかには（場合によっては部門全体が）余剰労働力となるかもしれない。同じことは、これまでの歴史のなかで何百回と繰り返されてきた。だが未来の働き方は今後も人間性重視であり続けるだろう。

おわりに

言行一致

読者がこれらの約束を果たそうとやる気になっているといいのだが。と同時に、これらを実践するためにやるべきことが、自分の能力の範囲内に収まることや、絶対に必要なことだと認識してくれるものと願っている。その仕事に全力を尽くしてほしい。毎日一貫性のある行動を取り、言行一致に全力を尽くしてほしい。巨人に休みはないのだから。

本書を終える前に、最後にもう一度だけ母の思い出を紹介したい。やたらと母の例を取り上げているが、それはわたしが知る人たちのなかで、母は誰よりも刷新的な真のリーダーシップには苦労と責任が伴うことを理解していたからだ。一見普通に見える人たちが驚くほどの影響力をもたらすことを理解していた。そして人生のさまざまな段階において、謙虚かつ無欲でありながらも目的意識のある、まぎれもないリーダーシップを実践した。

母は自己主張の強い人ではなかった。子どもを産む前、母は夫（わたしの父）と共にビアフラ戦争中だった夫の祖国ナイジェリアへ行き、反乱軍であったイボ族の支援を行った。危険にさらされながらも母は勇敢にも前線で医療支援を行い、政府軍によって反乱軍が倒されて飢えに苦しむ状態になるまで支援し続けた。母と父は砲撃をすり抜け、生きるために幼虫を食べながら歩いてナイジェリアを脱出した。だが、この驚くべき体験を語ることはなかった。それは母の流儀に反することだった。今も生きていたとしても、毎朝5時に飲んでいるレモン水を紹介するといったこまごましたことをリンクトインに投稿することはないだろう。母の唯一の関心は有言実行だけだった。

母がリーダーになりたがったのは、権力や地位のためではなく、他者に影響を与えることができるからだ。母の影響のおかげで何かを成し遂げた人がいても、それを自分のおかげだとは思わなかったし、個人的な功績にも興味がなかった。母は数年間がんで闘病し、わたしがペンシルベニア州立大学の4年生のときに末期症状になった。記者たちから、ご病気なのに海外でプレーしている息子さんと会えなくて、つらいでしょうねと尋ねられたとき、母は憤慨した。そして他の状況なんて望んでませんよ、と言い放った。母親の仕事とは、子どもが目標を実現すること、子どもが望み、自分に必要だと思う人生を実現するのを助けることだけです、と言い切った。母は、自分の仕事の一つは息子にアメリカでプレーさせることだと認識していて、たとえ自分が病気でも、子どもの夢を邪魔するべきではないと譲らなかった。

母は驚くほど一貫性のある行動を取った。良いときも悪いときも、リスクが高いときや誰も見ていないときも、人生観と他者への尊敬の念がゆらぐことはなかった。おまけに子どもたちにも一貫性を求めた。父が家を出て行ったのは、わたしと妹たちがまだ幼い頃だった。毎日のように、母はわたしたちが起きる前に出勤し、わたしたちが眠っている頃に帰宅した。母は医師のなかでも地位の低い開業医で、わたしたちは母なしで何日も過ごさなければならないこともあった。家と家族の秩序を保つため、母は妹やわたしに食器洗い、食事の準備、ゴミ出しなどの役割を割り振り、ホワイトボードにわかりやすく予定を書き込んで壁に貼り、毎週更新した。

母が恋しくて仕方がないときが何度かあった。13歳ぐらいのときだろうか、ある日わたしは母の帰宅を出迎えてハグしようと決め、寝る時間を過ぎても起きて待っていたことがある。やりたいことはそれだけだった。その晩、妹たちはそれぞれのことをやって夕食を取り、家事分担を終えたあとベッドに向かった。しかしわたしは、母に会いたくて仕方がないとか、母が大好きだとか、それから家族のために一生懸命働いてくれることに感謝していると絶対に言わなければ、といったことで頭がいっぱいだった。夕食を終えると、寝室へと続く階段の上り口に座り、夜が更けて家のなかが暗くなっても母を待ち続けた。そこで何時間も座っていたのだ。

やがて、アパートの外で鍵がじゃらじゃらする音が聞こえた。母が家に帰ってきたことを告げる音だ。母は大きなキーホルダーを持っていて、強盗に襲われそうになったらこれを武器にすると言っていたが、わたしにはそんなことはあり得ないように思えた。身長こそわたしの方が高かったが、それでも母は大きくて手強そうに見えた。この人を襲おうなんて誰も思わないだろうに。

鍵の音を聞くと、わたしは満面の笑みを浮かべてドアに向かって走った。大好きな母に会いたくて仕方がなかったし、それを早く伝えなければと思った。玄関から入って来た母がバッグを置く隙も与えず、わたしは母に抱きついた。大きな身体をぎゅっと抱きしめる。母もわたしを抱きしめてくれたものの、しょっちゅう母に抱きついていたわたしは、すぐに何かが違うと気づいた。母はためらっていた。さらにぎゅっと母を抱きしめたが、わたしが強く抱きしめるほど、母の腕の力は弱くなった。そして何かに気づいたのか、母が首を伸ばしてわたしの後ろをのぞき込もうとしているのを感じた。

わたしが手を緩めると、母は相変わらずわたしの背後をじっと見ながら、バッグと鍵をテーブルに置いた。「ごめんなさい、母さん」わたしは訴えた。「寝てなきゃいけない時間なのはわかってるけど、もう三日も会ってなかったから、お母さんにハグして、大好きだって伝えなくてはと思って」

母にはわたしの声が聞こえただろうか？　一瞬こちらを見たあと、わたしの肩越しに壁を見つめた。家事分担のスケジュールが書かれたホワイトボードのあたりだ。わたしと同じく近眼の母は、目を細めて、表のなかにあるその日の曜日とわたしの名前を確認して口を開いた。「階段の踊り場に掃除機をかけたの？」

わたしが掃除機をかける日だったが、正直にやっていないと言った。「でも、仕方がなかったんだよ。学校から帰ってきたけど、母さんが好きとか、遅くまで帰ってこなくて寂しくて仕方がないとかで頭がいっぱいになって。母さんに会いたいことしか考えられなくて、何もできなかったんだ。母さんが大好きだよ。ただただ会いたかったんだよ」

わたしがもう一度ハグしようと身を乗り出すと、母は手でわたしの胸を押さえて、やさしく押しとどめた。

「待って。わたしが大好きなら、踊り場に掃除機をかけて」

こうして書いてみると、このセリフはちょっと冷たくて残酷そうに見えるが、母の口調は冷たいものではなかった。だが、わたしは母が何を言おうとしているかすぐにわかった。母は、妹とわたしが何不自由なく暮らせるよう一日中働いてくたくたに疲れていた。そのお返しとして、わたしたちにごく基本的な家事分担をきちんと終わらせることを求めた。わたしが延々と母が大好きだと語り続けることができたのは、母が働いているおかげなのだ。だがその日わたしは、母と家族のためにやるべきだった家事分担をほっぽり出した。階段の踊り場に掃除機をかけなかった。

母が望み、何よりも大切にしていたことは、言ったことをきちんと実行することだった。多くの人が望むことでもある。人は、言葉と行動が一致しないと感じると、心のなかで壁を作る。「みなさんは大切な人だ、組織の大黒柱だ」と言いながらも、その言葉を裏づけるような行動を取らなければ、相手は気づく。後から思いついたように時々人を大切に扱うだけでは、あなたがいざ頼りにしようとしても、相手はあなたの望みどおりには関わりたがらないだろう。特別に何かをしようとはしなくなり、ほどほどに済ませようとするだろう。

美辞麗句を並べ立てても、一貫性のある行動が伴わなければうまくいかない。毎日、階段の踊り場に掃除機をかけなければならないということだ。言行が一致しないリーダーシップの下では、不信感と疑念が生じる。その影響は、不貞が夫婦関係に及ぼす影響に似ているだろう。互いに愛し合っているときは、あなたが目を覚ます前にパートナーが寝室に来て、枕元にばらの花を置いてくれるかもしれない。目が覚めたあなたはばらを見て大喜びし、ベッドのそばに紅茶が置いてあることに気づくかもしれない。頬にキスもしてくれるだろう。こうしたシンプルな愛情表現が組み合わさると、神経伝達物質やホルモンが分泌されて、幸福感でいっぱいになる。

だがパートナーが浮気したら、幸福感を覚えにくくなるだろう。たとえある程度まで仲直りしたとしても、同じ愛情表現が前と同じ効果を発揮するまでに長い時間がかかる。パートナーが何をして自分を傷つけたかを知っているために、神経伝達物質やホルモンが分泌されにくくなるのだ。不貞を働いたのは6か月前か、あるいは10年前かもしれないが、一度やったのだから、もう一度やる可能性がある。相手が何をしかねないかはわかっている。

約束を果たすには、規律を持ち、どんな状況であろうとも言行を一致させる必要がある。明確かつ平等な基準のもとで、同僚も上層部の人たちも全員が同じフィールドでプレーしていると、人々が信頼できるような環境を作らなければならない——他者を尊重し、包括的で共感的な基準を設け、基準に違反した場合は、事前に周知された意味のある制裁を課すことで、その基準を守らなければならない。誰かが不正を働いたにもかかわらず、何の処分も下されなければ、それはメッセージとなってみんなに伝わる。組織の基準は特定の人たちにしか適用されないという合図となる。この組織は、都合の良いときしか価値観を維持しないのだと思われてしまう。

アメリカのコメディアン、ジョン・スチュワートはこう言った。「自分の価値観が試されたときに、それを守れなければ、それは価値観ではない。趣味だ」。本書で掲げた約束を実践することは趣味であってはならない。元気があるときや、スケジュールに余裕があるときだけ約束を果たすことに集中する、ということではいけない。

NBAでプレーしていた頃、わたしはウエイトトレーニング中に手を抜くことがあった。エリート級のアスリートでも時折やるものだ。トレーニング中は集中して身体を極限まで追い込む。だが反復運動の途中で、ふと気づくとチームメイトもコーチもトレーナーも他に注意を向けていることがある。そこでちょっと強度を下げる。ほんの少しだ。ごくわずかに調整するだけなので、ほとんどの人は気づかない。100%全力を尽くしていたのを95%に下げるとか、ちょっと一息つく程度だ。誰かに見られたらすぐに100%に戻せるよう、手を抜きすぎないようにする。

ある日、トレーニング中に一時的に強度を緩めて、うまくやったと得意になっていたのを覚えている。わたしには、ウォーレンという名の口数が少なくて鋭いトレーナーがついていた。ワークアウトの終わりにウォーレンがわたしの肩をポンと叩いて、忘れられないひと言を簡潔にささやいた。「きみは常に観察されているんだよ」

きみは常に観察されているんだよ。それほどシンプルなことなのだ。プロスポーツの世界では、常に観察され吟味されるのは言うまでもない。さまざまなデータや高度な測定基準を使って、チームへの貢献度が測られる。コーチはポジション別の選手層（デプスチャート）を管理しているが、それを見ればチームメイトと比較した自分の立ち位置が一目瞭然だ。オーランド・マジックでの一年目のプレシーズンが始まる数週間前のことだった。わたしは二つのポジションでプレーできたが、どちらのポジションでも自分の名前が一番下に書かれているのを見て不安になった。18人の選手たちで、15人の選手登録枠を争うのだから、努力しなければならない。わたしは観察されていて、コーチ陣はわたしのプレーを気に入っていないようだった。

そこでわたしは、コーチの目の届かないところで練習することにした。チームの施設で通常どおり練習したあと、歩いて公共の体育館へ向かい、そこで追加のトレーニングをするのだ。コーチ陣の前でこれ以上実力不足をさらすことなく練習し、シュートを打ち、コンディションを整えた。毎日、体育館でこの追加トレーニングをやった。ある日、サイドラインの外側で休憩していると、二人の子どもが隣のコートでシュートしているのに気づいた。妙だなと思った。子どもが学校にいるべき平日の時間帯にこんなところにいるなんて。しかも、シュートを打つ合間に二人は何度もこちらを見たが、そこには控えめながらもわたしに声をかけてほしそうな表情が浮かんでいた。リーダーが気づいてあげるべき表情だ。自分からは怖くて近づけないが、向こうから近づいてきてほしいときに浮かべる表情だ。だからわたしは二人に近づくことにした。

正直言って、乗り気ではなかった。デプスチャートのことで頭がいっぱいだったし、順位を上げるのに何の役にも立たないことをするのは時間の無駄に思えたのだ。だが、ふと母を思い浮かべ、母ならこの状況でわたしに何を期待するだろうかと考えた。母の期待に応えようと、わたしはしぶしぶ練習を中断して、少年たちに手を振って呼び寄せた。

手を振っただけで、二人がパッと顔を輝かせた。二人はまるで羽が生えたみたいに、コートを横切ってこちらに走ってきた。わたしが誰かを知らなかったが、いずれにせよわたしは二人を見ていたし、目を背けなかった。あいさつすると、二人はうれしそうに笑顔を浮かべて自己紹介をした。クリスとエリックと言い、年は10か11歳ぐらいで、兄弟だった。「はじめまして。学校に行かなくていいのかい？」二人は別に構わないのだと言ったが、それ以上説明しようとはしなかった。そして2対1で対戦してほしいとせがんだので、わたしは応じることにした。

やさしい巨人だったら、幼いクリスとエリックに手加減しただろうが、わたしは容赦しなかった。パスをブロックしてダンクシュートを決める。その繰り返しだった。2メートル10センチの大男に、10歳と11歳の少年が挑むのだから、どの角度から攻めようとも勝てそうになかっただろう。実のところ、トレーニングに戻るには決定的に勝つのが手っ取り早いのだから、わたしは短時間で二人を負かすことにした。勝負が終わると、二人はお礼を言って走り去り、わたしはシュート練習を再開した。

数日後、またもや二人を見かけて、同じような展開が起きた。今回はわたしが休憩を取る準備を整えてから、二人を呼んだ。「クリス！　エリック！」わたしは手を振って二人を呼んだ。「やるぞ！」

今回も二人は走ってやって来たが、学校のことを尋ねられると、またしてもはぐらかした。今回も2対1で対戦し、再びわたしが二人をこてんぱんにやっつけた。そんなやり取りが2週間続いた。そのうちに少年たちは自分たちの身の上話や、学校へ行かない理由を話すようになった。わたしはペンシルベニア州立大学で保護が必要な子どもたちについて何百時間も調査したことがあった。だが、クリスとエリックの家庭の状況は、わたしが大学で遭遇した家庭に負けないぐらい困難で痛ましかった。二人の両親は生きてはいたが、少年たちは世界から孤立し、家族の支援もなく自分たちで何とか生き抜いていた。

また、デプスチャート上のわたしの順位も上がっていった。最終的には選手登録されて生き延び、シーズンが終了する頃にはスタメンに名を連ねるようになった。とはいえ、家族は相変わらず何千マイルも離れたところに住んでいて、オーランドには友人が数えるほどしかいなかった。選手に無料で配られる観戦チケットをあげる人がいなかったため、いつもクリスとエリックにチケットを取っておいた。オーランド・マジックでの一年目、二人は選手の家族用セクションやラウンジで過ごし、チームメイトの家族と一緒に応援し、飲食し、笑って過ごした。

わたしたちは三人の孤児のようなものだった。わたしは二人の世話をし、一緒に過ごし、まじめに学校に通うよう説得した。実質的な家族となり、夏にはイングランドで行われたバスケットボール・キャンプに二人を連れていった。それはからずも公認の家族になろうと誘ったようなものだった。

キャンプの参加者たちに指導していると、隣のコートから悲鳴が聞こえて、突然あたりが騒然となった。悲鳴を上げたのはクリスで、足首を骨折して床の上で身もだえしていた。ほどなくして救急車に乗せると、クリスはあまりの怖さに泣き叫んでいたが、亜酸化窒素の作用で時々笑い出した。泣き叫んだり笑ったりと奇妙な光景だったが、病院へと向かう車のなかで、こんなことになるなんてと悔やんだ。病院に到着すると、クリスの受け入れが許可され、手術で骨折を処置することになった。手術が始まる前、クリスはわたしの腕をつかみ、顔を覆っていた小さな酸素マスクを引き下ろした。

「ぼくらの面倒を見てくれる?」クリスが尋ねた。何を訊くかと思えば。わたしは戸惑うと同時に、その瞬間にちょっとずるいと感じた。とはいえ11、12歳の子がずるくないはずがないではないか。「ぼくらの面倒を見る」ことが何を意味するか、わたしは気づいていた。クリスとエリックは永続的な何か、頼れる何かを求めていた。父親になってくれる人をほしがっていた。その晩は寝ずにずっと考え、結局イエスと答えた。アメリカへ戻ると、6週間かけて書類を作って法的手続きを済ませ、クリスとエリックを養子として迎え入れた。

時は過ぎ、二人は30代になり、合わせて5人の子どもがいる。数年前、クリスの家にみんなで集まって感謝祭を祝った。ディナーが終わると、バルコニーへ出てたばこを吸いながらおしゃべりした。アメリカでは、感謝祭のあとはだいたいこんな感じだ。みんなでディナーを食べたあと、男たちは外で突っ立って酒を飲み、たばこを吸い、おしゃべりする。少なくとも、わたしは感謝祭とはそういうものだと理解している。

が、おしゃべりの最中にちょっとした間があり、一瞬静かになった。するとクリスかエリックのどちらかがわたしに尋ねた。「ぼくらがなんでパパを選んだか知ってる?」。何とも奇妙な質問だ。だって、二人を選んだのはわたしだからだ。わたしはちょっと考える振りをして、一番該当しそうな答えを口にした。「NBAの選手だったから?　大金を稼いでたからだろ?」

「違うよ」とクリスが言った。二人とも笑っている。「そんなにうまくなかったし」

それじゃあ、わたしが真剣に二人を守ろうとしていたからか?とわたしが尋ねた。わたしが責任を持ってあれこれと面倒を見たから?　二人を復学させて、悲惨な運命から逃れる機会を作ってあげたから?

違うよ、と彼らは言い、さっきよりも大きな声で笑った。どれも違うよ。

「初めて会ったときのことを覚えてる?」クリスが尋ねた。「ぼくらの名前を訊いたでしょ?」

「もちろん」

「2度目に会ったときのことも覚えてる?　数日後だったけど、ぼくらの名前を覚えていたよね?」

「ああ、覚えていたね」

「あれが決め手だったんだ。ぼくらの名前を覚えてくれていたから、この人だって思ったんだ。それでパパを選んだんだよ」

それを知ってわたしは心底驚いた。他の優先すべきことを気にしつつも、二人にちょっと時間を割いて、さらに名前を覚えただけで、こんなに楽しい家族が増えることになるとは。

巨人は、一見ささいに見える行動で大きな影響を与えることができる――最後にそれを覚えておいてもらうために、このエピソードを紹介した。本書の約束を守れば、あなたの周囲の人々は自分自身をポジティブに見られるようになるだろう。つながりを感じさせることもできる。潜在能力を発揮させることもできるだろう。

たとえ何らかのメリットを期待していなくても、これらの約束を守ると想像もしなかった見返りが得られるだろう。本とパイが大好きなシャイで小太りで半おたくみたいなクイアな少年が、これらの約束を果たすことで、NBAのスター選手を経て世界中を飛び回る組織心理学者になり、5人の孫まで持てるようになったのだから。

世の中は、さまざまな才能と未発掘の才能にあふれた、ユニークで変わったすばらしい人たちであふれている。そんな人たちの味方になって擁護すると約束してほしい。真の同僚そして本物のリーダーとなって、彼らから最高の一面を引き出してあげてほしい。勝利に対する健全で誰にも負けない情熱を抱いてほしい。

そしてどんな条件下であろうと一貫して約束を守ること。それが巨人の義務であり、名誉なのだ。

謝辞

本書のなかのどの言葉も、どのストーリーも、特別な人たちがいなければ存在しなかっただろう。

ミュリエルとアンディへ。いろいろなことが最悪だった頃、きみたちはわたしを気づかってくれた。すべてを失ったと思ったときも、きみたちは言葉も問いも発することなく、わたしの再生を可能にしてくれた。きみたちは困難にあふれた人生と闘い、勝利しているようだね。それを見て、わたしも刺激を受けている。

ウーキへ。わたしたちの道のりは驚くほど分岐し、離ればなれになって生活しているが、きみのことを思い出すたびに元気が出て、その粘り強さをお手本にしている。離れていても、きみへの愛は薄れていないことを知ってほしい。

ピーターへ。わたしが一番言いたい言葉を『スター・トレック』から引用しよう（『スター・ウォーズ』おたくとしては、ばちあたりな行為だが）。「わたしはつねにきみの友達だし、これからもそうだ」。そしてこの40年間、最高のときも最悪のときも、きみもずっと同じ感情を抱いてくれていると感じている。

ジュリーへ。きみは実に多くのことを経験し、そして勝利した。APSの復活をかけてきみとパートナーシップを組んだときの、あのマンチェスターでの数年間で、きみに強い野心があることがわかったよ。今も共同経営者として一緒に働けるのは、きみとの真の友情、きみがビジネスにもたらす価値、そして常にわたしに寛容でいてくれるからだ。

クリスへ。わたしの内輪のメンバーのなかで、きみは比較的新しい方だが、この友情はわたしの人生に多くの喜びと仲間意識をもたらしてくれた。一緒に散歩したり、黙って座っていたり、テレビを見たりした日々をありがとう。あの頃を思い出すと、今も幸せな気分を味わえるよ。

クリスとエリックへ。個人の意思と集団の意思には人生を変える力がある。海を隔てて離れていても、今のきみたちが成功しているのを見ると刺激がもらえる。きみたちがまだいろんなエピソードを覚えていて、孫たちに伝えてくれることを願っている。

実を言うと、わたしのように凝った話を引用して何かを教えようとするおたく気質の人間は、熱心に話を聞いてくれる人がいなければ、何の意味もない。同様に、書いたものを熱心に読んでくれる読者がいなければ、作家は何の意味もない。この本の一部の内容を、プレゼンやスピーチ、毎週配信している動画『ジェダイ・リフレクションズ』で紹介したところ、幸運にも大勢の人たちが意見を寄せてくれた。この本のメッセージを磨くのに役に立てさせてもらい、感謝している。わたしの言葉やアイデアを聞いて、考え方がどう変わったかを教えてくれてありがとう。そしてみなさんの話をシェアしてくれてありがとう。みなさんの話を聞いて、わたし自身も変わることができた。

原註

約束その３

1. Harkin, B., Webb, T., & Chang, B. (2016) Does monitoring goal progress promote goal attainment? A meta-analysis of the experimental evidence, *American Psychological Association* 142(2): 198–229.

約束その４

1. Bertrand, M., & Mullainathan, S. (2004) Are Emily and Greg more employable than Lakisha and Jamal? A field experiment on labor market discrimination, *American Economic Review* 94 (Sept. 4): 991–1013.
2. Rosiek, J. (2003) Emotional scaffolding: An exploration of the teacher knowledge at the intersection of student emotion and the subject matter, *Journal of Teacher Education* 54 (5): 399–412.

約束その８

1. Manyika, J., Lund, S., Chui, M., Bughin, J., Woetzel, J., Batra, P., Ko, R. & Sanghvi, S. (2017) *Jobs lost, jobs gained: What the future of work will mean for jobs, skills, and wages.* [online] McKinsey. Available at: 〈https://www.mckinsey.com/featured-insights/future-of-work/jobs-lost-jobs-gained-what-the-future-of-work-will-mean-for-jobs-skills-and-wages〉.

約束その10

1. Kraus, M., & Huang, C., & Keltner, D. (2010) Tactile communication, cooperation, and performance: An ethological study of the NBA. *Emotion* (Washington, D.C.) 10: 745–9. doi: 10.1037/a0019382.
2. Hackman, J.R. (2002) Why teams don't work. In: Tindale R.S. et al. (eds) *Theory and Research on Small Groups. Social Psychological Applications to Social Issues*, vol 4. Boston, MA: Springer. doi: 10.1007/0-306-47144-2_12.
3. Huckman, R., & Staats, B. (2013) The hidden benefits of keeping teams intact. *Harvard Business Review*. 91: 27–9.

約束その11

1. Garthwaite, C., Keener, J., Notowidigdo, M.J., & Ozminkowski, N.F. (2020) Who profits from amateurism? Rent-sharing in modern college sports. National Bureau of Economic Research. Cambridge, MA.

約束その12

1. "Avocation." *Merriam-Webster.com Dictionary*, Merriam-Webster, www.merriam-webster.com/dictionary/avocation.
2. *FIFA Disciplinary Code 2019 Edition*, 13.1 https://resources.fifa.com/image/upload/fifa-disciplinary-code-2019-edition.pdf? cloudid=i8zsik8xws0pyl8uay9i.
3. Kotter, J. & Schlesinger, L. (2008) Choosing strategies for change. [online] *Harvard Business Review*. Available at: https://hbr. org/2008/07/choosing-strategies-for-change.

約束その13

1. Kahn, W.A. (1990) Psychological conditions of personal engagement and disengagement at work. *Acad. Manag*. J.33: 692–724
2. Edmondson, A.C. (1996) 'Learning from mistakes is easier said than done: Group and organizational influences on the detection and correction of human error.' *Journal of Applied Behavioral Science*, 32: 5–32.
3. Deloitte (2013) Waiter, is that inclusion in my soup? A new recipe to improve business performance. [online] Available at: https://www2.deloitte.com/content/dam/Deloitte/au/Documents/human-capital/deloitte-au-hc-diversity-inclusion-soup-0513.pdf.
4. Holger, D. (2019) The business case for more diversity, *The Wall Street Journal* (Oct. 26). Available at: www.wsj.com/articles/the-business-case-for-more-diversity-11572091200.
5. Herring, C. (2017) Is diversity still a good thing? *American Sociological Review*, 2017; 82(4): 868–877. doi: 10.1177/0003122417716611
6. DiStefano, J.J. & Maznevski, M.L. (2000) Creating value with diverse teams in global management, *Organizational Dynamics* 29(1): 0–63.
7. Hochschild, A. R. (1979) 'Emotion work, feeling rules, and social structure,' *American Journal of Sociology* 85. (3): 551–575.
8. Bransford, J.D., Brown, A.L., & Cocking, R.R., eds. (1999) *How People Learn: Brain, Mind, Experience, and School*. Washington, DC: National Academy Press.
9. Kandola, P. (2019) Responses to Exclusion. Unpublished paper presented at the BPS Occupational Psychology Conference.

約束その14

1. 映画『チャップリンの独裁者』チャーリー・チャップリン監督（ユナイテッド・アーティスト製作、1940年）
2. Ibid.
3. Manyika, J., Lund, S., Chui, M., Bughin, J., Woetzel, J., Batra, P., Ko, R., & Sanghvi, S. (2017) Jobs lost, jobs gained: What the future of work will mean for jobs, skills, and wages. [online] McKinsey. Available at: https://www.mckinsey.com/featured-insights/future-of-work/jobs-lost-jobs-gained-what-the-future-of-work-will-mean-for-jobs-skills-and-wages.

THE PROMISES OF GIANTS
How YOU can fill the leadership void
by John Amaechi

First published by Nicholas Brealey Publishing in 2021
An imprint of John Murray Press
A division of Hodder & Stoughton Ltd,
An Hachette UK company
Japanese translation rights arranged with NB LIMITED
through Japan UNI Agency, Inc., Tokyo

著者

ジョン・アメイチ（OBE） JOHN AMAECHI OBE

組織心理学者。『ニューヨーク・タイムズ』紙ベストセラー作家でもあり、人気の講演家、エグゼクティブ・コーチおよびAPSインテリジェンス（APS）の創業者でもある。さらに、FTSE 250種指数に含まれる中堅の優良食品会社や、年商24億ポンドの医療系企業の社外取締役を務めている。

イギリス北部のマンチェスター近郊にあるストックポート出身。18歳のときにイギリス人初のNBA選手になるという夢を叶えるために、一人でアメリカへ旅立つ。初めてバスケットボールに触ってからわずか6年でその目標を達成し、2000年にはマサチューセッツ州にあるバスケットボール殿堂でジャージが展示された。この殿堂でジャージが展示された唯一のイギリス人である。

スポーツ界から引退後も研究と指導の両方を続けている。CIPD（人事開発公認機関）の公認科学者、公認研究員であり、英国公衆衛生協会およびビジネス心理学者連盟の研究員でもある。イースト・ロンドン大学の研究員も務め、効果的でインクルーシブなリーダーシップ、ハイ・パフォーマンスなチーム作り、また未来の労働環境に備えて、生産性と人々の活気を最大限にできる組織の設計方法などを研究している。

APSはこの10年間にわたって、急成長した企業から確立されたグローバルなブランド企業に至るまで、何百社もの組織と連携して戦略を練り、リーダーやチームや組織文化の強化に取り組んできている。

訳者

福井 久美子 FUKUI KUMIKO

英グラスゴー大学大学院英文学専攻修士課程修了。英会話講師、社内翻訳者を経て、2005年からフリーランス翻訳者。訳書に『5秒ルール』（東洋館出版社）、『月光殺人事件』（論創社）、『最強ボーンブロス食事術』（集英社）、『PEAK PERFORMANCE 最強の成長術』（ダイヤモンド社）、『ハーバードの自分を知る技術』（CCCメディアハウス）、『世にも危険な医療の世界史』（文藝春秋）などがある。

巨人の約束

リーダーシップに必要な14の教え

2023（令和5）年8月1日　初版第1刷発行

著　者：ジョン・アメイチ
訳　者：福井久美子
発行者：錦織 圭之介
発行所：株式会社 東洋館出版社
〒101-0054　東京都千代田区神田錦町2丁目9番1号
コンフォール安田ビル2階
（代表）　TEL 03-6778-4343／FAX 03-5281-8091
（営業部）　TEL 03-6778-7278／FAX 03-5281-8092
振替　00180-7-96823
URL　https://toyokanbooks.com/

装幀：水戸部功
印刷・製本：藤原印刷株式会社
ISBN978-4-491-05304-2 ／ Printed in Japan